LE LIVRE
DES HONTES

DU MÊME AUTEUR

Henri Michaux, écritures de soi, expatriations
José Corti, 1994

Le Laminoir
roman
Champ Vallon, 1995

Le Piano d'Épictète
récits
José Corti, 1995

Contre Céline, ou D'une gêne persistante...
José Corti, 1997

La Bande sonore
essai
José Corti, 1998

Corner-line
monologue
Paroles d'aube, 1998

Henri Michaux
Éditions ADPF, 1999

Henri Michaux
biographie
Gallimard, 2003

Sabots suédois
récit
Fayard, 2004

Fiction & Cie

Jean-Pierre Martin

LE LIVRE DES HONTES

essai

Seuil

27, rue Jacob, Paris VIe

COLLECTION
« *Fiction & Cie* »
fondée par Denis Roche
dirigée par Bernard Comment

Ce livre est édité par Olivier Rolin

ISBN 2-02-085980-7

www.seuil.com

Honte, honte, honte – c'est là l'histoire de l'homme.

Friedrich Nietzsche

Aux éhontés,
avec toute mon admiration

Qui ne se souvient d'une petite honte ? Qui n'a pas eu envie, un jour, de déchirer une photo où il se trouvait ridicule ? Qui, niant avoir jamais eu honte, peut prétendre, après une confrontation avec son propre passé, ne pas être contraint de faire amende honorable ? Qui ne garde par-devers soi quelque secret embarrassant, enfoui dans un endroit retiré de l'enfance ou dans la chambrée d'un pensionnat après l'extinction des feux ?

Vous, peut-être, vous qui me lisez. En ce cas, vous êtes parmi les heureux élus qui n'ont jamais éprouvé ces signaux incontestables : rougissement au front, frisson qui parcourt tout le corps, jambes qui flageolent, sueur dégoulinant sur le visage, sourire forcé pour faire face à une risée générale ; impression d'être de trop, déplacé, ignoré ou montré du doigt ; sentiment aigu, vécu de l'intérieur, de l'infériorité en soi. Sans compter les insomnies, les ressassements ! À quoi n'avez-vous pas échappé ! Quant à votre visage, il a été préservé, sans doute, des marques indélébiles que la honte lentement distillée peut imprimer à vie, à même la peau, sur le faciès de ses victimes, de ces plis, de ces rides spéciales que forme l'humiliation quotidiennement consentie.

Ce qui suit ne vous concerne guère, apparemment, puisque, d'après ce que vous dites, vous êtes hors d'atteinte, préservés, par un halo de légèreté et de désinvolture, de cette zone trouble, indécise, où la honte étend son empire – et que vous avez su ignorer ce qui obsède Gombrowicz : « L'homme dépend très étroitement de son reflet dans l'âme d'autrui, cette âme fût-elle celle d'un crétin[1]. »

Il faut reconnaître que l'homme de la honte fait assez peine à voir. On peut le trouver assez répugnant, avec sa façon de fuir le regard. Ou même contagieux, employant un zèle pervers à exhiber toutes les manifestations du corps répulsif.

Rendez grâce, cependant, je vous prie, à vos frères tourmentés. Par une sorte de substitution mystique, ils prennent en charge le fardeau des malheurs du monde.

Salman Rushdie compare la honte à un liquide qu'il faut boire, en raison même des choses honteuses qu'on a éprouvées. Sans quoi « le liquide [...] déborde, et fait une flaque couverte de mousse sur le sol ». Ainsi, « la honte non ressentie du monde se répand dans l'éther. D'où, j'imagine, elle est siphonnée par les malchanceux, les portiers de l'invisible et leurs âmes sont les seaux dans lesquels s'égoutte ce qui a été renversé »[2]. Quant à vous, les éhontés originels, vous savez, toute honte bue, présenter au monde un visage lisse, sans peur, sans reproche, et sans souvenir trouble.

Mais alors j'aimerais savoir comment vous daignez vous intéresser à tous ces grands textes de la littérature de notre temps qui racontent des histoires de face-à-face avec soi-même sous le regard de l'autre ; quelle curiosité vous pousse à vouloir comprendre Lord Jim (chez qui vous jugerez peut-être « morbide la conscience aiguë de la perte de l'honneur »), les frères Karamazov, ou bien Hester Prynne, le personnage de l'extra-

1. Witold Gombrowicz, *Ferdydurke* (1937), trad. Georges Sédir, Gallimard, « Folio », p. 13.

2. Salman Rushdie, *La Honte* (1983), trad. Jean Guiloineau, Stock, « Nouveau Cabinet cosmopolite », 1984, p. 139-140.

ordinaire roman de Hawthorne (la femme adultère marquée de la lettre écarlate par les puritains du Massachusetts) ; comment vous pouvez seulement commencer à entrer dans le labyrinthe d'un procès intérieur, y côtoyer le K. de Kafka, ce corps à la merci des autres, Geoffrey Firmin, le personnage de Malcolm Lowry dans *Au-dessous du volcan*, Mizoguchi, le bègue de Mishima dans *Le Pavillon d'or*, ou encore, pour prendre des exemples plus récents, Coleman Silk, le Noir qui a voulu se libérer de la honte du Noir en devenant Blanc dans *La Tache* de Philip Roth, David Lurie et sa fille Lucy dans *Disgrâce*, le roman de Coetzee. Expliquez-moi comment vous pouvez être sensibles à des récits d'enfance comme *Le Premier Homme* de Camus, *La Statue de sel* de Memmi, *Le Livre de ma mère* de Cohen, *La Honte* d'Annie Ernaux, *Scènes de la vie d'un jeune garçon* de Coetzee, *L'Enfant* de Thomas Bernhard ; comment, à l'égard de figures d'écrivain telles que Rousseau, T.E. Lawrence, Gary, Leiris, Duras, Gombrowicz, Rushdie, Marie Ndiaye, vous pouvez ressentir une empathie quelconque tout en étant privés de l'affect majeur qui est à la source même de leur vocation.

Pour ma part, je me tiendrai tout près de ces lieux où la littérature, s'adossant, comme la vie, à un secret obscur, se fait (à la différence de la vie, qui se subit en silence) anthropologie et phénoménologie de nos émotions les plus inavouables, mais aussi consolation, et même, sans doute, vengeance contre l'impuissance ou l'infériorisation de soi. Et là, je tâcherai de vous ignorer. En vain, sans doute, puisque ce sont justement vos regards qui nous fabriquent, et que, à en croire Robert Walser, « la guerre entre les timides et les éhontés ne prendra vraisemblablement jamais fin, jamais [1] ».

1. Robert Walser, *La Rose* (1925), trad. Bernard Lortholary, Gallimard, 1987, p. 91.

I

La littérature et le quant-à-soi

> La honte d'être un homme, y a-t-il une meilleure raison d'écrire ?
>
> Gilles Deleuze

M'adressant d'abord aux mystérieux éhontés, ai-je seulement commencé à évoquer mon vrai sujet ? La honte ne seraitelle qu'un afflux de sang ou une maladie infantile, son affaire serait assez vite réglée : Darwin a analysé toutes les expressions typiques de ce qu'il appelle la honte, y compris chez les singes, qui d'après lui rougissent sous l'effet de l'émotion[1]. La honte cependant ne se confond pas avec le rougissement. Elle est un état, un « terrain », dit Nietzsche. En une seule émission de voix vous avez cru tout dire. Mais vous avez celé bien des secrets. Des mots tels que « gêne », « timidité », « embarras » atténuent ; « humiliation » explique ou excuse. « Honte » est un couperet. C'est un terme irrévocable, sans appel – une guillotine symbolique, comme ce pilori où s'expose au regard de toute une ville le corps d'Hester Prynne dans le roman de Hawthorne.

1. Charles Darwin, *L'Expression des émotions chez l'homme et les animaux* (1872), trad. Samuel Pozzi et René Benoit, Bruxelles, Éditions Complexe, 1981, p. 332-372.

Enfants de pauvres ou de riches, petits-bourgeois, Juifs, homosexuels, issus d'une famille inavouable, provinciaux mal dégrossis, embourbés dans notre naissance peu reluisante ou écrasés par notre excès d'héritage, tourmentés par nos mille difficultés d'être aux yeux des autres, nos mille et une histoires de Pologne désertée, de Belgique mise à distance, d'Afrique du Sud déchirée par l'apartheid, d'Autriche détestable, d'Amérique raciste, de pogroms, de génocides, de têtes tondues et d'épurations, de vexations et d'avanies, nous avançons masqués, au coude à coude, tels les personnages divers d'un Grand Livre des blessures originelles. L'un a honte d'être français, l'autre d'être métèque… L'un a honte d'être grand, l'autre d'être petit… L'un est embarrassé de son nez, l'autre de ses pieds… Honte de soi, des autres, des proches, des parents, du milieu ambiant, du pays, des compatriotes… La honte apparaît comme la chose du monde la mieux partagée, et cependant ici chacun est seul.

Les moyens ne manquent pas de refouler cette émotion commune. En vain, semble-t-il. Car, à force d'être tu ou honni, le sentiment honteux, à la façon des religions en régime soviétique, dans la vie comme dans les livres, fait retour. C'est que le monde autour de nous est pareil à un palais des glaces. Même si l'on ne veut pas se regarder, les autres sont là, à vous tendre un miroir. Louis Guilloux écrit à propos de Cripure, le personnage du *Sang noir*: « en dépit de sa pudique réserve il n'était pourtant qu'un homme de verre [1] ». Comment ne pas être un homme de verre ? Comment se préserver du paraître social ? Ne resterait-il plus qu'à se réfugier dans le silence ou à quitter la vie ?

1. Louis Guilloux, *Le Sang noir* (1935), Gallimard, « Folio », p. 38.

Le plus souvent, la littérature ne nomme pas la honte, et la conceptualise encore moins. Elle lui laisse sa part nocturne. Elle creuse toujours plus profond, joue avec l'énigme des émotions, s'attarde à la surface des corps embarrassés, saisit la violence des regards qui s'entrecroisent. Suivant à la trace le vol du papillon arrêté par la vitre, elle ne l'épingle pas.

C'est la littérature, cependant, qui ose briser avec fracas le « silence sacré de la honte » (la formule est de Kierkegaard). Plongeant dans les gouffres de la déconsidération de soi, elle donne à penser, d'une manière plus aventureuse et plus exploratrice que toute théorie, ce phénomène incessant qu'est la transformation d'un sujet en objet. Qui mieux que Gombrowicz, avec autant de précision, décrit le tourment de voir constituer notre moi par autrui ? « Ce tourment de base essentiel, écrit-il, est tout bonnement celui qui nous vient des limitations que nous impose un autre homme, du fait que nous étouffons, suffoquons dans l'espace resserré et rigide où l'imagination d'autrui nous enserre[1]. » Qui mieux que Mishima désigne le cercle étroit de nos évolutions dans le monde, les enjeux essentiels de la honte mais aussi de son écriture ? « Que disparût le témoin, et toute trace de ma honte était effacée de la surface de la terre. Les autres sont tous des témoins ; s'ils n'existaient pas, on ne saurait pas ce que c'est que la honte[2]. »

Dans *Le Procès* de Kafka, rien ne nous indique précisément que K. éprouve de la honte. Il est cependant, par excellence, un homme de verre, condamné à la transparence, ou, plutôt, à la nudité. Et, *in extremis*, la dernière phrase semble nous livrer un secret : « De ses yeux qui s'obscurcissaient K. vit encore, tout

1. Witold Gombrowicz, *Ferdydurke*, *op. cit.*, p. 276.
2. Yukio Mishima, *Le Pavillon d'or*, trad. Marc Mécréant, Gallimard, « Folio », p. 40.

près de son visage, joue contre joue, les deux messieurs observer le dénouement: "Comme un chien!" dit K.: c'était comme si la honte devait lui survivre.» Un mot jusque-là imprononcé éclaire le sens du récit qui précède. On comprend mieux dès lors la situation décrite dans *Le Procès*, où ce sont les autres qui détiennent sans partage le droit sur l'intimité, et ce fait prend d'autant plus de force si l'on considère, comme Marthe Robert, l'appellation de K. comme un système de dénomination négative qui s'explique en partie par la conscience chez Kafka d'un faux-semblant à l'égard de l'héritage juif, par la honte et le tabou du nom juif, et par un «infini» sentiment de culpabilité[1].

C'est ainsi que le roman ne se satisfait jamais d'un mot pour désigner un affect. Il nous fait revisiter la honte en lui donnant la forme d'une question, à la fois intime et historique. À propos des personnages de Dostoïevski et de Kafka, Nathalie Sarraute évoque un ressort plus secret que l'orgueil ou l'humilité, un mouvement initial, irréductible à un vocable. Cette «impossibilité de se poser solidement à l'écart, à distance, de se tenir sur son "quant-à-soi", dans un état d'opposition ou même de simple indifférence», cette «malléabilité étrange», cette «singulière docilité avec laquelle à chaque instant, comme pour amadouer les autres, pour se les concilier, ils se modèlent sur l'image d'eux-mêmes que les autres leur renvoient»[2], en même temps que cet élan contrarié vers autrui, cette sensation d'enfermement dans une corporéité, cette conscience de l'impossi-

1. Cf. Marthe Robert, *Seul, comme Franz Kafka*, Calmann-Lévy, 1979; et Milan Kundera, *Les Testaments trahis*, Gallimard, 1993, p. 306.

2. Nathalie Sarraute, «De Dostoïevski à Kafka», in *L'Ère du soupçon* (1956), Gallimard, «Folio Essais», p. 38.

bilité du devenir autre, c'est à peu près ce que j'appelle ici, provisoirement, la honte. Et, en ce sens, le Grand Livre de la littérature, tel qu'il continue de s'écrire au tournant de ce siècle, accompagnant à la fois la montée en puissance de l'homme à nu et la perte de l'individualité, donne à lire ce que Lacan appelait de ses vœux : « une hontologie, orthographiée enfin correctement[1] ».

Cette « hontologie », on peut sans doute la déceler dans l'espace de la fiction, à travers tous ces drames singuliers et collectifs où s'impose la présence insoutenable de l'autre. Mais c'est peut-être d'abord dans le geste même de l'écriture adressée qu'elle se manifeste avec le plus d'intensité, dans cette sorte d'auto-analyse qu'est le procès même de la *publication*, lorsqu'il se confronte à des enjeux essentiels. C'est alors en somme une autre manière de renégocier verbalement les rapports entre la personne intime et le personnage public, de cacher et d'exposer le quant-à-soi aux yeux des autres. Une autre façon de *paraître*, de livrer en pâture l'homme de verre.

D'où ce silence aux franges de l'écrit, le travaillant de l'intérieur, cette présence à la fois inquiétante et stimulante qui aura hanté la page en train de s'écrire, celle d'un lecteur indiscret, faille probable dans la forteresse autoprotectrice de l'œuvre en cours. La honte propre à la littérature, ce serait ce malentendu recherché, inévitable, ce choc à secousses multiples entre l'auteur se construisant, s'inventant (tout à la fois pudique et impudique, secret et exhibitionniste), et le lecteur à venir.

Témoin inquiet de sa propre désubjectivation, partagé entre l'humilité et l'orgueil, l'homme de lettres ressemble ainsi étrangement à l'homme de la honte.

1. Jacques Lacan, *Le Séminaire*, livre XVII, *L'Envers de la psychanalyse*, Seuil, 1991, p. 209.

Les réseaux de la disgrâce

Ah ! rumeur affreuse, mère de ma honte !

Sophocle, le chœur dans *Ajax*

« Vous ne savez pas que la honte est collective ? dit un personnage féminin de Rushdie. La honte de n'importe laquelle d'entre nous rejaillit sur nous toutes et nous fait baisser la tête[1]. » La honte n'est pas nécessairement une honte de soi. Elle peut être aussi une honte par procuration, une honte selon les autres, pour les autres. La langue espagnole a pour cela une belle expression : la *vergüenza ajena*, littéralement la « vergogne des autres », ou plutôt la honte qu'on éprouve solidairement à l'égard d'autrui. C'est pourquoi le témoin détourne les yeux, évitant ainsi de rencontrer ceux d'un autre témoin. « La honte leur interdit de se regarder en sa présence, même si elle dort », écrit Duras dans *Dix heures et demie en été*.

L'espace collectif des hontes est cependant extrêmement hiérarchisé. L'autre que l'on croise, à qui l'on dit bonjour, à qui l'on sert à boire, est aussi une instance politique. Occupant un rang social, il envahit notre espace, et le structure. Sa puissance

1. Salman Rushdie, *La Honte*, *op. cit.*, p. 96.

dominatrice se manifeste dans les moindres gestes de la vie quotidienne. Mais dans cet enchaînement inextricable des hontes, nul n'est sûr de tenir à tout instant le haut du pavé. Le dominant lui-même est tributaire de son serviteur. Jean-Jacques, dans l'état de domestique, tétanisé par Mlle de Breil, éprouve la honte de ne pas être à la hauteur. Il redresse momentanément la situation : montrant devant toute l'assistance son savoir et sa maîtrise du langage, il réussit enfin à attirer l'attention de la demoiselle. Mais il commet ensuite la maladresse, lui servant à boire, de répandre de l'eau sur l'assiette et même sur elle. C'est alors Mlle de Breil qui « rougit jusqu'au blanc des yeux [1] ». Et l'adolescent de rougir à nouveau.

La leçon que Proust a retenue de Gabriel de Tarde, à savoir que le rapport entre deux individus est d'emblée une évaluation réciproque du statut social de l'autre, va plus loin qu'on ne l'imagine. Car, dans ce premier regard où l'un et l'autre se jaugent (parlure, costume, teint, allure, manières), on pourrait voir une des sources de la honte, soit un principe social de domination qui implique la perception immédiate, de part et d'autre, d'un sentiment de supériorité ou d'infériorité. Ce que Proust appelle l'« optique des gradins sociaux », cette optique des appartenances culturelles, géographiques, symboliques, qui est aussi une acoustique, produit de la prestance ou de la gêne. Tout le corps se fait regard, mais aussi écoute de l'autre dans ses faiblesses et ses suprématies : on y entend les accents, les provincialismes, le ton et le chant imparfait des dominés. Proust décrit avec force et humour, dans la *Recherche*, la façon dont un Guermantes, tout jeune qu'il soit, ayant intériorisé dans son corps le sentiment de supériorité que sa famille lui a

1. Jean-Jacques Rousseau, *Les Confessions*, I, Livre troisième, Gallimard, « Folio », p. 136-138.

inculqué, peut dominer d'un seul de ses regards, comme tous ses ancêtres, les êtres qui n'appartiennent pas à son clan et qui lui sont présentés (ici, en l'occurrence, le narrateur) : « Il laissait tomber sur vous, comme s'il n'était nullement décidé à vous dire bonjour, un regard généralement bleu, toujours de la froideur d'un acier qu'il semblait prêt à vous plonger dans les plus profonds replis du cœur. » La poignée de mains à laquelle il consent, après avoir ainsi dominé l'autre de sa hauteur, est une passe d'armes, s'effectuant à une distance qui semble « énorme pour une poignée de mains » : il a fait « une tournée dans les dernières cachettes de votre âme et de votre honorabilité » [1].

Aussi pourrait-on dire que chaque société, à des degrés divers, a ses intouchables ou ses *burakumin* (cette caste, au Japon, d'anciens parias autrefois voués aux tâches impures [2]), puisque partout les rituels de mise à distance, de discrétion ou de ségrégation, soigneusement codifiés, sont en rapport avec le corps et l'origine, la souillure et l'ascendance, le pur et l'impur. Et c'est partout un secret, ou encore une dénégation, qui perpétue la tradition.

Cette atmosphère de déni dans laquelle baigne la honte sociale, confortant le code figé des relations, le roman démocratique nous la fait ressentir avec force. Ainsi, lorsque le narrateur de la *Recherche*, inquiet de savoir s'il a vraiment été invité chez la princesse de Guermantes comme il l'espère depuis longtemps, s'entend répondre par la duchesse de Guermantes : « Cette idée de croire que vous n'étiez pas invité ! On est toujours invité ! » La condition de ce « toujours », à laquelle ne satisfait pas le narrateur, la duchesse omet de la préciser, tellement à

1. Marcel Proust, *Le Côté de Guermantes*, Classiques français, 1994, p. 452.

2. Cf. Jean-François Sabouret, *L'Autre Japon. Les burakumin*, Maspero-La Découverte, « Textes à l'appui », 1983.

ses yeux elle va de soi : c'est l'appartenance à la noblesse du faubourg Saint-Germain – et en ce cas, en effet, on n'a même pas à être invité, on l'est « toujours ». La fausseté de la parole mondaine, comme l'hypocrisie de l'amabilité aristocratique, a pour fonction de masquer l'humiliation, l'effet d'exclusion et la domination sociale.

Des hontes que l'on aurait pu croire strictement individuelles se révèlent ainsi profondément historiques et sociales. Soumis malgré eux aux diktats d'une société et de son histoire, les jeux de regard et d'audition instaurent des rapports de force. Mais les situations imposées peuvent se retourner. Au point que, à son tour, l'autre autrefois colonisé suscite une honte inconnue jusque-là. N'est-ce pas le regard nouveau de l'homme noir qui a sécrété, chez Artaud, Soupault ou Leiris (à quoi s'ajoute, particulièrement chez ce dernier, la honte d'être un intellectuel, un bourgeois, ou de correspondre à un personnage d'écrivain), la honte d'être blanc et occidental, la fascination pour la négritude ? « Le Blanc, écrit Sartre, a joui trois mille ans du privilège de voir sans qu'on le voie : il était regard pur, la lumière de ses yeux tirait toute chose de l'ombre natale, la blancheur de sa peau, c'était un regard encore, de la lumière condensée. [...] Aujourd'hui ces hommes noirs nous regardent et notre regard rentre dans nos yeux [1]. »

La honte est la chose du monde la mieux partagée, mais les raisons de rougir ou les manières de détourner les yeux varient selon les peuples et les cultures, au rythme des grandes fractures de l'Histoire. Il faudrait ajouter : selon les modes, les mentalités

1. Jean-Paul Sartre, « Orphée noir », préface à *L'Anthologie de la nouvelle poésie nègre et malgache* réunie par Léopold Sédar Senghor, PUF, « Quadrige », p. 194.

et les mythologies. Ce sont des normes et des codes sociaux changeants qui définissent, à telle époque, dans telle région du monde, les configurations du sens de l'honneur ou les formes de la dignité. La *timè* chez Euripide n'est pas la honte moderne, on ne rougit pas pour les mêmes raisons dans l'Angleterre victorienne et dans le Japon de l'après-guerre, et le mot lui-même se colore de multiples sens. Chaque époque, chaque culture oppose à la liberté de l'écriture un horizon de fantasmes, de secrets et d'interdits. Hawthorne fut obsédé par ses ancêtres puritains. Annie Ernaux vécut l'éducation d'une petite fille dans la France profonde. Goytisolo se découvrit homosexuel dans l'Espagne franquiste. La terreur totalitaire, l'horreur et la mémoire d'Auschwitz, le traumatisme d'Hiroshima ont donné d'autres sens à la honte d'être un homme (comme à celle de se faire écrivain).

Dans l'ensemble, on ne choisit guère plus sa honte que sa langue ou son époque. C'est en raison d'une catastrophe de l'Histoire que Georges-Arthur Goldschmidt (Juif allemand issu de grands-parents parfaitement intégrés, baptisés protestants à leur naissance), réfugié en France dans un internat en Savoie pendant la guerre, eut tout à coup honte de la langue qui était la sienne, l'allemand. Elle était devenue pour lui (comme pour Jean Améry, l'intellectuel autrichien qui ne se savait pas juif) la langue interdite, « bloquée à mi-corps » : « Personne autour de moi ne parlait un mot d'allemand, qui se confondait avec la honte de l'occupation, et cette honte, on ne pouvait l'expliquer à personne car c'étaient mes “compatriotes”, les nazis les appelaient *Volksgenossen*, qui occupaient le pays, et on me le faisait savoir [1]. » Pendant cinq années, il ne parlera plus sa langue mater-

1. Georges-Arthur Goldschmidt, *Le Poing dans la bouche*, Verdier, 2004, p. 19.

nelle : « La honte de voir les pancartes allemandes devant les monuments de Paris s'était ajoutée, accolée à la honte d'être moi-même dans cette langue. »

À en croire Michaux, « tout peuple devrait être honteux d'avoir une histoire ». Si on le suit dans cette voie, on pourrait dire aussi : tout individu devrait être honteux d'avoir une histoire, puisqu'il est passé par les fourches caudines d'une honte mise en commun. La honte souterraine ou affichée de l'écrivain, incompréhensible en dehors de l'histoire de l'individualité littéraire, est inséparable du regard de la cité. Étroitement liée à la modification des attitudes collectives, croisant l'histoire des mentalités, elle est tributaire des fluctuations historiques du sentiment de honte et de ses représentations, elles-mêmes indissociables des angoisses de génération.

Dans cette méditation sur la honte comme ferment de l'œuvre, je ne prétends pas traiter précisément de ces variations. D'ailleurs, malgré les spécificités de chaque culture, les universaux de la honte et de l'humiliation ne permettent-ils pas à tout écrivain de communiquer l'essentiel d'un sentiment fondateur, où tout lecteur dans le monde se reconnaîtra aussitôt ? Pourrait-on, sans ce postulat, accéder aux œuvres de Mishima, de Dostoïevski, de Lao She ou de Rushdie ? Y a-t-il un fossé infranchissable entre *La Déchéance d'un homme* de Dazaï Osamu et *Le Sabbat* de Maurice Sachs ? Partout on rencontre le même dégoût de soi, la même spirale et la même ivresse dans l'expérience de l'avilissement. C'est que, malgré la diversité des codes et des mentalités, la honte est partout dans le monde affaire d'origine et de corps : corps social, corps désigné, corps souillé.

Insultez l'autre, injuriez-le, diffamez-le, il en restera toujours quelque chose. Ce reste, c'est la honte diffuse qui s'empare des sujets, les ostracise et les contamine de vocables infamants. C'est le secret dans lequel chacun s'est enfermé. La diffamation aura touché à l'aveuglette ce secret enfoui. Ainsi, Coleman, dans *La Tache* de Philip Roth, injustement accusé de racisme, lui qui a construit sa carrière sur une imposture, en effaçant son origine noire : « Comment s'étonner que l'accusation de racisme l'ait fait bondir ? Tout se passait comme s'il devait ses succès à une infamie. Comment s'étonner que toutes les accusations, d'ailleurs, l'aient fait bondir ? Son crime dépassait de loin tout ce dont on cherchait à l'accabler [1]. »

La honte sociale ou politique exploite une faiblesse congénitale. Elle voile et dénude, excise et infibule, se drape dans les traditions et les dogmes, produit des signes et des rituels. Mais, d'abord, elle nomme. Sa violence est inséparable du verbe. Ainsi dans le discours antisémite. Léon Daudet, le 6 janvier 1895, déclare à propos de Dreyfus : « Il est couleur traître. Sa face est terreuse… étrangère à coup sûr, épave de ghetto… » L'insulteur joue avec la honte comme avec un feu mental, qui est un feu verbal. Il expose déjà sur la place publique. Les signes de discrimination – étoile jaune pour les Juifs, couleur marron pour les tsiganes, triangle rouge des opposants politiques, triangle rose cousu sur le vêtement des homosexuels (dès lors exposés à la violence des gardiens mais aussi à celle des autres détenus) – sont les traces symboliques d'une stigmatisation préalable. La « couleur traître » a été invoquée avant d'être symbolisée. La honte sociale montre du doigt, la honte politique attribue aux corps un nom inchangeable et les marque comme du bétail.

Humiliez les corps, rabaissez-les à leur vie physiologique ou

1. Philip Roth, *La Tache* (2000), trad. Josée Kamoun, Gallimard, 2002, p. 141.

à leur condition grotesque, faites porter des bonnets d'âne aux « autorités académiques réactionnaires », comme du temps de la Révolution culturelle chinoise, faites avaler de l'huile de ricin à vos opposants jusqu'à ce qu'ils déchargent honteusement leurs boyaux sous les yeux de la foule (à la façon des fascistes aux ordres de Mussolini) : les corps stigmatisés parleront à votre place. Ce que vous lisiez en eux s'exprimera enfin aux yeux de tous. Et plus la victime s'effondrera, plus elle sera mise à nu, plus elle exaspérera le sadisme du bourreau. Les récits de captivité, d'internement ou de torture disent tous un fonds commun de l'humiliation. Ils disent la perte du visage. Ils disent qu'au début de cette expérience, au cœur de sa mémoire, il y a un sujet détruit, un être réduit à ses fonctions élémentaires, une individualité dissoute dans la masse anonyme et animale d'un « on ». Il semble légitime, en ce sens, d'appeler les camps de concentration et d'extermination, ceux de Levi ou de Chalamov, les « camps de la honte ». Il fallut, pour en arriver à ce chemin ténébreux, une métamorphose du regard, un langage codé qui se substituât à un visage indéchiffrable.

Mais, en deçà des expérimentations extrêmes du totalitarisme, la honte est vissée à tous les corps sociaux. Des rituels coutumiers ou renouvelés habituent aux signes de l'infamie : châtiments et accusations publics, mises au pilori, flagellations, marques de discrimination, processions de bagnards auxquels on faisait traverser la France, chemise rouge qu'on faisait porter aux assassins pour leur exécution, femmes marquées au fer rouge, filles tondues à la Libération, prisonniers tatoués et matriculés des camps de concentration… À cette théorie des supplices on peut associer toutes les pratiques de punition où la victime, soumise à la risée publique et aux quolibets, est exposée à une violence double, physique et symbolique – y compris les plus anodines en apparence, comme le bonnet d'âne ou encore toutes les formes de bizutage, dès lors qu'il s'agit de désigner une position de faiblesse et de discrimination.

Dans l'histoire très ancienne des châtiments, la dénudation occupe une part essentielle. On exposait les amants nus dans les villes, enchaînés l'un à l'autre par les organes sexuels ; on donnait, pendant la Révolution, des « fessées patriotiques » ; les tondues de l'épuration, d'une certaine manière, continuaient les sorcières rasées. Depuis des temps reculés, l'humiliation et la dénudation vont ensemble[1], de même que l'expiation et la mortification : saint François envoya le frère Rufin prêcher nu à Assise afin d'expier sa désobéissance. Dans le célèbre récit de Kafka, *La Colonie pénitentiaire*, le condamné veut « rattraper ses vêtements pour couvrir sa nudité », mais le soldat lui arrache ses « derniers lambeaux » ; à la fin, il a l'air d'« un chien résigné ».

La honte intériorisée n'est pas seulement sociale. Elle n'est pas seulement tributaire des générations, des époques. Comme la colère, elle peut être politique. Mais, tandis que la colère refroidit et s'apaise, le temps de la honte est un temps presque immobile, un temps souterrain et retardé. Les hontes vieillissent bien, elles aiment le temps qui passe. Vous ne les remarquez pas ? Peu leur importe. En attendant que l'heure sonne, elles veillent, montent la garde, intactes, souterraines, clandestines. Et un jour, au moment où l'on s'y attend le moins, elles resurgissent, telles des sources oubliées. Alors elles jaillissent, éclaboussant tout sur leur passage. Il faut les apprivoiser, les canaliser. Les assignant à l'héritage historique d'une angoisse collective ou communautaire, on tente de les dissoudre dans le

1. Cf. à ce sujet le livre de Jean-Claude Bologne, *Histoire de la pudeur*, Olivier Orban, 1986 (en particulier le chapitre V, « Les processions nues », p. 129-152).

patrimoine national. En vain. Il leur faut, à nouveau, une bonne guerre.

On est en 1914. Sur les trottoirs, raconte Nizan dans *Antoine Bloyé*, les hommes et les femmes crient : Vive la guerre ! Vive la France ! Vive la liberté ! « La statue des combattants de 1870 émergeait d'une mare de couronnes et de gerbes. Le président des Anciens de 70 disait dans les cafés : – Il fallait bien que cette chose arrive, depuis quarante-quatre ans qu'ils nous insultent[1] ! » Comme une guerre appelle une autre guerre, une honte en suscite une autre, avec des sentiments de défaillance renouvelée, qui se répondent et s'imbriquent : la honte de celui qui n'a pas fait la guerre, la honte de celui qui en a réchappé, la honte de celui qui était trop jeune pour la faire. De toute victoire apparente on peut prévoir la débâcle à venir, comme de tout honneur défendu, la honte subséquente.

Honte française de 1870, honte de la débâcle, honte de Vichy, honte allemande... : les hontes historiques se succèdent et parfois se ressemblent. Elles sécrètent le plus souvent une mémoire de rancœur et de ressentiment. Elles se remâchent pendant des dizaines d'années, peuvent survivre à des siècles. Avec le temps, vieillissant dans des fûts de chêne, elles produisent tous leurs relents. Cela donne des crus très divers : piquettes aigres du ressentiment ou de la repentance ordinaires, ou grands cépages de la littérature, grâce à quoi l'hontologie se fait œnologie.

Les hontes s'enchaînent et s'emboîtent, se succèdent et se cumulent, solidaires entre elles de mille liens secrets dont les nœuds tissent autour de la mémoire culpabilisée une sorte de cordon sanitaire. Honte historique, honte de soi, honte pour

1. Paul Nizan, *Antoine Bloyé* (1933), Grasset, « Les Cahiers rouges », p. 235.

soi, honte de soi dédoublée, honte pour l'autre, honte de soi en tant qu'autre, honte de l'autre en tant que soi, honte d'avoir honte : la honte finit par oublier son objet. Elle est cependant toujours située. De même qu'elle a des âges physiologiques ou mentaux, elle a des âges générationnels et historiques. Comme si sa tare propre ne lui suffisait pas, il faut encore qu'elle se donne à penser sous forme de constructions collectives, voire de catégories, de conditionnements imposés et de copies conformes qui continuent de la rabaisser, de la vulgariser en quelque sorte, faisant se confondre une honte intime avec la honte des autres.

De sorte que, à la bourse des hontes, il est assez difficile d'en revendiquer une bien à soi, claire et distincte, sans avoir l'impression d'en être déjà dépossédé. Car ce sentiment, personnel s'il en est, prend aussi volontiers une dimension historique. Le tremblement de la honte ne se contente pas alors de sillonner un corps social, communautaire ou national : il est susceptible de marquer un moment de l'Histoire, et de produire un sentiment durable.

L'irréductibilité de la honte, comme son imprescriptibilité, son caractère à la fois historique et singulier : voilà ce à quoi, mieux que tout récit historique, la littérature nous donne à penser.

Passerelle entre le sujet et la commune condition (familiale, sociale, nationale), la honte n'est donc jamais seulement une affaire entre moi et moi : pris dans cette toile, chacun est en même temps la mouche et l'araignée. Elle a pour effet immédiat de tendre une corde entre Moi et l'Autre, de nouer le « je » au « nous », au « tu », au « on » et au « ils » ; et pour effet à long terme de cimenter du ressentiment. Dans une ethnographie imaginaire, Robert Pinget décrit bien cette dimension contaminante : « Quand ils veulent échapper à la honte, ils sont les créatures les plus à plaindre que j'aie jamais vues. La transparence de leurs âmes étant non seulement constitutive mais aussi fonction active, un peu comme d'une vitre qui avancerait, qui viendrait se briser sur l'obstacle, aucune lâcheté n'est propre à celui qui la commet. Elle s'insère dans le réseau de turpitudes qui relie tous ces gens entre eux[1]. »

On ne s'étonnera donc pas de trouver dans la honte – émotion particulièrement inavouable, à la fois historique et singulière, intime et collective, plus que toute autre, peut-être, extensive, expansive, contagieuse, susceptible de traverser tous les individus sans distinction – un alcool fort de la littérature.

Car si nous pouvons nous sentir solidaires de quiconque fait l'aveu de sa honte, et en particulier de celui qui l'écrit, c'est que, ayant partie liée avec notre expérience commune, il est celui qui nous dit : Je suis comme vous.

1. Robert Pinget, *Entre Fantoine et Agapa*, Minuit, 1966, p. 87.

Les enfants éternellement humiliés

J'ai honte pour moi, pour eux.

Georges Bernanos

Écartelé entre deux guerres, l'une passée, l'autre imminente, Michel Leiris pressentait en 1939 que son âge d'homme ne viendrait pas tant qu'il n'aurait pas subi, sous une forme ou sous une autre, une épreuve du genre de celles que ses aînés avaient dû affronter. Mais, au fait, cet âge viendrait-il jamais ? Après la guerre, en décembre 1945, face aux ruines du Havre, le même Leiris, relisant le texte qu'il avait écrit quelques années auparavant, constata qu'il pouvait encore moins faire face au défi de l'Histoire.

L'enfant humilié est un éternel enfant. Pris dans le réseau des disgrâces communes, historiques et nationales, il souffre de cet héritage comme d'une blessure intime, et se condamne au désenchantement. Se sentant floué, dépossédé par l'Histoire, cloué dans le siècle, il éprouve une double honte : celle, singulière, de son enfance, celle, collective, de toute une génération. Venu au monde trop tard, ou trop tôt, entre « un passé à jamais détruit et l'aurore d'un immense horizon », il est soumis à un temps historique où l'héroïsme se conjugue au passé : qui mieux que Musset, au chapitre II de *La Confession d'un enfant du siècle*, a exprimé cette asynchronie ? L'époque frappe la jeunesse d'un « malaise inexprimable ». « Tout ce qui était n'est plus ; tout ce qui sera n'est pas encore. Ne cherchez pas ailleurs le secret de nos maux[1]. » Une « âme expansive » ne peut que s'envelopper de « rêves maladifs ». Son élan s'abîme dans le présent étriqué, et l'emploi de sa force inactive se résorbe dans l'« affectation du désespoir ». D'ailleurs, l'esprit du siècle n'est plus lui-même qu'un spectre : « moitié momie et moitié fœtus », cet ange du crépuscule est « assis sur un sac de chaux plein d'ossements, serré dans le manteau des égoïstes et grelottant d'un froid terrible ».

L'enfant humilié ne peut plus se lancer à corps perdu dans l'Histoire. Sa nostalgie est irrémédiable. La vérité, c'est que, à ses yeux, il aura beau faire, le temps des héros est révolu. Souffrant d'un excès de réflexion, il ne se voit plus que comme un infime maillon transitoire dans la chaîne sans fin des générations impuissantes.

La nostalgie de l'enfant humilié prit dans la génération de Musset une teinte mélancolique. Son rouge s'atténua en pâleurs, en phtisies, en mal du siècle. Elle se fit belle et triste. Elle se reconvertit dans l'absolu de la littérature. Tel fut son salut. Tel est peut-être encore le nôtre, après les années militantes de l'illusion lyrique. Dans l'espace de la fiction, la mémoire peut respirer, le passé, se relativiser, la honte et l'insatisfaction, s'ironiser. Un autre temps se déroule au cœur de l'écriture.

À vrai dire, vu de près comme de loin, tout siècle sécrète son mal, tout mal du siècle a affaire à la honte. Voilà ce que nous dit, plus que jamais, la littérature. Et, au bout du compte, quelle

1. Alfred de Musset, *La Confession d'un enfant du siècle* (1836), Gallimard, « Folio Classique », p. 35.

génération n'est pas perdue ? Quelle génération perdue n'est pas secrètement honteuse ? Nous sommes tous des fils déchus, des Musset potentiels, des Leiris déchirés, des enfants honteux de ne pouvoir poursuivre l'œuvre d'héroïsme que nos pères nous ont léguée. Ce qui varie, c'est le rapport entre nos vingt ans (ou nos dix-sept ans, soit nos années mentales) et le moment historique qui tantôt se croit décisif, tantôt se perçoit dans l'après-coup ou l'entre-deux. Ce pourquoi le rapport entre Rimbaud et la Commune de Paris restera l'objet d'une exégèse interminable.

Pour l'enfant humilié, la Grande Honte de l'Histoire est de toute façon toujours trop grande. Acteur malgré lui, héros ou hors du coup, il est face à elle comme face à un horizon inatteignable : elle pense à sa place et réduit à l'extrême sa subjectivité. Ses hontes micrologiques, celles qui le définissent, tapies dans son moi essentiel, sont englouties dans cet océan.

C'est que l'Histoire met en évidence la relativité des hontes. Nous sommes en 1917. Comment penser librement dans cette barbarie ? Comment réagir à « la honte imposée aux hommes – à des hommes » ? Telle est la question que se pose Cripure, le personnage du roman de Guilloux, *Le Sang noir*. Pendant que des enfants se font tuer, sont fusillés comme déserteurs, Cripure se raccroche à une offense mineure et veut y répondre par un duel. « Un duel, en pleine guerre, c'était bien entendu plus que ridicule. C'était en somme assez odieux. Lui seul, parmi des millions d'hommes en bataille, aurait trouvé moyen de se faire une affaire et de la mener jusque sur le terrain – il y était bien résolu ! –, chose si singulière qu'elle en deviendrait sans doute historique. Dans la suite des temps on parlerait de lui comme de ce fou qui… Et l'opprobre, le rire, le grotesque couvriraient son nom dans l'éternité[1]. »

1. Louis Guilloux, *Le Sang noir*, *op. cit.*, p. 380.

Nous sommes en 1940. « J'ai honte pour moi, pour eux », écrit Bernanos dans *Les Enfants humiliés*, un journal où, prophétisant la déroute, il s'indigne sur la patrie en péril. Dès 1938, peu avant Munich, cet aventurier de cinquante et un ans a fui avec sa famille (ses six enfants et son neveu) l'« Europe totalitaire » – d'abord pour le Paraguay, où il n'est resté que quelques jours, puis pour le Brésil, où il séjournera sept ans. Ses essais survoltés (il ne peut plus, ne veut plus écrire de romans) sont obsédés par la honte. Lui qui a recours à la fazenda comme d'autres ont recours aux forêts, il déclare que cette guerre est « une honte pour la génération qui fit l'autre », et à laquelle il appartient. Le mot « honte » revient régulièrement sous sa plume : « C'est la faim et la honte qui sauvèrent jadis l'Allemagne. Puissent-elles nous sauver à notre tour ! », « Car nous sommes la génération de la honte[1] », « C'est vrai que le crime engendre la honte. Mais il arrive aussi, il arrive plus souvent qu'on croit, que la honte engendre le crime. » Un texte écrit en septembre 1941 s'intitule « La honte coûte cher » – il s'agit de la honte de Vichy. « La honte versera beaucoup plus de sang que l'honneur n'en eût coûté[2]. »

La honte, à laquelle jusque-là on ne prêtait quasiment que des vices, aurait-elle quelques vertus ? Oui et non, nous dit Bernanos. Il ne partage pas le point de vue d'un Jouhandeau, pour qui la honte est un chemin, mais aussi une révélation, voire une épiphanie (« À l'intérieur de la honte, tout d'un coup, l'on aperçoit à je ne sais quelle lumière que ce n'est pas du Péché que naît le sentiment des nuances. On reconnaît ce qu'on

1. Georges Bernanos, *Le Chemin de la Croix-des-Âmes* (1948), in *Essais et Écrits de combat*, t. II, Gallimard, « Bibliothèque de la Pléiade », 1971. Cf. « La faim va très bien avec la honte », p. 246, et, p. 456, « Les systèmes et la patrie », texte qui s'intitulait à l'origine « La honte ».

2. *Lettres aux Anglais* (1942), *ibid.*, p. 347.

avait perdu, on le découvre, on s'en ressaisit avec allégresse, mais les Purs n'admettent pas volontiers qu'on en arrive au même point qu'eux et qu'on ait pris un autre chemin[1]»). Aux yeux de Bernanos, au contraire, même s'il faut en passer par cette misère morale, même si elle peut sembler salvatrice, le plus souvent la honte est une damnation, un mal irrémédiable[2]. « Il n'y a d'ailleurs de véritable tristesse que dans la honte ; la honte seule est triste, parce qu'elle est sans remède. De toutes les misères de l'homme, elle est la seule dont la mort ne le délivre. Je n'ai pas accepté la honte, pourquoi accepterais-je la tristesse[3] ? »

À en croire Donald Nathanson, la notion de honte serait centrale pour notre époque, tout comme l'angoisse à l'époque victorienne tardive[4]. Il est vrai que, des amis politiques de la honte, on en trouve partout, chez les révolutionnaires comme chez les conservateurs. La honte en ce sens sonne comme une morale définitive : « Battisti n'a pas honte », dit une journaliste de *La Stampa* ; « Du racisme honteux au racisme proclamé », titre un article de *Libération* ; « L'antisémitisme est une honte », dit un Premier ministre. Les conservateurs (au sens moral ou politique) expriment souvent des préjugés favorables à la honte, « car d'après eux la honte est un sentiment protecteur de valeurs traditionnelles comme l'honneur ou la pudeur sexuelle ». « Mais il n'est pas nécessaire, bien sûr, ajoute Ruwen Ogien, d'être un conservateur pour être un ami de la honte[5]. » On pourrait en

1. Marcel Jouhandeau, *De l'abjection*, Gallimard, 1939, p. 150-151.
2. Voir Georges Bernanos, « La honte engendre le crime », in *Essais et Écrits de combat*, t. II, *op. cit.*, p. 1224.
3. *Lettre aux Anglais*, *op. cit.*, p.15.
4. Cf. Donald L. Nathanson, *Shame and Pride : Affect, Sex and the Birth of the Self*, New York, Norton, 1992.
5. Ruwen Ogien, *La honte est-elle immorale ?*, Bayard, 2002, p. 23, n. 1.

effet affirmer exactement le contraire. Car la honte se présente aussi, pour l'homme occidental, comme un ferment de solidarité. « Ayez le courage de lire Fanon, écrit Sartre : pour cette raison qu'il vous fera honte et que la honte, comme disait Marx, est un sentiment révolutionnaire[1]. »

On voit bien, dans tous les cas, le marché de dupes : sur ce terrain du politique, on a échangé toutes les tonalités subtiles de la honte contre un sentiment moralisant, manipulable, plus proche de la culpabilité. Pour le politique, la honte primaire est un fardeau. Non seulement, comme le dit Duras, « le marxisme s'arrête à la vie intérieure », mais toute opinion politique, toute vie sociale s'arrête à la vie intérieure. La honte de l'origine encombrante, comme celle de la contingence du corps, le péremptoire du militant l'annule ou l'instrumentalise, la vidant de toute charge affective, de tout déchirement intérieur. Au militant comme au politique il faut des corps désentravés, mobilisés, des culpabilités simplistes qui, ne regardant pas en arrière, puissent manifester une identité sans faille.

Il faut donc aller plus loin dans cette reconnaissance de la honte comme sentiment secret, ambivalent, où se mêlent et se contrarient l'intime et le grégaire, et qui ne trouve en fin de compte aucun mot pour se dire dans la sphère sociale. Si collective qu'elle puisse apparaître parfois, la honte accentue le malentendu entre Moi et l'Autre, entre ma petite histoire et la Grande. Elle manifeste la faille irrémédiable, la contradiction d'un sujet irréductible, embrouillé dans ses projets, à la fois désireux d'appartenir à une communauté, de se faire soldat ou citoyen comme les autres, et impuissant à accomplir ce désir,

1. Jean-Paul Sartre, préface aux *Damnés de la terre* de Frantz Fanon, Maspero, 1961, p. 14.

écrasé par cette impuissance, la sublimant en solitude, en lucidité, ou en complexe de persécution.

Or qu'est-ce que cela peut donner, parmi d'autres possibles, ce drame d'un être déchiré, nostalgique à l'égard de l'homme d'action, ne pouvant se retirer tout à fait, tel le saint ou le mystique, réfugié malgré lui dans l'imaginaire des mots ? Cela donne, entre autres possibles, l'être écrivain.

De l'invention de la littérature comme pornographie (Rousseau, Dostoïevski et les autres)

> La honte existe partout où il y a un « mystère ».
>
> Friedrich Nietzsche

Ah, si tout pouvait se dire, et ainsi se délivrer – comme on a pu le rêver dans le fantasme d'une parole libérée ! Si tout pouvait se révéler au grand jour : l'inceste, le viol, le deuil, l'onanisme, le plaisir, la trahison, la perversion, la faute, l'impuissance, les dessous de l'Histoire et de la vie intime… *Intus et in cute…* Un tel fantasme est aujourd'hui devenu, pour une part, celui-là même de l'écrivain : ayant eu le privilège de se confronter à son propre secret, il nous ferait participer à une délivrance. Il accomplirait en somme la tâche prostitutionnelle et exorcisante que Freud assignait à la littérature : « Le créateur littéraire nous met en mesure de jouir désormais de nos propres fantasmes, sans reproche et sans honte. »

Une telle opération miraculeuse est-elle si assurée ? Le secret réside dans l'enfance et dans l'origine : Rousseau le dit avant Freud, mais surtout autrement. C'est là que notre honte originaire prend ses sources, puériles au double sens du terme : enfantines et immatures. Mais la littérature de l'aveu, c'est le honteux à dire plus encore que le honteux en soi, c'est le récit qui fait resurgir la honte d'autrefois et met en jeu à la fois la puissance et l'impuissance de l'exhibition. Si elle s'attache tant aux détails révoltants, indécents, et « souvent ridicules » – à ce que Stendhal nommera des « accidents d'amour-propre » –, ce n'est pas seulement pour remonter à un secret, c'est pour restituer dans l'écriture ce geste même de l'aveu, et le risque qu'il comporte. Rousseau a magnifiquement exprimé cette idée : « Et quiconque lira mes *Confessions* impartialement, si jamais cela arrive, sentira que les aveux que j'y fais sont plus humiliants, plus pénibles à faire que ceux d'un mal plus grand, mais moins honteux à dire, et que je n'ai pas dit parce que je ne l'ai pas fait[1]. » Le temps de l'écriture était pour Rousseau celui de la disgrâce et du dessaisissement : le secret restera hors du livre, dans une temporalité impossible et aliénée, dans une réception improbable.

Faisant reculer toujours davantage la frontière entre l'avouable et l'impossible à dire, la littérature de l'aveu donne à la pensée plus assertive des philosophes, des anthropologues ou des psychanalystes la forme d'une question. Le secret de la honte telle que je l'entends ici, de cette honte à vide, indicible, suscitée par une subjectivité déchirée plus que par une valeur morale extérieure à elle, ce secret jette un défi au laboratoire d'imaginaire qu'est la littérature.

Chez Dostoïevski, il est au cœur du texte. Mais, plus que l'enfance, c'est l'adolescence qui tente de s'exorciser. Le scandale, à vrai dire, c'est le poids de l'héritage que l'adolescent (qui donne son titre à un livre majeur) ne cesse de déplorer. Mais le scandale, c'est aussi l'excès de réflexivité auquel on est ainsi condamné. « Tout le monde s'est moqué de moi, déclare l'homme

1. Jean-Jacques Rousseau, *Les Rêveries du promeneur solitaire*, Le Livre de Poche, p. 86.

ridicule de Dostoïevski. Mais personne ne savait, ne pouvait deviner que s'il y avait un homme sur terre qui savait plus que tous les autres que j'étais ridicule, eh bien c'était moi-même[1]. » Dès lors, on ne cessera de dire (particulièrement dans *Les Frères Karamazov*) : Quelle honte ! C'est une honte ! Car, pendant que la honte s'exclame, le secret court comme un furet de personnage en personnage. Et l'on passera, par impuissance, à l'indignation ou à la rage.

L'homme transparent de Jean-Jacques et l'homme souterrain de Fédor sont *a priori* assez éloignés l'un de l'autre. L'idéal de la transparence, celui de l'homme sincère, qui saurait tout dire, ne rien masquer, est une utopie des Lumières. L'homme souterrain, l'homme rampant (« le souterrain, note René Girard, c'est un engluement, un enlisement dans l'Autre[2] ») a partie liée avec la situation historique de l'intelligentsia russe au XIXe siècle. Malgré ces contextes distincts, Rousseau et Dostoïevski écrivent tous deux dans la hantise paranoïaque de l'humiliation. Tous deux répondent à la menace du monde par le masochisme. Ici, l'enfant bâtard, l'orphelin déclassé et déplacé, le perdant mégalomane ; là, le célibataire éternel, l'adolescent mal dégrossi, le petit bureaucrate (mais aussi le démon, l'homme possédé). Tous deux ont la honte en partage, celle du velléitaire, écrasé par l'ambition de son orgueil, réduit par sa démesure même. Tous deux éprouvent dans la honte une volupté. C'est au crime des pères qu'ils en ont, mais c'est par une jouissance paradoxale qu'ils s'en sortent. Rousseau (après l'aveu du plaisir découvert dans la punition par flagellation) : « J'avais découvert

1. Fédor Dostoïevski, *Le Rêve d'un homme ridicule*, trad. André Marcowicz, Actes Sud, 1993, p. 12.

2. René Girard, *Critique dans un souterrain* (1976), Le Livre de Poche, « Biblio Essais », p. 85.

dans la honte et la douleur de la punition une sensualité... » Dostoïevski, dans *Les Possédés*: « Toutes les fois où je me suis trouvé au cours de mon existence dans une situation particulièrement honteuse, excessivement humiliante, vilaine et par-dessus tout ridicule, celle-ci a toujours excité en moi, en même temps qu'une colère sans bornes, une incroyable volupté. »

Avec Rousseau et Dostoïevski, la littérature devient comme la sublimation d'une honte originaire, au point qu'il peut y avoir un héroïsme de la honte. Dostoïevski, dans *Les Carnets du sous-sol*: « Il est interdit à l'homme ordinaire de se plonger dans la boue; mais le héros, lui, est situé si haut qu'il ne pourra jamais se salir complètement; donc je peux me vautrer dans la boue. » C'est que les petites hontes vécues renvoient toutes à une grande honte, une honte fondamentale, celle d'être un homme. La pensée de Dostoïevski met en récit une telle relation: « Même être des hommes, cela nous pèse – des hommes avec un corps réel, *à nous*, avec du sang; nous avons honte de cela, nous prenons cela pour une tache et nous cherchons à être des espèces d'hommes globaux fantasmatiques[1]. »

Il y a certainement des écrivains qui ont à un âge précoce tourné le dos à ce qu'on appelle communément la honte. Chacun exerce comme il le peut, en littérature, sa pudeur, jusque dans une feinte ostentation. La position dans la société, la répugnance plus ou moins grande à l'égard de l'origine familiale, sociale ou nationale ne comptent pas pour rien dans cette distribution complexe entre les champions du tout-dire et ceux du tout-cacher. Constatons cependant ceci: dans l'après-Rousseau, l'après-Dostoïevski et l'après-Freud, le fantasme de la honte

1. Fédor Dostoïevski, *Les Carnets du sous-sol*, trad. André Marcowicz, Actes Sud, « Babel », p. 165.

– conscience malheureuse de l'écrivain, mais aussi forme particulière de sa lucidité – est souvent au cœur de la création littéraire. La honte hante le phrasé des livres de l'aveu, elle rôde dans leur ponctuation. Sous le règne du regard de l'autre, son principe négatif traverse, tel un secret indéchiffrable, les œuvres de Conrad, Hawthorne et Kafka, mais aussi de Powys, Gombrowicz, Michaux, Genet, Leiris, Beckett, Bassani, Rushdie, Duras, Philip Roth, Annie Ernaux, Marie Ndiaye, Michel del Castillo, Mishima, Dazaï Osamu, Coetzee, d'autres encore, soit qu'eux-mêmes la désignent explicitement comme l'œil du cyclone, soit que ce sentiment transpire à travers leur œuvre comme une pulsion irrépressible.

Qu'ont en commun ces auteurs ? Est-ce une confrontation inévitable, générale, avec la catastrophe de l'Histoire ? Est-ce le fait d'avoir traversé une époque où la tentation politique fut particulièrement forte (« il s'en fallut d'un cheveu, prétendit Gombrowicz, pour que je devienne communiste ») – face à laquelle ils durent inventer des formes nouvelles de narcissisme littéraire, un narcissisme de résistance, en quelque sorte, contre ce que Bataille nomme les « systèmes d'appropriation historique » ?

Rien fondamentalement ne réunit, dira-t-on, ces enfants humiliés, même s'ils semblent avoir en partage les secrets du monde qui les entoure et de l'Histoire qui les traverse, même s'ils ont en commun un héritage littéraire. À l'image de Dostoïevski, qui a « honte d'être russe, honte d'être le fils de son père, honte d'être Fiodor Mihaïlovitch Dostoïevski[1] », et ne peut adhérer à rien, l'écrivain de la honte est un expatrié, un *heimatlos*, un orphelin, un mauvais fils, un anti-familialiste, un déserteur, un solitaire, un écrivain de la rupture. C'est pourquoi il se sent partout – y compris dans l'espace de la littérature – comme un

1. René Girard, *Critiques dans un souterrain*, *op. cit.*, p. 115.

étranger, voulant jouir à l'écart des belles-lettres : « Il faut être bassement épris de soi pour en parler sans honte, écrit Dostoïevski au début de *L'Adolescent*. [...] Je ne suis pas littérateur et je ne veux pas l'être. Traîner l'intimité de mon âme et une jolie description de mes sentiments sur leur marché littéraire serait à mes yeux une inconvenance et une bassesse[1]. »

On pourrait déceler un temps inaugural de ces épousailles, en Europe, entre la honte et la littérature. Il n'est sans doute pas étranger à ce moment où avec Rousseau s'inventa ce qu'on a appelé, depuis, l'autobiographie (moment se prolongeant et s'approfondissant en particulier chez Leiris) ; ce moment où l'individu met à nu ses faiblesses et ses impuissances, où il prend dans cette intention le risque d'un langage ; ce moment où l'écrivain, tirant le maximum d'une leçon déjà ancienne, l'exténuant, semble nous dire : Ceci est plus qu'un livre, c'est mon corps, mon expérience nue, que l'écrit dévoile ou dévoie.

Dès lors, la spirale de la dénudation était inéluctable. Il n'aurait pas fallu commencer à évoquer quoi que ce fût d'intime. Il n'aurait pas fallu donner une telle ampleur à cet affect dont on pouvait pressentir que, tout en n'étant pas *a priori* extrêmement séduisant, il se porterait tout de même assez bien dans les défilés de la littérature – se drapant et se complaisant, s'arrangeant et se maquillant avec goût.

D'autant plus que le décor se prêta de plus en plus à une telle exhibition : un sentiment de dévalorisation semblait accompagner la situation faite peu à peu à l'écrivain lui-même, tributaire d'une *imago* de la littérature qui ne cessait de changer. Dominique de Roux écrit à propos de Gombrowicz : « Jamais

1. Fédor Dostoïevski, *L'Adolescent*, trad. Pierre Pascal, 1956, Gallimard, « Folio », p. 3.

l'insondable misère de l'impuissance d'état de la littérature ne fut dénudée avec un tel acharnement, avec une plus tranchante élégance[1]. » Mais ce qui vaut pour Gombrowicz s'applique à quelques autres contemporains capitaux. Le XXe siècle fut aussi ce moment historique où la légende dorée de la littérature se trouva éraillée ; où les mots « littérature », « écrivain », « littérateurs » furent rabaissés, démythifiés ou désacralisés ; où l'écrivain déchu éprouva de la répulsion à côtoyer ses pairs, les désignant comme des « gendelettres » (Beckett) ou des « ornementateurs vaniteux » (Michaux) ; où Bernanos crut avoir gagné le droit, comme il l'affirma avec véhémence, de « ne plus se dire "homme de lettres" mais vacher », ce qui lui parut bien préférable ; où l'écrivain autrichien Karl Kraus déclara : « Pourquoi un homme écrit-il ? Parce qu'il n'a pas assez de caractère pour s'en abstenir » ; où Céline affirma : « J'ai toujours trouvé indécent rien que le mot : écrire ! » ; où Leiris avoua avoir honte de son « personnage littéraire », en ressentant de plus en plus la « hideur » ; où Cesare Pavese dit en guise d'adieu, avant de se suicider : « Assez de mots. Un acte. Jamais plus je n'écrirai » ; où les lauriers eux-mêmes eurent pour effet, parfois, de culpabiliser l'élu (ainsi, Jean Carrière, l'auteur de *L'Épervier de Maheux*, prix Goncourt, ne comprenant pas « pourquoi tant de gens sont à la recherche de leur propre statue », regrettant les honneurs factices, et ce qu'il considéra comme une compromission : « Chaque fois que je relisais *La Littérature à l'estomac*, j'avais honte »).

Le XXe siècle fut ainsi particulièrement l'époque où les raisons d'écrire, les raisons d'en passer par là, par cette pratique sociale en fin de compte, la littérature, s'assombrirent sous l'effet d'une

1. Witold Gombrowicz, *Testament. Entretiens avec Dominique de Roux* (1996), Gallimard, « Folio Essais », p. 283.

mauvaise conscience. Cette concession elle-même sembla honteuse, ce compromis, inacceptable. Au regard d'une nudité recherchée, la littérature faisait figure d'artifice : n'était-ce pas une faute supplémentaire, ce défi nouveau, cette tentation exhibitionniste ? N'était-ce pas, aussi, une mystification ? « Tout raconter sur soi et pourtant ne rien révéler », écrit Handke dans son journal, *L'Histoire du crayon* – et telle pourrait être la devise de tout auteur confessionnel aujourd'hui.

De sorte que l'histoire contemporaine de l'individualité littéraire n'est plus seulement marquée par la honte d'un nom, d'un corps, d'une famille, d'un pays où elle se trouverait confinée – ni même par la honte de la singerie universelle et de l'absorption par l'autre, telle que Gombrowicz l'a décrite, jusque dans cet espace qu'on aimerait fermé, celui de la littérature. Plus encore qu'à des incompatibilités dénombrables, l'écrivain est confronté à une honte plus englobante, interne, presque métaphysique, une honte de la limitation en général, ou plutôt de ce reste que l'illimitation de la littérature ne peut résorber, auquel cependant elle a affaire : là où se joue cette étrange opération d'un sujet qui s'écrit dans l'Histoire, d'une expérience langagière qui se publie, d'un intime qui se montre, avec ses signes et ses rituels – nom et fiction d'auteur, manuscrit, livre imprimé, légende de soi.

Plus qu'une conscience malheureuse, la honte (ou le secret, ou l'arrogance) de l'écrivain serait sa surconscience, la forme particulière de sa lucidité, qui le fait hésiter un instant entre ses masques et ses aveux pour choisir en fin de compte, avec art et prudence, dans un triomphe du langage, le régime propre à ses exhibitions et à ses pudeurs.

C'est ainsi que depuis deux siècles la littérature semble nous raconter une série de mises à nu. Que lui reste-t-il après qu'elle a arraché son manteau (sa seule richesse) au pauvre employé de

Gogol, fait perdre son ombre au personnage de Chamisso, métamorphosé Grégoire Samsa, l'employé de commerce de Kafka, en un insecte monstrueux ? Il lui reste la peau, le sujet à vif, les « idées torturantes » de Nietzsche, ces idées honteuses qu'on aimerait oublier, enfermer dans une pièce à part avant de les écraser. Il lui reste à les accueillir, à consentir à leur affleurement.

Et voilà comment, peu à peu, plus que jamais aimantée par le vertige de l'inavouable, la littérature est devenue pour une part, au sens que donne Gombrowicz à ce mot, une « pornographie » : à la fois un processus de dénudation de la réalité et le constat persistant de l'impossibilité d'une telle tentative.

Sublimes figures de la honte (Conrad, Hawthorne)

> Seule une fuite *ascendante* permet d'échapper à l'*humiliation*.
>
> Milan Kundera

La situation paraît compromise : pour accéder à l'essentiel, nous faudrait-il tomber si bas, creuser nos faiblesses, quitter tous nos oripeaux ? Ce serait oublier la hauteur paradoxale qui se cache dans une telle chute. Entre la honte et la gloire, les signes s'échangent. Les histoires de déchéance sont aussi des histoires héroïques. Comment, sinon, rendre compte de tous ces grands récits d'honneur perdu, comme *Lord Jim* de Conrad, *Au-dessous du volcan* de Malcolm Lowry, *La Lettre écarlate* de Hawthorne ?

Voyez Conrad. On aurait pu croire que l'homme de la honte, tel Rousseau, était prédestiné. Que, tout enfant déjà, il portait les stigmates de sa déficience et de son illégitimité. Pas du tout, nous dit Conrad. La honte peut s'attaquer de façon imprévisible à une espèce d'homme qui à l'origine se croyait de l'étoffe des héros, et qui tout à coup se déçoit lui-même, irrémédiablement. La honte est alors une tornade qui emporte les êtres les plus divers. Humbles et fanfarons, ridicules et orgueilleux, corps grotesques et sublimes se retrouvent pêle-mêle, soudain livrés à eux-mêmes sur une grève inconnue, où ils ont perdu leurs points de repère. Leur vie a basculé. Et cette catastrophe peut intervenir à tout moment.

La pensée romanesque de Conrad ne prend pas pour objet une honte originelle, une scène honteuse de l'enfance qui perdurerait dans la mémoire au point de faire ramper l'individu pendant toute son existence à venir. C'est au contraire à la honte comme événement, comme avènement, qu'elle s'intéresse – à cette atteinte inattendue au sentiment de soi.

L'histoire de Lord Jim est celle d'une dégradation brutale. Sa honte est une déchéance. Le jeune George (le futur Lord Jim, qu'on appellera Jim, comme le narrateur) avait au départ « une haute opinion de lui-même ». Son père, pasteur dans l'Essex, était fier, dit-on, de son fils. Mais voici qu'un événement bouleverse sa vie : fuyant le navire apparemment en perdition dont il est le second, il saute dans le canot où l'appellent son capitaine et les deux chefs mécaniciens qui, soucieux de leur survie, n'hésitent pas à abandonner ainsi à leur sort les huit cents passagers. En fin de compte, le bateau ne coule pas, les passagers (des pèlerins) sont sauvés – ce qui rend la situation plus grotesque et plus humiliante encore. Le souvenir de cette lâcheté hante Jim, tel un cauchemar dont il ne se réveillera jamais. La honte a tout à coup pris forme en lui. Elle est une chimie, un précipité.

Jim a sauté dans le canot. Tout son malheur vient de là, de cet événement dont il gardera l'image et la mémoire comme d'une situation « irrévocable » : ce saut a été la révélation d'une faiblesse inconnue. Cette chute, il lui faut désormais l'assumer. Tandis que le capitaine prend la fuite, Jim veut affronter le verdict de la justice. C'est qu'il est déjà en procès contre lui-même.

Pour lui, il ne peut être question de fuir. Là est toute la différence entre une faute commise et la honte éprouvée : on peut racheter la faute, pas la honte.

L'attitude de Jim est contradictoire. Tantôt il parvient à donner le change, à se faire une carapace, à prendre l'apparence d'une « sombre impudence », à afficher une « confiante assurance ». Tantôt, comme chez bien des honteux, ses émotions sont immédiatement visibles : trahi par « sa propre impulsion naturelle », il se transforme alors en une « terreur ambulante ». Cet homme n'est pas « limpide », dit de lui Marlow, le narrateur témoin, obsédé par son énigme.

Contrairement à *La Lettre écarlate*, où la honte revient comme une rengaine, ici elle n'est quasiment pas nommée. Est-ce vraiment elle, dira-t-on, qui anime un comportement aussi bizarre ? Mais de quoi s'agit-il d'autre lorsque Jim demande à Marlow : « Que signifiait ce regard que vous avez tenu fixé sur moi toute la matinée ? », ou lorsqu'il se méprend sur une parole où il a cru voir une insulte, et qui reste gravée en lui même après la levée du malentendu : « Regardez-moi ce misérable roquet » ? De quoi d'autre encore que de l'estime de soi sous le regard intériorisé de l'autre serait-il question lorsque Jim, « sous la peau de son visage lisse », devient tout rouge ? Lorsque des frissons convulsifs courent le long de son dos, le laissant vissé sur place, et que ses épaules se soulèvent brusquement[1] ? Se sentant menacé, comme tous les êtres honteux (entendons par là un qualificatif éminemment respectable, qui désigne une place mal assurée dans le siècle), Jim se croit la cible des autres.

« Il attachait tellement d'importance à sa disgrâce, alors que

1. Joseph Conrad, *Lord Jim* (1899), trad. Henriette Bordenave, Gallimard, « Folio », p. 95, 94, 214.

c'est la faute seule qui importe[1] », déclare Marlow à propos du héros. Le premier croit au verdict d'une justice qui situerait une culpabilité, le second est enlisé dans une honte qui concerne l'être au monde. L'un mesure l'acte sur l'échelle sociale, l'autre est pris dans le cercle intime de son propre jugement.

La question majeure posée par le roman de Conrad, c'est la « conscience aiguë de l'honneur perdu[2] ». Et, parallèlement, l'évaluation de soi-même. Car Jim avait mis son honneur très haut. Sa faille, c'est la non-coïncidence entre l'image de soi (son idéal héroïque) et la chute dans l'événement humiliant ; son imagination débordante fera le reste. Conrad semble classifier les individus en deux espèces distinctes. Il y aurait les personnages éhontés, ceux qui font « bonne contenance », vadrouilleurs, baroudeurs et autres âmes suffisantes ou désinvoltes : insouciants sans scrupule, ils sont installés dans le « contentement de soi » et ne « prennent rien trop à cœur ». Et il y aurait les inquiets morbides, constamment travaillés par le repentir, le remords, la honte rétrospective, ceux qui, comme le Grand Brierly (le capitaine du plus fin navire de la Blue Star Line, qui est l'assesseur maritime du magistrat dans le tribunal qui juge Jim), « croient en leur propre grandeur », reconnaissant en Jim un frère en aristocratie morale, partageant avec lui le « sens de la dignité » et, donc, la conscience de l'infamie : ceux-là, à force d'avoir une haute opinion d'eux-mêmes, peuvent finir par se suicider, ou sont condamnés à expier leur lâcheté.

À vrai dire, la seconde espèce n'en est pas une. Elle produit des singularités : « [Jim] avait l'apparence non seulement d'une

1. *Ibid.*, p. 219.
2. Joseph Conrad, *Œuvres*, Gallimard, « Bibliothèque de la Pléiade », Note de l'auteur, p. 829, cité p. 1331.

autre espèce mais d'une autre essence[1].» La honte est un supplément d'âme. Elle extrait de la catégorie. Elle est l'énigme d'un sujet, mais aussi sa pulsion fugueuse: à l'image même du dispositif de dépaysement inventé par la littérature (et par Conrad en particulier), Lord Jim cherchera une autre existence. Sa vie se fera ailleurs, sous un autre nom.

Ne nous étonnons pas qu'il soit un cas électif pour les psychanalystes. Aux yeux de Jean-Luc Donnet, Lord Jim est une figure typique de l'adolescence[2]. Pour André Green, c'est un héros du narcissisme moral: «Le narcissique moral n'a pas commis d'autre faute que d'être resté fixé à sa mégalomanie infantile et est toujours en dette envers son Idéal du Moi. La conséquence est qu'il ne se sent pas coupable mais qu'il a honte de n'être que ce qu'il est ou de prétendre à être plus qu'il n'est. [...] Dans le narcissisme moral [...] la punition – ici la honte – s'accomplit par le redoublement insatiable de l'orgueil[3].» Mais Lord Jim est d'abord un cas romanesque. Il a une descendance nombreuse. Ainsi, Geoffrey Firmin, le personnage du consul dans *Au-dessous du volcan* de Malcolm Lowry, autre marin «exilé de la mer», qui traîne sa peine et sa faute «dans les miséricordes d'inimaginables cantinas». Ainsi, Clamence, dans *La Chute*, assistant sans réagir au suicide d'une femme qui se jette dans la Seine[4].

On pourrait appeler «complexe de Lord Jim» cette disposition torturée d'un être aux prises avec lui-même, où qu'il aille.

1. *Ibid.*, p. 283.
2. J.-L. Donnet, «Lord Jim ou la honte de vivre», in *RFP*, *Adolescence*, t. XI, n° 1. «L'excès de honte, chez Jim, renvoie au refus de toute honte: au refus de ce qui suscite nos hontes premières, après coup.»
3. André Green, *Narcissisme de vie, narcissisme de mort*, Minuit, 1983, p. 183.
4. «[...] je ne sais pas nommer le curieux sentiment qui me vient. Ne serait-ce pas la honte?» (Albert Camus, *La Chute*, Gallimard, 1956, p. 80).

Dans ce combat fantasmatique, l'autre est présent essentiellement comme une production imaginaire. La société ne demande pas spécialement des comptes, mais un sentiment exacerbé de la dignité engendre son propre tribunal intérieur. La conscience d'une lâcheté jette la suspicion sur l'estime de soi. Et il arrive que l'écrivain lui-même, partagé entre le désir d'une aventure dont il manque l'accomplissement et le sentiment d'une déchéance inhérent à sa vocation, soit contaminé par ce « complexe ». Ainsi, Michel Leiris, parti en Afrique pour se fuir, ayant l'impression de se retrouver presque semblable à lui-même et écrivant à sa femme en mai 1932 : « Relis *Lord Jim* et pense à moi. La seule chose dont je serai reconnaissant au Dr Borel, ce n'est nullement d'une cure [...] mais d'avoir compris que c'était le livre qu'il me fallait, ce personnage qu'il me fallait jouer[1]. »

La Lettre écarlate de Hawthorne, autre très grand roman sur la honte, nous montre une situation de départ quasi inverse. Cette fois, c'est toute une société qui fond sur un individu, en fait une victime sacrificielle, et l'ostracise. Nous sommes à Salem, une vertueuse colonie du Massachusetts, dans l'Amérique puritaine, où l'on s'applique à combattre l'impureté, où l'on croit à l'efficacité de l'opprobre public, où l'on pense que « quelle qu'ait pu être la faute d'un individu, il n'y a pas d'outrage qui aille plus à l'encontre de notre commune nature que celui qui interdit au coupable de cacher son visage sous le coup de la honte[2] ».

1. Michel Leiris, lettre à Zette du 30 mai 1932, in *Miroir de l'Afrique*, Gallimard, 1996, p. 400.
2. Nathaniel Hawthorne, *La Lettre écarlate* (1850), trad. Marie Canavaggia, Gallimard, « Folio », p. 90.

Cette société bardée de puritanisme a donc enfermé Hester Prynne, la femme adultère. Au début du roman, on la sort de prison afin de l'exposer sur la place du marché, jusqu'à l'estrade du pilori – une sorte de « machine pénale », une guillotine symbolique –, où elle devra rester debout pendant quelque temps. Aux yeux de tous, elle incarne la honte, dont elle porte deux signes : son enfant, âgé de trois mois, et, brodée sur le corsage de sa robe, en belle étoffe écarlate, la lettre A. Ce spectacle a pour effet d'imposer « une horreur profonde et presque religieuse ».

« Cette femme a attiré la honte sur nous toutes et bien mériterait la mort », crie une spectatrice. Quel est son crime ? D'abord, d'avoir fait un enfant illégitime ; ensuite et surtout, de refuser de dire avec quel homme elle a commis le péché d'adultère (le nom du mari étant lui-même gardé secret). C'est pourquoi le corps d'Hester est érigé en « statue de honte devant le peuple ». Pearl, sa fille, est l'enfant de son « agonie morale ». La lettre écarlate, la scène du pilori, la honte exposée aux milliers de regards : c'est une sorte de mort au monde qui dans cette scène se joue. De là, toute sa vie antérieure défile.

Mais voici que, par une sorte de retournement, l'estrade du pilori puis l'incarcération vont être les points de départ d'une résurrection. Lorsque Hester sort de prison, elle pourrait fuir au plus loin – à la façon du George de Conrad, devenant Lord Jim au Patusan. D'autant que la Nouvelle-Angleterre n'est pour elle qu'une patrie d'adoption : elle est une émigrante. Or elle choisit de rester, et s'installe dans une petite demeure solitaire, aux abords de la ville. « C'est ici, se disait-elle, que j'ai été coupable et c'est ici que je dois expier sur cette terre. La torture que lui infligerait sa honte quotidienne laverait peut-être à la fin son âme et en remplacerait la pureté perdue par une autre approchant de celle d'une sainte puisqu'elle serait le résultat d'un martyre[1]. » Elle sera sainte et martyre, et, comme la Sufiya de Salman Rushdie, elle incarnera la honte aux yeux des autres. Mais ce qui la différencie, c'est sa façon d'en revendiquer le symbole. Loin de prétendre se cacher, elle veut au contraire exhiber la lettre écarlate brodée par ses soins. Cette routine quotidienne est une épreuve plus douloureuse que celle du pilori.

Hawthorne évoque cet étrange masochisme : « Il peut paraître bizarre, disons-nous, qu'Hester Prynne ait continué de considérer comme sa patrie l'endroit, le seul endroit du monde, où elle symbolisait la honte. » C'est que la honte a créé un lien indissoluble avec sa nouvelle patrie : « Son péché, sa honte étaient les racines qui implantaient Hester en ce sol. C'était comme si une seconde naissance [...] avait transformé pour elle ce pays de forêts, encore si rebutant pour les autres Européens, en une patrie. Une patrie sauvage et lugubre mais où elle était véritablement chez elle et pour toute sa vie[2]. »

Stigmate manifeste de sa honte, la lettre écarlate est aussi l'indice à la fois de son initiation et de son retranchement. Elle l'abstrait du monde : « Elle faisait l'effet d'un charme qui aurait écarté Hester Prynne de tous rapports ordinaires avec l'humanité et l'aurait enfermée dans une sphère pour elle seule[3]. » Elle continuera à flamboyer sur sa poitrine, inspirant « terreur et répugnance », au point qu'une rumeur non démentie affirme qu'elle a été « rougie au feu de l'enfer ».

C'est que la honte d'Hester est porteuse d'un savoir sur le monde social qui l'entoure : « il lui semblait que la lettre écarlate l'avait dotée d'un sens nouveau, d'une connaissance intui-

1. *Ibid.*, p. 122-123.
2. *Ibid.*, p. 121.
3. *Ibid.*, p. 88.

tive [...] des péchés que d'autres cachaient en leurs cœurs[1] ». Est-ce une illusion ? L'impression factice d'un « don de pseudo-clairvoyance » ? Non, par une sorte de profonde sympathie qu'elle éprouve à l'égard des autres, Hester ressent dans son corps, tout autour d'elle, une honte généralisée – palpitant aussi bien à la vue d'un pasteur vénérable, modèle de saint terrestre, qu'à celle d'une matrone ou d'une jouvencelle. Elle semble faire rougir la terre entière, et l'encercler d'un « lien de fraternité mystérieuse ».

Peu à peu, en sept années, la lettre écarlate prend une autre signification, plus complexe : « [elle] était son passeport pour des régions où n'osaient pénétrer les autres femmes[2] ». Au fur et à mesure, par ses actions, Hester est devenue une « sœur de charité », et le signe ignominieux est maintenant perçu comme le « symbole d'une vocation ». Il produit l'« effet d'une croix sur la poitrine d'une religieuse ». La terreur qu'elle suscitait s'est muée en une sorte d'horreur sacrée à l'égard d'une forme de sainteté. Hester quant à elle a gagné une « largeur de vues », une « liberté de pensées ». Elle a pu s'arracher à la loi morale. Elle considère désormais toutes les institutions « du point de vue d'une étrangère ».

À l'inverse, l'amant avec lequel elle a (aux yeux des puritains) commis la faute, le père de Pearl, un pasteur, a été gagné par la peur d'« assumer la honte qui lui revient ». « Entravé par tout ce que le système comporte de règle, de principes et même de préjugés », il a enseveli son secret. Sept ans après que l'expiation a été par elle accomplie, Hester propose à son amant la fuite : changer de nom, de lieu. Mais comment fuir sans emporter sa honte avec soi ?

1. *Ibid.*, p. 131.
2. *Ibid.*, p. 283.

La Lettre écarlate, un des grands romans américains, est aussi un des romans fondateurs de l'Amérique. Né lui-même à Salem, Hawthorne, hanté par le souvenir de ses ancêtres puritains, persécuteurs des sorcières, nous dit à travers cette histoire d'émigrants combien la honte est fondatrice. Une patrie, c'est une honte partagée en commun. Ce roman est un conte, Hawthorne lui-même le déclare. C'est aussi une fable, sans morale décelable. Comment exorciser la honte ? Faut-il l'exposer, la cacher ? Quelle société n'est pas souterrainement fondée sur elle ?

Lord Jim, Hester Prynne, de même que le Geoffrey Firmin de Malcolm Lowry ou le Clamence de *La Chute*, chacun de ces personnages manifeste les tourments d'une singularité dans ses rapports à la communauté. Chacun d'eux nous dévoile, dans l'apparente faiblesse de la honte, quelques signes ascendants : une « incompatibilité intérieure » (Lowry), en même temps qu'un désir inassouvi de souveraineté. Chacun d'eux encore nous montre du doigt, par-delà sa honte d'être au monde, des savoirs insoupçonnés auxquels on ne peut accéder qu'après avoir traversé une terrible épreuve – voire une forme étrange de la sainteté.

Physiologie du bernard-l'hermite
(Guilloux, Kafka, Zorn, Leiris)

Voici un personnage encore bien différent, qui pourrait nous faire douter de cette puissance d'élévation par des voies obscures et blessantes. Car si l'on ajoute, à la torture intérieure, du grotesque, le mélange ne paraît pas franchement ragoûtant.

Un nommé Cripure (dans *Le Sang noir* de Louis Guilloux) est depuis plus de vingt ans la « risée de la ville ». La rue est son « supplice ». Il y traîne un corps de chimpanzé, une « dégaine d'épouvantail », des pieds monstrueux. Sa « démarche extraordinaire », au milieu des gens qui se rapprochent et le dépassent, y compris les vieillards, est un martyre. Il doit subir quotidiennement tous les rires qui fusent autour de lui, toutes les vexations et les moqueries. « Son petit chapeau de toile rabattu sur l'œil, sa peau de bique flottante, sa canne tenue comme une épée, et cet effort si pénible à chaque pas pour arracher comme d'une boue gluante ses longs pieds de gugusse, Cripure avait l'air dans la rue d'un somnolent danseur de corde. Sa myopie accusait le côté ahuri de son visage, donnait à ses gestes un caractère ralenti, vacillant, d'ivrogne ou de joueur à colin-maillard[1]. »

Cripure est-il honteux ou grotesque, ou, tout simplement, monstrueux ? Voilà en tout cas, semble-t-il, à travers ce sobri-

1. Louis Guilloux, *Le Sang noir, op. cit.*, p. 139.

quet imposé[1], l'exacte antithèse de Lord Jim, le gentleman atteint dans son honneur et désireux d'un renom. Cripure macère dans un jus pour lequel le mot « honte » pourrait même paraître trop faible. Pourtant, à sa façon, lui aussi est un don Quichotte de la honte. Comme pour Jim, un événement (la trahison d'une femme aimée, sa propre lâcheté face à un rival) a fait basculer sa vie. Et, comme Jim, il cherchera une issue en procédant à des gestes radicaux : d'abord une « gifle globale » donnée à la face d'un collègue haï, enfin le suicide.

Mais le portrait qui précède masque l'autre dimension de Cripure : c'est un philosophe distingué, un original. Ce qui le coupe du monde, ce sont ses « idées subversives ». Il est considéré tantôt comme un « homme à part », tantôt (par des anciens élèves) comme un maître ou comme un « homme de valeur ». Contemplant le monde de sa hauteur, il voit les autres autour de lui comme des cloportes, et il a peur d'entrer dans leur peau. Son malheur, c'est de sentir qu'il est peut-être devenu comme eux, un « homme des fonds, garrotté ». Sa grâce, c'est de rester extérieur, de penser en toute liberté, d'assister à une scène en se croyant au théâtre, ou encore de faire le sous-marin : « Il se fit l'effet de ne plus rien voir du monde qu'au moyen d'un périscope. »

Cripure n'est donc pas seulement le honteux grotesque. Il est aussi le honteux méprisant (tout en étant « attaché à ce qu'il méprise »). Il y a en lui du Nietzsche. Il considère les autres comme des « hommes du troupeau ». Ce qu'il redoute, c'est le triomphe de la trivialité. Tel est le paradoxe de Cripure : la plus grande honte se conjugue avec la plus grande hauteur d'esprit. Sa tragédie, c'est que, au contraire de Lord Jim, il n'a pu s'échap-

1. Ce surnom a été donné par ses élèves à Merlin, professeur de philosophie, à partir du titre de Kant, *La Critique de la raison pure.*

per. « D'autres qu'il admirait avaient eu ce courage. Du jour au lendemain, ils avaient rompu leur ban d'infamie, brisé l'amarre qui les enchaînait à un présent, à un passé, à un avenir également ignobles. Libres, ils avaient couru toute leur chance[1]. »

Tel Cripure, l'homme de la honte, souvent extralucide, est conscient à l'extrême de ce qui fait le malheur alentour : le respect hiérarchisé, l'impérialisme de la hauteur et de la grandeur. Dès lors, il lui semble qu'il n'y a pas de salut hors de ces deux extrêmes : soit se faire tout petit, au point de se rendre quasi invisible, soit se dépasser considérablement et se mettre en marche pour la divinisation. Or l'homme de la honte doit assumer son corps. Son corps est sa charge. Il est là, comme une présence insurmontable, une lourdeur qui donne de soi une mesure indigne.

Il y a à vrai dire plusieurs sortes de hontes à l'égard du corps. C'est d'abord une honte générale, communément partagée, envers les manifestations basses : suintements, sueurs et autres excrétions (Céline : « La tripe sera toujours la honte de l'homme »). C'est ensuite une honte individuelle à l'égard d'une laideur particulière, ou d'une imperfection, qui trouve son paroxysme dans une infirmité ou une difformité. C'est le cas chez le pied-bot dans *Le Pavillon d'or* de Mishima. Ou encore chez Ruzena Sedlak, dans *Wondrak* de Stefan Zweig, dont le visage est un espace béant et que l'on surnomme « Tête de mort » : « Sa disgrâce lui fut inculquée en même temps que la parole et chaque seconde lui rappelait à nouveau que ce petit bout d'os manquant l'excluait impitoyablement de la communauté. [...] Un œil de travers, une lèvre rentrée, une bouche fendue, ces bévues exceptionnelles de la nature concou-

1. Louis Guilloux, *Le Sang noir, op. cit.*, p. 141.

rent au tourment toujours grandissant d'un être humain, à la détresse indéracinable d'une âme[1]. » La honte est alors comme intériorisée, c'est un état permanent, endémique, un corps-pour-les-autres qui ne peut jamais s'oublier.

Mais il est une honte de l'être-là du corps comme présence de soi à soi, une honte en quelque sorte latente, à l'égard de toute enveloppe corporelle, qui englobe toutes ces manifestations contingentes : celle-là même qu'éprouve, dans *La Nausée* de Sartre, Antoine Roquentin, lorsque, confronté au miroir, il ne se trouve ni beau ni laid. Ou encore T.E. Lawrence, sidéré non par la honte d'un corps particulier, de ses difformités ou de ses disgrâces, mais par le sentiment de la corporéité elle-même : « J'avais honte de ma gaucherie, de mon écorce physique, de ma dissemblance solitaire qui faisait de moi non pas un compagnon mais une connaissance, aussi entière, anguleuse, dure qu'un cristal. Auprès des autres, j'avais toujours le sentiment de perdre pied. [...] Mes efforts étaient intensément conscients, et mon moi, en coulisse, suivait toujours la scène d'un œil détaché et critique[2]. » Lawrence se voit métamorphosé en présence des autres. Il est coupé en deux : une moitié joue le rôle d'un personnage inattendu, tandis que l'autre assiste en direct à cette transformation. Le sentiment de la dissemblance et du dédoublement produit en lui une sorte d'imposture : « Cette "timidité", ajoute Lawrence, ou cette "méfiance de soi" plaçait devant mon visage un masque, souvent d'indifférence ou de désinvolture, qui me déconcertait. »

1. Stefan Zweig, *Wondrak*, Le Livre de Poche, p. 9. Sa revanche, c'est son fils miraculeusement beau, de père inconnu, né après un viol.

2. T.E. Lawrence, *Les Sept Piliers de la sagesse* (1926), présentation, traduction nouvelle et notes de Renée et André Guillaume, Le Livre de Poche, « La Pochothèque », p. 622.

À propos de T.E. Lawrence, Deleuze note ceci : « Il possède la honte parce qu'il pense que l'esprit, si distinct soit-il, est inséparable du corps, irrémédiablement cousu. [...] L'esprit se penche sur le corps : la honte ne serait rien sans ce penchant, cette attirance pour l'abject, ce voyeurisme de l'esprit. C'est dire que l'esprit a honte du corps de manière très spéciale : en fait, il a honte pour le corps. C'est comme s'il disait au corps : Tu me fais honte, Tu devrais avoir honte[1]. »

Une telle remarque vaut pour Kafka. Le corps de Kafka s'observe. L'écrivain tient le compte minutieux de ses avanies, de ses cataclysmes physiques, et l'on comprend à quel point son imaginaire, et en particulier celui de *La Métamorphose*, prend sa source dans un sentiment intérieur à l'égard du corps ; pourquoi la honte, la nudité et la souffrance sont partout présentes dans l'œuvre. Lieu de tous les maux passés et de toutes les catastrophes à venir, le corps de Kafka se donne lui-même en spectacle, se dédouble et se disloque, se met en scène dans un théâtre de la terreur et de la cruauté où les membres sont des monstres. « L'espace d'un instant, je me suis senti revêtu d'une cuirasse. Comme les muscles de mes bras, par exemple, me paraissent éloignés[2]. » Kafka écrit à un ami d'enfance, Oskar Pollak : « Lorsque le grand honteux se levait de son escabeau, il perçait tout droit le plafond avec son crâne anguleux, et il lui fallait contempler les toits de chaume sans y tenir spécialement. » Et à Max Brod, en juillet 1916 : « après de mauvaises nuits, bouche ouverte, je sens mon corps souillé et puni comme une cochonnerie inconnue dans mon lit ».

Au début de son *Journal*, Kafka avance une hypothèse sur

1. Gilles Deleuze, *Critique et Clinique*, Minuit, 1993, p. 154.
2. Franz Kafka, *Journal* (Grasset, 1954), Le Livre de Poche, « Biblio Essais », p. 36.

les mobiles de son écriture intime: « J'écris très certainement ceci poussé par le désespoir que me causent mon corps et l'avenir de ce corps[1]. » À l'inverse, il note à la date du 15 août 1911 : « la période qui vient de s'écouler, et pendant laquelle je n'ai pas écrit un seul mot, a été très importante pour moi, parce que dans les piscines de Prague, de Königssaal et de Czernoschitz, j'ai cessé d'avoir honte de mon corps. Que de retard si je veux, à l'âge de vingt-huit ans, rattraper les vices de mon éducation, c'est ce qu'on appellerait un start retardé dans une course. Et le mal, dans une pareille infortune, ne consiste peut-être pas à ne pas gagner la partie; ce ne serait encore là que le noyau visible, clair et sain du malheur qui continue à perdre ses contours et qui, devenant immense, vous pousse dans l'intérieur du cercle, alors qu'on devait en faire le tour en courant[2] ».

Autrement dit, dans un premier temps, l'équation pourrait sembler assez simple: corps honteux et empêché égale corps écrivant; en revanche, corps sportif, énergique, libéré, égale corps perdu pour la littérature: je vais à la piscine, j'ai cessé d'avoir honte de mon corps, mais je n'écris plus un seul mot. Dans un second temps, l'affaire paraît plus complexe puisque, dans tous les cas, la question, c'est plutôt: comment se faire un autre corps? Par quoi faut-il en passer? Des tortures, des souffrances, ou des courses périphériques?

Prenons un autre passage du *Journal*. Kafka est au bureau, il dicte une importante circulaire destinée à la police du district. Arrivé à la conclusion, il est tout à coup inhibé, incapable de faire autre chose que de regarder Mlle K., la dactylo (incapacité bien connue du honteux à délimiter librement son champ de vision), laquelle lui semble « tout faire pour attirer l'atten-

1. *Ibid.*, p. 3.
2. *Ibid.*, p. 49.

tion de tout le bureau sur [son] malheur». «Enfin, je tiens le mot "stigmatiser" et la phrase qui va avec, mais je continue à garder tout cela dans ma bouche avec dégoût et un sentiment de honte, comme si cela était de la viande crue, de la viande coupée à même ma chair (tant cela m'a coûté). Enfin, je dis la phrase, mais il me reste une grande terreur parce que je vois que tout en moi est prêt pour un travail poétique, que ce travail serait pour moi une solution divine, une entrée réelle dans la vie, alors qu'au bureau je dois, au nom d'une lamentable paperasserie, arracher un morceau de sa chair au corps capable d'un tel bonheur[1].»

Lire cet aveu sous la plume de Kafka: écrire peut être un bonheur. Imaginer avec lui le corps écrivant comme une réponse à ce corps malheureux du rond-de-cuir: voilà qui donne une autre image de Kafka, à la recherche de la vraie vie, qui serait une habitation de la littérature.

Le corps comme limitation honteuse, et comme lieu de manifestation d'un mal intérieur, c'est ce que ressent très intimement Fritz Zorn, et ce qu'il exprime dans cette plongée aux sources de la honte qu'est *Mars*, son livre unique: «Rien que le corps en soi m'était déjà étranger, je ne savais qu'en faire. J'étais très à l'aise dans le monde hypothétique des "choses élevées" mais la brutalité, le côté primitif que je pressentais dans le monde corporel, j'en avais peur. Je n'aimais pas beaucoup bouger, je me trouvais laid et j'avais honte de mon corps. Le corps, eh bien il était toujours là, tout simplement, il ne pouvait pas s'esquiver dans le monde du "compliqué" et se détourner de la vie. La gêne que me donnait ce manque de lien entre mon corps et la nature s'exprimait par une pudeur exa-

1. *Ibid.*, p. 65.

gérée[1]. » Quelle image mieux que celle du bernard-l'hermite évoque ce drame de la transparence qu'est la honte, où le sujet qui a cru tracer efficacement un périmètre de sécurité se trouve exposé à son corps défendant ? L'homme de la honte corporelle et sexuelle ressemble au bernard-l'hermite tâchant de mettre à l'abri sa nudité vulnérable dans des coquilles vides : « Je me dis que nous étions aussi comme ces bernard-l'hermite. Par-devant nous étions avantageusement cuirassés, mais, par-derrière, la nudité menaçait. Seulement nous n'étions pas de très courageux bernard-l'hermite et nous préférions dépérir au milieu de nos souffrances dans notre maison trop étroite. Le haut du corps ne posait pas de problèmes ; mais le bas était contraint de s'étioler dans un resserrement malsain plutôt que d'accepter, pour son propre salut, que sa nudité fût dangereusement exposée en public[2]. »

Ce livre publié sous le pseudonyme de Fritz Zorn (*Zorn* signifiant « colère ») fit sensation. Tous ceux qui ont été élevés dans des milieux où le sujet de la sexualité est tabou se retrouveront dans ces pages. Le « nous » de la honte se cultive en famille, dans un jeu de miroirs infernal, se conformant à la décence du groupe, à l'opinion publique, au « comme il faut ». C'est dans le cocon familial que la honte du corps tisse laborieusement sa soie, rayant la sexualité du vocabulaire. « Une chose, plus encore, nous répugnait : le sexe était nécessairement toujours en rapport avec le corps honteux, le corps que tous les autres, les êtres bas, ne trouvaient nullement honteux mais désirable : nous, nous ne pensions naturellement pas cela. De plus, on ne peut pas nier que la sexualité vous met à découvert, dans tous les sens du

1. Fritz Zorn, *Mars* (1977), trad. Gilberte Lambrichs, Gallimard, « Folio », p. 84.
2. *Ibid.*, p. 106.

terme. Or c'était justement cela que nous ne voulions à aucun prix. Notre devise, c'était : surtout ne pas se mettre à découvert[1]. » Où l'on voit que cet être-là du corps qui suscite la honte, voire la répugnance, est en rapport non seulement avec les fonctions basses, mais avec le sexe. On peut cependant, comme Fritz Zorn, avoir subi une éducation strictement puritaine, avoir reçu comme lui en héritage la honte du corps et du sexe, et ne pas présenter comme lui, à un degré pathologique, les symptômes d'une phobie à l'égard des mots pour dire le corps et le sexe : « Non seulement j'évitais tout contact physique, j'allais jusqu'à éviter les mots relatifs au corps et à sa pudeur. Non seulement les expressions franchement dégoûtantes ne passaient pas mes lèvres mais les réalités du corps les plus anodines m'inspiraient de la honte et du dégoût. Même des mots comme "poitrine", "nu", "parties", j'avais du mal à les prononcer ; avec la pruderie victorienne héritée de mon milieu, j'évitais même de parler de "jambe" et de "pantalon". Même le mot "corps" était tabou ; même le mot désignant l'ensemble de ce qui m'épouvantait ne devait pas être prononcé[2]. »

Chez Leiris comme chez Zorn, la honte du corps est en quelque sorte première. Elle inaugure l'entreprise autobiographique. Mieux, elle renvoie à toutes les séquences à venir. Leiris se sent lourd, embarrassé par une tête plutôt grosse pour son corps. Mais quand d'autres fuient le regard de soi sur soi, lui le devance. Il recense par anticipation les disgrâces, les tics, les manies, les gestes honteux – tout ce qui, venant de soi-même (ou de quel ancêtre inconnu ?), échappe en quelque sorte à soi-

1. *Ibid.*, p. 105-106.
2. *Ibid.*, p. 84.

même. Aussi le récit de *L'Âge d'homme* commence-t-il par un autoportrait physique de l'auteur mal dans sa peau : « j'ai honte d'une fâcheuse tendance aux rougeurs et à la peau luisante, [...] j'ai horreur de me voir à l'improviste dans une glace car, faute de m'y être préparé, je me trouve à chaque fois d'une laideur repoussante ».

Dire avant l'autre, mieux que l'autre, tous mes défauts, en faire l'inventaire, au point de révéler ce que l'autre peut à peine apercevoir – n'est-ce pas déjà une des façons d'exorciser la honte du corps ? Je t'offre mon corps, lecteur, ou plutôt j'offre mon corps singulier, tel qu'il est, dans son détail abject, à la littérature. Ainsi, je m'en délivre.

Loin de prétendre se libérer de la honte, la ligne Leiris, dans la relative continuation de la tradition autobiographique, proposait une exténuation de ce sentiment : la honte fut sa corne de taureau. Il s'agissait non seulement de faire d'un livre un acte, mais de « rendre plus difficile, en la faisant plus claire », la vie privée. Au point qu'on a l'impression de voir énoncé, dans le « Prière d'insérer » écrit par Leiris en 1939 lors de la parution de *L'Âge d'homme*, tout un programme de littérature contemporaine : l'auteur s'y propose de « mettre à nu certaines obsessions d'ordre sentimental ou sexuel, confesser publiquement certaines des déficiences et des lâchetés qui [lui] font le plus honte[1] ».

Il est vrai que Leiris ne déclara pas exactement, ou pas seulement : J'ai honte de mon corps. Tenté par la métamorphose, voulant se désolidariser de lui-même, se faire autre, il mit aussi en œuvre tous les moyens de contrer cette lourdeur de la carcasse, d'abord par le dandysme ou le travestissement. Dans les années vingt, Leiris fut fasciné par la mode black, le *jazz age*.

1. Michel Leiris, *L'Âge d'homme* (1939), Gallimard, « Folio », p. 10-11.

Il porta des souliers à bouts pointus et des pantalons serrés, s'efforça d'adopter le frémissement d'épaules caractéristique du danseur de shimmy, de cindy-hop ou de fox-trot. À d'autres époques, il se serait peut-être laissé pousser les cheveux de façon outrancière, aurait porté une boucle d'oreille, ou se serait rasé le crâne. Ce processus est connu : la jeunesse cherche dans les apparences une issue. Suffirait-il, pour échapper à un milieu d'origine et ne pas coïncider avec le donné contingent du corps, de produire de nouveaux signes ? Que de générations ont eu recours à une mode récente mais déjà relativement grégaire, croyant ainsi s'alléger et s'affranchir de tout !

De façon moins éphémère, un des modèles de Leiris sera Fred Astaire, prestigieux danseur réunissant dans son imaginaire deux qualités : à la fois « expression d'une variété très spéciale de frivolité » et « clown un peu macabre »[1]. Il s'agirait de pouvoir rendre aérien un squelette « parfaitement élégant » et d'atteindre en même temps « cette inimitable distinction à laquelle seule peuvent prétendre, royalement habillés, certains voyous ». Mais ce devenir Astaire chez Leiris restera un rêve – ce modèle lui sera particulièrement inaccessible. La recherche vestimentaire ne lui permettra pas vraiment, comme à d'autres, d'échapper à la misère et à la gaucherie irrépressible du corps. Lui qui cherche à se vêtir « avec le maximum d'élégance », il se juge d'ordinaire « profondément inélégant ».

L'autobiographie peut être une entreprise d'éhontement, mais il n'est pas dit que la disgrâce qui lui a donné une impulsion n'y laisse pas quelques traces : cherchant l'agilité, la grâce et la danse, Leiris se sent piégé par les mots, et les circonvolutions de sa phrase tortueuse, dans *La Règle du jeu*, semblent parfois

1. Michel Leiris, « Fred Astaire », in *Brisées*, Gallimard, « Folio Essais », p. 67.

charrier la honte d'une lourdeur dont elle voudrait s'affranchir. Écartelé entre le dandy raté et le héros malheureux, il est hanté par un clown impossible (du dandy au clown, il n'y a pas loin : c'est ce que montre Starobinski). Lorsque le souci de distinction, comme volonté trop ostentatoire d'échapper au corps honteux, affiche d'une autre façon, risible, le corps ridicule, la tentative pour échapper au piège du corps peut être tristement comique[1]. Le devenir Fred Astaire se heurte d'ailleurs chez Leiris, on l'a vu, au devenir Lord Jim. Mais à son tour le devenir Lord Jim se rejoue dans le devenir écrivain : se faire comme Kafka, comme Zorn, le temps d'un livre, un autre corps, sinon glorieux, du moins verbal, un corps protégé, comme le bernard-l'hermite, par une coquille transitoire, puis avancer vers un nouveau livre, une nouvelle carapace – telle est la règle du jeu.

1. Cf. Jean Starobinski, *Portrait de l'artiste en saltimbanque* (1970), Flammarion, « Champs », p. 65.

« Comme une tache qui s'étale » (Mishima, Rushdie, Coetzee)

– Tu nous parles de Rousseau, de Dostoïevski... de Conrad et de Hawthorne... de Kafka, de Zorn, qui est tout de même une sorte d'exception dans la littérature... de Leiris, très français introspectif autocentré, d'une certaine façon... Malcolm Lowry, je le mets à part. Mais tous les autres ? Des modèles écrasants, déjà anciens, des pères fondateurs sans lignée véritable, quelques enfants masochistes... Tu as brûlé tes dernières cartouches... La honte en littérature ? La lubie d'un passé dépassé... une très vieille histoire moralisante, psychologisante... judéo-chrétienne... Fini, tout ça... Depuis, Dieu merci, on a inventé le corps cynique et libertin... L'écrivain nous permet enfin de jouir sans entraves... de subvertir les interdits...

J'avais eu la faiblesse de révéler à D., un ami supposé, l'argumentaire de mon livre. Je lui en avais mimé les premières salves. Et voilà qu'il m'attaquait, bille en tête. D. a toujours revendiqué l'impudence et la frivolité. Il s'habille tout en noir et récite Sade en public. À mon avis, il a mal lu Bataille. Mais peu importe, j'aurais dû savoir qu'il ne fallait pas compter sur lui dans cette histoire. Le rouge de la confusion s'empara de moi. Je repris cependant mes esprits. Nous étions tout près d'une librairie que j'aime.

– Vraiment, tu crois ? Tiens, suis-moi. Je vais te montrer des livres très anciens. Tu as ici, au rayon anglo-indien, *La Honte* de Salman Rushdie. Non loin, ce livre de Taslima Nasreen, qui nous vient du Bangladesh : *Lajja* – ça signifie « la honte » en bengali. Côté français, parmi bien d'autres, je te recommande *La Honte* d'Annie Ernaux, mais aussi *Rosie Carpe* et *Papa doit manger* de Marie Ndiaye, mais encore, dans le genre franco-espagnol, *Mon frère l'Idiot* et *Rue des Archives*, de Michel del Castillo. Disons que Genet et Duras sont des classiques, je ne les mentionne donc pas. Côté américain ? Tu as évidemment lu *La Tache*, de Philip Roth, dont le titre original, entre parenthèses, est *The Human Stain*. Roth, c'est quelqu'un chez qui on peut se retrouver tous les deux, non ? Il n'est pas aussi affirmatif que toi, cependant, sur la question des entraves. Voyons du côté de l'Afrique du Sud. Tu connais certainement *Disgrâce* de Coetzee. Le rayon japonais ? Ah, le Japon ! Mais il faudrait l'évoquer presque tout entière, la littérature japonaise ! Ce sont les champions du déshonneur et de la honte, les Japonais ! *La Déchéance d'un homme*, de Dazaï Osamu, *Le Lac* de Kawabata, *Le Pavillon d'or* ou *Confession d'un masque* de Mishima… ! Sans parler de la Chine !

Puisque, je le vois bien, pour D. et ses semblables, mon énumération ne suffira jamais à contrer leur défiance (d'ailleurs suspecte) à l'égard d'une hontologie de la littérature contemporaine mondiale, passons entre nous aux travaux pratiques. Prenons trois grands romans d'aujourd'hui, de Mishima, Coetzee et Rushdie. De l'Afrique du Sud de l'apartheid au Pakistan de la partition ou au Japon de la défaite, les hontes rayonnent en tous sens et, dans une certaine mesure, elles se ressemblent. Le lien entre elles, c'est la soumission à l'Histoire, l'humiliation volontaire, la révolte impossible, le silence et le secret, la violence faite d'abord à soi-même.

Le jeune narrateur, héros du *Pavillon d'or*, Mizoguchi, est obsédé depuis son enfance par la beauté, qui selon lui s'incarne dans un temple, le Pavillon d'or. Lui-même se trouve laid. Mais surtout il est bègue (notez que l'adolescente terroriste, la fille du Suédois, dans *Pastorale américaine* de Roth, est bègue elle aussi). Ce bégaiement lui fait éprouver une honte endémique. À la façon d'Érostrate brûlant une des Sept Merveilles du monde, le temple d'Éphèse, il finit par mettre le feu au Pavillon d'or.

Comment en arrive-t-il là ? De même qu'aucune raison ne fonde la violence extrême qui fait basculer la jeune fille de *Pastorale américaine* dans la folie meurtrière, l'anomalie langagière de Mizoguchi ne permet pas d'expliquer le passage à l'acte terroriste, qui s'accompagne d'une volonté d'engloutir le monde. Pourtant, Mishima, comme Philip Roth, a sans doute voulu signifier à travers le bégaiement un défaut d'être, une blessure fondamentale. Il est l'indice d'une incapacité à accepter l'ordre du monde et sa syntaxe, à entrer en rapport avec l'autre – marque d'une honte tout à la fois historique et ontologique, à fleur de peau et de langue.

Le meilleur ami de Mizoguchi, Kashigawi, est doté de deux pieds bots. La honte de Mizoguchi en tant que bègue croit pouvoir se sentir solidaire de la honte de l'infirme, qui suscite de façon constante le regard ou la commisération. S'éhonter, ce serait devenir invisible – « bref, pareil au vent ». Mais comment cela serait-il possible avec des pieds bots ? Ils sont là, ineffaçables, omniprésents, se refusant à toute transparence. « Les gens doivent penser que, sans miroir, ils ne peuvent pas se voir ; mais un infirme, lui, a en permanence un miroir sous le nez. Dans ce miroir, vingt-quatre heures sur vingt-quatre se reflétait ma personne[1]. » Or, au lieu de tenter d'oublier ses pieds bots et,

1. Yukio Mishima, *Le Pavillon d'or*, *op. cit.*, p. 158.

chose inimaginable, de les faire oublier, Kashigawi se saisit de cette monstruosité pour s'affirmer aux yeux du monde, réagissant à la honte par le cynisme, tirant profit de sa singularité, au point de se faire aimer des jeunes filles précisément pour son anomalie, par compassion.

Mais le cynisme ne suffit pas à Mizoguchi. Il a appris à préférer l'insulte et la moquerie aux marques de sympathie. De sorte qu'il entre dans une violente colère contre son ami Tsurukawa : il est le seul à ne pas le plaisanter sur son bégaiement. Pourquoi ? lui demande-t-il. « Moi, je suis de ceux qui ne prêtent aucune attention à ce genre de choses », lui répond Tsurukawa. Le bègue découvre alors qu'on peut accueillir son moi pur, retrancher son bégaiement. « Jusque-là, j'avais bizarrement cru que le mépris attaché à mon bégaiement entraînait, de soi seul, l'effacement de cette existence appelée Moi [1]. » Mais cette découverte ne l'allège pas. Car la honte n'est pas ici un passage, un apprentissage, une maladie infantile de l'individualité. Elle est sans issue, sauf à emporter avec elle le monde entier : « Les autres, il faut les détruire tous. Pour que je puisse vraiment tourner ma face vers le soleil, il faut que le monde entier soit détruit [2]. » Le Pavillon d'or, symbole du beau, est l'icône de cet ordre du monde. Aussi Mizoguchi désire-t-il le détruire, avant quoi il lui faut d'abord s'initier à la haine de la beauté, découvrir comment elle est « structurée de néant ».

Il ne peut donc se satisfaire de disposer un écran entre lui et les autres. Il lui faut encore, pour tenter de guérir sa honte par le mal, niveler le monde autour de lui. Son objectif, c'est « de ramener la laideur à zéro » : « Qu'y a-t-il de si affreux dans des entrailles exposées à l'air ? Pourquoi le spectacle du dedans d'un

1. *Ibid.*, p. 83-84.
2. *Ibid.*, p. 40.

être humain fait-il reculer d'horreur et boucher les yeux? Pourquoi la vue du sang qui coule donne-t-elle un choc? Pourquoi les viscères seraient-ils laids?... N'y a-t-il pas identité de nature entre eux et une peau jeune, belle, vermeille? [...] Qu'y a-t-il d'inhumain à considérer l'homme avec sa moelle et son écorce, sans faire de distinction entre le dedans et le dehors – comme on le fait pour les roses? Ah! Si seulement on pouvait montrer l'envers de l'esprit et de la chair, les retourner délicatement comme on fait des pétales de la rose, les exposer au grand soleil et à la brise printanière[1]! »

Détruire la beauté, ce serait aussi détruire la nudité, tourner le dos à l'instant épiphanique où la beauté éphémère semble éternelle, où l'esprit habite la chair. Ce serait échapper à l'anonymat et à l'invisibilité: « Personne ne prêtait attention à moi. Ç'avait été la même chose au cours des vingt années qui venaient de s'écouler; cela ne faisait que continuer. Aujourd'hui encore, je ne comptais pour rien. Dans tous les recoins de ce pays du Japon, il y avait un million, dix millions de gens qui ne suscitaient point l'attention; j'étais de leur nombre[2]. »

Il y aurait donc, selon Mishima, deux façons de sortir de la honte: le cynisme ou le terrorisme. Dans tous les cas, la honte est une violence. C'est aussi une blessure collective. Le jeune Mizoguchi appartient à la génération de la défaite et de la honte. Le récit commence à la fin de la guerre, peu avant la débâcle japonaise, et se termine avec la Corée: « Le 25 juin éclata l'affaire de Corée. Ainsi se trouvaient vérifiés mes pressentiments que le monde allait inéluctablement à l'effondrement et à la ruine. Il fallait me hâter[3]. » L'argument du livre est

1. *Ibid.*, p. 103.
2. *Ibid.*, p. 346-347.
3. *Ibid.*, p. 344.

extrait d'un fait divers. Mais l'hypothèse hontologique, elle, vient de Mishima, et la haine de l'autre, qui est d'abord honte de soi, prend sous sa plume une signification historique.

L'intériorisation de la grande Histoire et de ses hontes en chaîne est plus flagrante encore dans *Disgrâce*, le roman de Coetzee, où deux récits se superposent. Le premier, qui semble d'abord central au point de donner son titre au livre, raconte la disgrâce d'un professeur d'université, David Lurie, sommé de démissionner ou de faire amende honorable après une plainte à son encontre : il a été accusé de harcèlement sexuel à l'égard d'une jeune étudiante. Le professeur refuse de se soumettre. Il démissionne. Mais c'est surtout le second récit qui pour mon propos est significatif : Lucy, la fille du professeur, femme blanche en Afrique du Sud, a été violée par des Noirs ; elle est l'exemple même de la victime honteuse, souillée, de la coupable-innocente qui a pris sur elle la souillure, et ne peut donc pas accuser ses bourreaux. Face aux policiers, elle peut parler du vol, des brutalités souffertes par son père, des chiens abattus – mais pas du viol qu'elle a subi.

C'est pourquoi le père ne manque pas de s'interroger : « Oh, mon dieu, qu'est-ce qui ne va donc pas ? Le secret de Lucy ; sa honte[1]. » S'il est tellement sensible à la honte de sa fille, c'est que lui-même a été confronté au déshonneur. Mais, en un sens, sa situation circonstancielle en tant qu'être honni était relativement plus simple. Lucy, elle, est triplement honteuse : d'être homosexuelle, d'avoir été violée, et d'être blanche. Elle est sous le coup de trois hontes sociales, de trois regards portés par trois catégories d'autres : les hétérosexuels, les hommes (dont le père), et les Africains.

1. J.M. Coetzee, *Disgrâce* (1999), trad. Catherine Lauga du Plessis, Seuil, « Points », p. 139.

Par la suite, malgré l'insistance de son père, Lucy ne veut plus se rendre au marché : « Elle ne répond pas. Elle préfère se tenir à l'abri des regards, et il sait bien pourquoi. C'est à cause de l'opprobre. À cause de la honte. Ils ont bien réussi, les visiteurs de mercredi : voilà ce qu'ils ont fait à cette jeune femme, moderne, pleine de confiance en elle. Comme une tache qui s'étale, l'histoire gagne toute la région. Et ce n'est pas l'histoire qu'elle a à raconter, mais la leur : l'histoire leur appartient. Comme ils l'ont bien remise à sa place, comme ils lui ont bien montré ce qu'on fait des femmes[1]. » Le père revient à la charge (« Pourquoi est-ce que tu ne racontes pas toute l'histoire, Lucy ? »), mais Lucy se réfugie dans un silence obstiné (« Toute l'histoire se résume à ce que j'ai dit »), et aucun argument n'aura raison de ses défenses. David analyse la situation avec lucidité : « Les hommes vont lire les journaux, écouter ce que les gens racontent. Ils liront qu'on les recherche pour vol et coups et blessures, et rien d'autre. Ils comprendront que, sur le corps de la femme, le silence se fait, se tire comme une couverture. *Elle a trop honte*, se diront-ils entre eux, *trop honte pour aller raconter*, et ils riront à gorge déployée en se rappelant leur haut fait. Lucy est-elle prête à leur concéder cette victoire[2] ? »

L'histoire victimaire de Lucy s'insère dans une Histoire majeure qui la court-circuite. « Tu veux faire acte d'humilité devant l'histoire », lui écrit son père. « Mais tu fais fausse route. Tu vas te départir de tout honneur ; tu ne pourras plus vivre avec toi-même. Je t'en conjure, écoute-moi[3]. » Le sanglot de la femme blanche avive la haine de soi. La littérature postcoloniale produit des retournements de honte. Pour décrire ce

1. *Ibid.*, p. 146-147.
2. *Ibid.*, p. 140.
3. *Ibid.*, p. 203.

processus de la culpabilité historique, il faudrait imaginer une expression parallèle à la servitude volontaire: la honte volontaire ou la honte sacrificielle.

Dans un livre prémonitoire, *La Honte*, paru en 1983, après *Les Enfants de minuit* et avant *Les Versets sataniques*, Salman Rushdie s'apprêtait à entrer lui-même en tant que personnage dans la fiction honteuse de l'Histoire. Cette fable politique est éloignée, géographiquement et culturellement, de l'Afrique du Sud. Et cependant sa leçon semble assez proche de celle du roman de Coetzee. Dans les deux cas, la honte n'est pas seulement un secret intime et incommunicable. Elle est historique, sociale et politique.

Dans une «ville de la honte» pakistanaise qui ressemble à Quetta, à la limite de l'Inde et du Pakistan, trois sœurs sont restées enfermées dans une demeure labyrinthique, élevées par leur père «avec l'aide d'une morale de fer qui était essentiellement musulmane». Après sa mort, elles ont mis au monde, indistinctement, sans qu'on sache laquelle des trois est la mère biologique, un fils, Omar Khayyam. Les trois sœurs sont déterminées à tenir leur fils à l'écart de la honte qui fut leur malheur à elles. Il faut donc lui interdire ce sentiment. Ce qu'elles veulent, c'est «transformer la honte publique d'une conception hors mariage en triomphe d'une naissance attendue en groupe».

D'abord cloîtré, Omar est un enfant «sans souci et sans honte». Il ne connaît pas, dit-on, le sens du mot «honte». Une fois sorti de l'enfermement familial, jeté dans le monde par l'école, il ne craint rien du dehors: éhonté, impudent, il a gagné une sorte d'invisibilité. Mais pour accomplir son destin il lui faudra quitter la ville, rompre avec son passé. Car, pour Rushdie (comme pour Roth et Coetzee), la honte implique un rapport électif au passé, un culte de la tradition.

Le double antithétique d'Omar, c'est Sufiya Zinobia, la « honte familiale faite chair ». Sa mère, Bilquis, comme son père, désirait un fils. « Je dois l'accepter : elle est ma honte », dit-elle. Selon la légende familiale, l'enfant idiote, se sachant fille, et de ce fait progéniture honteuse, aurait rougi dès sa naissance. Son anormale capacité de rougissement, signe que l'héritage de la honte s'est inscrit sur son corps, ne s'arrange pas avec les années. Son enfance est marquée par un « dérèglement des mécanismes de régulation thermique » : « Qu'est-ce que ça veut dire ? Il suffit qu'on lui jette un coup d'œil », se plaint sa mère, « ou qu'on lui dise deux mots, et elle devient rouge comme un piment ! Est-ce qu'une enfant normale devient rouge comme une betterave au point que ses vêtements sentent le roussi [1] ? » Cette extraordinaire capacité à rougir lui confère cependant un pouvoir lui-même extraordinaire : « Sufiya Zinobia rougissait de façon incontrôlable dès que sa présence dans le monde était remarquée par d'autres. Mais elle rougissait aussi, je crois, à cause du monde. Laissez-moi exprimer mon soupçon : la fièvre du cerveau qui avait rendu Sufiya Zinobia anormalement réceptive à toute sorte de choses qui flottaient autour d'elle, la rendit capable d'absorber, comme une éponge, une foule de sensations non ressenties par les autres [2]. »

Rushdie est né en Inde, à Bombay, en 1947, l'année même de l'indépendance de l'Inde et de la partition – donc de la création de l'État du Pakistan. Il a été envoyé par sa famille en Angleterre à l'âge de douze ans, pour faire ses études. Après un séjour au Pakistan, il s'est installé à Londres dès 1970. *La Honte* tire selon lui son origine de deux faits divers : une musulmane à Londres tuée par son père à cause de ses rapports amoureux

1. Salman Rushdie, *La Honte*, *op. cit.*, p. 138.
2. *Ibid.*, p. 139.

avec un Blanc ; une Asiatique qui, attaquée dans le dernier métro par des Blancs, éprouvait une honte telle qu'elle a voulu garder le silence.

Mais c'est surtout l'histoire censurée du Pakistan qui transparaît dans les pages de *La Honte* – et en particulier un de ses épisodes, l'assassinat, en 1979, de l'ancien président Zulfikar Ali Bhutto. Jeux de dissimulation et de monstration : la honte de l'exilé, qui invite aux détours baroques, a une dimension nettement autobiographique. Rushdie envisageait ce texte comme un roman de l'adieu, une sorte de testament sur l'Orient, dont il espérait avoir commencé à se détacher en inventant un pays imaginaire – à demi imaginaire cependant puisque la grande ville se nomme Karachi. Le narrateur évoque ainsi sa dernière visite au Pakistan : « Où que j'aille, il y a quelque chose dont on a honte. Mais la honte est comme le reste ; si l'on vit avec elle pendant suffisamment longtemps, elle finit par faire partie des meubles. À la Défense, vous pouvez rencontrer la honte dans chaque maison, qui brûle dans un cendrier, dans un cadre accroché au mur, couvrant un lit. Mais personne ne la remarque plus. Et tout le monde est civilisé[1]. »

La honte ne donne pas seulement son titre au roman de Rushdie. Elle en est le leitmotiv, le thème panique. Telle une passion, elle traverse tous les personnages et les oppose en deux catégories : les honteux et les éhontés. Du côté des éhontés, sont les dictateurs : un moyen irremplaçable de garder le pouvoir, c'est d'évacuer la honte, de la répandre et de la maintenir dans toutes les couches de la population. Le héros national, Iskander Harappa, « rampant devant les Chinois, conspirant avec Pahlevi, serrant Amin Dada dans ses bras », est « le champion du monde des éhontés, la canaille et le salaud internatio-

1. *Ibid.*, p. 30.

nal numéro un». L'autre héros national, Raza Hyder, le fait pendre «sans honte».

Omar l'éhonté épousera (par une sorte de compassion) Sufiya la honteuse. Or la honte de Sufiya est aussi une colère contre le monde. À la violence des éhontés répond la violence des honteux. C'est ainsi que, pourvue d'une sensibilité excessive au «bacille de l'humiliation», Sufiya se fait l'«avatar du désordre», la «Bête», un monstre qui arrache les têtes. Elle commence par étriper deux cent dix-huit dindes, puis s'attaque à son beau-frère, le capitaine Talvar Ulhaq, vedette de polo, lui saisissant la tête et la tournant jusqu'à ce que l'assemblée s'interpose – sans avoir pu l'empêcher cependant d'enfoncer quelques dents dans le cou du capitaine. Plus tard, Sufiya aura l'occasion de s'exprimer pleinement en mettant quatre jeunes amants en lambeaux. Cet être tragique et monstrueux, qui porte le «fléau de la honte», exprime «la honte inconsciente de ceux qui l'entourent», en particulier la honte non éprouvée par Raza Hyder, le père meurtrier.

Le roman de Rushdie montre comment la honte étreint les individus, les enserrant dans l'étouffoir de la tradition; comment elle s'attaque en priorité aux personnes déplacées, et particulièrement aux femmes, produisant des «filles-qui-auraient-voulu-être-des-garçons»; comment elle les enchaîne irrévocablement dans une «macabre fraternité», dans la «solidarité terrible de l'humiliation partagée[1]».

Pakistan de Rushdie, Afrique du Sud de Coetzee, Japon de Mishima (on pourrait ajouter Amérique de Roth, et bien d'autres régions romanesques): dans ces fictions géopolitiques, tout groupe humain est traversé par une honte endémique. La

1. *Ibid.*, p. 229.

littérature contemporaine interroge plus que jamais cette pulsion fondamentale. Qui n'est pas contraint, dans un puzzle communautaire où d'emblée les rôles sont assignés, à se soumettre au regard de l'autre ou au contraire à le susciter ? Des hontes collectives vampirisent des hontes singulières, toutes se greffent et prospèrent sur le terreau de la rumeur ou de la violence. La mémoire historique les annexe, les politiques totalitaires s'en emparent, livrant les individus au lynchage, au viol, aux camps, à la violence, à l'impuissance. « L'axe sur lequel nous tournons, écrit Rushdie, est situé entre la honte et l'absence de honte ; à ces deux pôles, les conditions météorologiques sont extrêmes et féroces. L'absence de la honte, la honte : les racines de la violence. »

II

II

Honteuse enfance de l'auteur

> Sur quels honteux épisodes ne trébuche-t-on pas quand on remonte les lointaines routes du passé !
>
> John Cowper Powys

« Tu n'as pas honte ? » : cette expression rituelle a résonné dans nos oreilles d'enfants. Nous sommes éduqués à la honte. Elle commence à se construire en nous, à parler pour nous, d'un langage familier, familial, social, scolaire. Elle ressemble à nos parents, à notre enfance, à notre famille, à notre origine, à notre naissance même. Certains psychologues du développement sont étonnés de la déceler chez le nourrisson[1]. Mais, prenant d'emblée la couleur de notre culture ou de notre éducation, n'a-t-elle pas une intuition de fœtus – rougissant déjà dans le ventre de sa mère d'être fille au cœur d'un pays d'hommes dominateurs, le Pakistan (comme dans le roman de Rushdie), ou d'être Noir humilié dans un pays de Blancs (comme dans le roman de Roth) ?

1. Ainsi, Silvan Tomkins la détecta en 1955 chez le nourrisson d'environ sept mois.

La honte de notre enfance deviendra notre passé tourmenté. Elle se sera adoucie, en apparence. On l'aura sans doute surmontée. Mais, dans l'histoire de notre vie, elle aussi aura traversé des âges, des amnésies, des rappels, des stades, des rétrospections : comment pourrait-elle se dissiper, tel un mirage ? Elle aura continué à nous travailler de l'intérieur, souterrainement – si bien qu'à un âge de la vie où l'on croyait en avoir fini pour toujours avec elle, elle resurgira tout à coup, inopinément, à la façon de ces crises d'adolescence qui s'emparent du vieillard, venues du fond d'un temps révolu. Elle ressemble au sentiment que décrit Sartre à l'endroit de sa propre laideur : elle est, à jamais, notre « chaux vive », notre « principe négatif ».

Les âges de l'œuvre sont comme ceux de la honte : involutifs. L'œuvre est un chant de deuil. Une enfance est morte, mais elle renaît sous forme de litanie souterraine. Vous vous y replongez malgré vous. Quelle œuvre forte ne dit pas le sentiment de l'irrémédiable, de la séparation et de l'impossible réparation ? « Les "sources" d'un écrivain, écrit Cioran, ce sont ses hontes ; celui qui n'en découvre pas en soi, ou s'y dérobe, est voué au plagiat ou à la critique[1]. »

Chacun a retenu dans son corps un peu de son enfance. Mais chacun n'est pas possédé de façon égale aux autres par l'enfant qu'il fut. Tel l'homme de la honte, l'écrivain est dissocié, et dans sa carcasse d'adulte, jusqu'à son dernier souffle, il est condamné à porter en lui l'enfant qu'il était. Il ne se souvient que trop du temps où il fut pour lui-même une cour martiale. De ce passé où l'enfance ressemblait à la fois à une comédie et à un procès, il garde l'impression d'une imposture originelle, en

1. Emil Cioran, *Syllogismes de l'amertume* (1952), Gallimard, « Idées », p. 17.

même temps que la sensation d'un malaise presque physique. Il se voit encore en culottes courtes, il est encore sidéré par la nudité de ses jambes, par l'instant où il découvrait, à travers une portion de son enveloppe charnelle, la honte de soi. Il l'encombre, cet enfant mal dégrossi, il s'est installé en lui, au point de lui coller à la peau. De sorte que parfois tous deux se confondent : est-ce lui, cet adulte, est-ce moi, cet enfant ? Encore et toujours, tous deux se voient de conserve se donnant malgré eux en spectacle dans la comédie des familles, ou livrés en pâture au regard de l'autre. Et les scènes de l'enfance se revivent dans le corps d'hier comme si c'était aujourd'hui : Thomas Bernhard se revoit avec sa mère poussant un chariot dans la rue, submergé par la honte[1]. « Qui suis-je ? écrit Serge Doubrovsky. Sur les photos, comme les voitures, un petit garçon d'époque. Tricot à grosses mailles, culotte, la tenue réglementaire, avec les chaussettes de laine, les cheveux noirs coupés court, l'œil vif et la mine pointue. Ce total étranger, on m'assure que c'est moi. Dans ma mémoire, quand je m'assieds sur le siège des cabinets, mes cuisses, à chaque fois, s'étalent, trop charnues, grasses, elles me font honte. Impossible de raccorder mes deux corps. Que suis-je[2] ? »

Bien des récits d'enfance nous donnent tout à la fois à imaginer et à penser les régions de la honte, à en forer les secrets. En ce cas, dira-t-on, c'est une honte de… qui se manifeste : honte des groupes imposés, de la famille, de l'internat, du collège ; honte de l'être ensemble dans un quotidien rabaissant ; honte de la sexualité, de l'onanisme infantile, de l'autre en soi, de soi découvrant son corps. Mais il faudrait sans doute

1. Thomas Bernhard, *Un enfant* (1982), trad. Albert Kohn, Gallimard, « Folio », p. 147.
2. Serge Doubrovsky, *Le Livre brisé*, Grasset, 1989, p. 262.

distinguer d'une part les « courtes hontes », gifles et rougissements éphémères qui n'en laissent pas moins des traces, d'autre part une honte « inoculée à la naissance », comme celle évoquée par Michel del Castillo au début de *Rue des Archives*: « Depuis des années, j'enterrais ma mère. J'imaginais chaque détail de son agonie. Je tentais d'apprivoiser sa mort ainsi que j'avais, dans mon enfance, tenté d'apprivoiser son personnage. En tuant ma mère, c'est en réalité ma honte que j'aurais voulu supprimer. Non pas la honte de, mais la honte tout court. J'ai la honte, comme d'autres ont la gale[1]. »

De cette « honte originelle », la « honte nue, absolue[2] », « la honte, toujours et partout », Michel del Castillo se sent pétri, comme Fédor Dostoïevski, auquel, dans *Mon frère l'Idiot*, il s'adresse. Il a commencé à l'éprouver en même temps que le sentiment d'une imposture maternelle et familiale. Tout cela a monté en lui peu à peu, au cours de son enfance en Espagne. C'est ainsi que, sentant peser, telle une chape de plomb, un « secret d'épouvante », une « terreur sacrée », il « coule dans la honte ». Dès lors, le monde autour de lui commence à s'effondrer: « Je souffrais de la laideur des pères, j'éprouvais la honte d'une vie dépourvue de fondements[3]. »

La honte de l'écrivain garde en mémoire la honte de l'enfant. Elle la prolonge plus que de raison, la maintient dangereusement en lui, à l'abri de toute défaillance. La honte n'est

1. Michel del Castillo, *Rue des Archives* (1994), Gallimard, « Folio », p. 13.

2. « Je parle de ce poids dans la poitrine, de la honte et de la rage. Non pas honte de la pauvreté, ni de rien en particulier; la honte nue, absolue; j'ai contracté la honte ainsi qu'on attrape la grippe » (Michel del Castillo, *Mon frère l'Idiot* [1995], Gallimard, « Folio », p. 93-94).

3. *Ibid.*, p. 325.

pas seulement son passé, elle est son devenir. Voyez ce que dit Bataille, à propos de Baudelaire et Kafka : « Je crois que très expressément ils se sont sentis dans la situation de l'enfant devant les parents, de l'enfant qui désobéit et qui par conséquent se met dans une situation de mauvaise conscience parce qu'il se rappelle des parents qu'il a aimés et qui lui ont constamment dit qu'il ne devait pas faire cela, que c'était mal, et cela dans le sens le plus fort du mot [1]. »

On pourrait imaginer pouvoir rattacher la naissance de la honte à ce trouble éprouvé par l'enfant dans ce que Freud nomme la scène primitive, lorsqu'il se rend compte que ses parents ont des rapports sexuels. N'éprouve-t-il pas alors une honte soudaine inconnue ? On verra cependant que la honte est multiforme, qu'elle a ses propres scènes primitives, que la honte de l'enfance est une histoire chaotique, qu'elle se déploie en hontes mineures, en scènes confuses, en une addition de petits faits que Gide appelle les souvenirs misérables : « ah ! Quel souvenir misérable ! Comme je sauterais par-dessus, si j'acceptais de rien omettre ! ».

L'écrivain donnera cependant à son récit une allure apparemment raisonnable. On se souvient de l'ordre des hontes chez Rousseau. Il y a tout lieu de soupçonner là une reconstitution assez factice. Si l'enfance fait honte, si elle distille la honte comme un alcool que la vie à venir consommera malgré elle, c'est qu'elle prélude à toute notre existence : elle l'annonce, elle en donne le programme ; notre vie, nous dit-elle déjà, ne sera rien d'autre qu'une comédie ratée. Ainsi, Sartre, relégué dans un « faux-beau-rôle », aurait d'emblée sombré dans l'imposture, confronté à l'expérience de la contingence : « ma raison d'être à

1. Entretien entre Georges Bataille et Pierre Dumayet pour « Lectures pour tous » (21 mai 1958), in *Docsur*, n° 13, septembre 1990.

moi se dérobait, je découvrais tout à coup que je comptais pour du beurre et j'avais honte de ma présence insolite dans un monde en ordre[1] ». Sarraute enfant aurait été contrainte de feindre l'innocence : « j'ai été poussée, j'ai basculé dans cette voix, dans ce ton, je ne peux plus reculer, je dois avancer affublée de ce déguisement de bébé[2] ».

La première honte serait une perte d'innocence. Ce serait une chute, un saut irrémédiable dans un nouveau monde d'avanies et d'avilissements où le sujet est happé, entraîné malgré lui, comme attiré par un cycle infernal où désormais les hontes se répètent et s'accumulent. « Il y a ceci dans la honte, écrit Annie Ernaux : l'impression que tout maintenant peut vous arriver, qu'il n'y aura jamais d'arrêt, qu'à la honte il faut plus de honte encore[3]. »

Le récit de Thomas Bernhard, *Un enfant*, met en évidence ce caractère entropique de la honte. À l'âge de huit ans, l'enfant fuit à bicyclette le domicile familial. Pourquoi fuguer ? Certainement pour chasser la honte, pour échapper à son cycle infernal, pour se faire aimer de la mère, pour ne plus l'entendre dire régulièrement qu'il est un « rien du tout ». Mais peut-on se libérer au-dehors de la honte intériorisée dans le cercle de famille ? Au cours de cette fugue, l'enfant de huit ans entre dans une auberge, et en présence de la foule qui danse là aux sons d'un orchestre, dans ce lieu où il se sent complètement exclu, sa honte en quelque sorte domestique s'élargit à la dimension de la société tout entière[4]. Plus tard, lorsque avec sa famille il quitte l'Autriche pour l'Allemagne, il

1. Jean-Paul Sartre, *Les Mots* (1964), Gallimard, « Folio », p. 75.
2. Nathalie Sarraute, *Enfance* (1983), Gallimard, « Folio », p. 62.
3. Annie Ernaux, *La Honte* (1997), Gallimard, « Folio », p. 120.
4. Thomas Bernhard, *Un enfant*, *op. cit.*, p. 19.

est exposé à la moquerie de ses condisciples, qui lui donnent un sobriquet : l'Étrichien. Si seulement je pouvais mourir ! se dit-il.

Dans cet inventaire des hontes, le drap mouillé exposé par la mère, tel un « drapeau d'épouvante », à la fenêtre de la Schaumburgerstrasse, puis à celle du marché aux pigeons, est le signe d'une suprême humiliation. L'enfant revient de l'école la tête dans les épaules, avec l'impression que tout le monde le regarde. Après quoi, il est envoyé dans une maison d'enfants à Saafeld, où son drap avec une grosse tache jaune est tendu dans la salle des petits déjeuners, tandis qu'il est privé de bouillie. Ses camarades des premiers jours se détournent de lui et sa honte le condamne à la solitude.

Le secret de l'enfance est ainsi encombré de souvenirs répugnants. Se retourner sur l'être que l'on a été, c'est sans doute, inévitablement, comme l'affirme John Cowper Powys dans son autobiographie, évoquer les taches les plus abjectes dont le passé a été maculé, qu'aucun présent ne saurait effacer : « Quel être humain peut jeter un coup d'œil sur son jeune temps sans rougir de honte, sans être déconcerté par des choses qui lui sont arrivées et n'éveillent plus en lui qu'un mol dégoût, qu'une béante incrédulité, qu'un intérêt de bas aloi, égotique, bestial, morbide, comparable à celui que les enfants manifestent envers leurs excréments[1] ? » C'est certainement chez Powys qu'on trouve exprimé avec le plus de précision le défi d'une narration de l'enfance qui aspire au véridique. La condition *sine qua non* d'un tel récit, écrit-il, est « de ne pas s'abstenir systématiquement de toute allusion aux misères et soulagements intimes dus au passage quotidien de la matière dans

1. John Cowper Powys, *Autobiographie (1934-1965)*, trad. Marie Canavaggia, Gallimard, 1965, p. 51.

notre corps[1] ». Le livre vrai de l'enfance dit pour moi ce que je n'ai peut-être jamais osé avouer. Comme le remarque George Orwell, « les seules autobiographies dignes de foi sont celles qui dévoilent quelque chose de honteux[2] ».

Voici cependant, dans un récit autobiographique de Romain Gary, *La Promesse de l'aube*, une scène où la honte de l'enfance semble s'exorciser. Il était temps : Roman Kacew a vingt-six ans, c'est un grand garçon. Il est sergent instructeur à l'École de l'Air. On est en avril 1940. Sa mère a fait cinq heures de taxi pour venir lui dire adieu lors de la mobilisation, à Salon-de-Provence. « Je l'ai vue descendre du taxi, devant la cantine, la canne à la main, une gauloise aux lèvres, et, sous le regard goguenard des troufions, elle m'ouvrit ses bras d'un geste théâtral, attendant que son fils s'y jetât, selon la meilleure tradition. J'allais vers elle avec désinvolture, roulant un peu les épaules, la casquette sur l'œil, les mains dans les poches de cette veste de cuir qui avait tant fait pour le recrutement de jeunes gens dans l'aviation, irrité et embarrassé par cette irruption inadmissible d'une mère dans l'univers viril où je jouissais d'une réputation péniblement acquise de "dur", de "vrai" et de "tatoué"[3]. »

Un héros, ou, du moins, un héros à venir comme Romain Gary, futur Compagnon de la Libération, cela s'accommode très mal d'une présence maternante. L'aviateur embrasse sa mère « avec toute la froideur amusée dont il est capable », cherche en vain à la dérober aux regards. À ce stade, la honte semble encore pouvoir être détournée. C'est alors que, faisant un pas en arrière

1. *Ibid.*, p. 138.
2. George Orwell, *Tels, tels étaient nos plaisirs et autres essais (1944-1949)*, trad. Anne Krief, Bernard Pecheur et Jaime Semprun, Éditions Ivrea-Éditions de l'Encyclopédie des Nuisances, 2005.
3. Romain Gary, *La Promesse de l'aube* (1960, 1980 pour l'édition définitive), Gallimard, « Folio », p. 15.

pour mieux admirer le fils héroïque, la mère s'exclame « d'une voix que tout le monde entendit et avec un fort accent russe » : « Guynemer ! Tu seras un second Guynemer ! Tu verras, ta mère a toujours raison ! » Cette fois, l'effet est immédiat : « Je sentis le sang me brûler la figure, j'entendis les rires derrière mon dos, et, déjà, avec un geste menaçant de la canne vers la soldatesque hilare étalée devant le café, elle proclamait, sur le mode inspiré : – Tu seras un héros, tu seras général, Gabriele D'Annunzio, ambassadeur de France – tous ces voyous ne savent pas qui tu es ! »

Les composantes essentielles de la honte sont ici rassemblées : la vieille honte de l'enfance et de l'origine, incarnées dans la mère, la confrontation de l'univers nouveau de l'adulte et de l'univers protégé de l'enfance, le témoin représenté par le regard goguenard des troufions et leurs rires dans le dos, l'orgueil blessé. Kacew-Gary aura même entendu une fois de plus la « formule intolérable », depuis longtemps classique dans les rapports filiaux : « Alors, tu as honte de ta vieille mère ? »

Mais ce qui est plus intéressant encore dans cette scène, c'est son dénouement : après la montée de la honte et son explosion, voici le bras de fer. Gary, tout à coup « débarrassé des oripeaux de fausse virilité, de vanité, de dureté », adresse un signe trivial de défi à ses camarades. « Je n'entendais plus les rires, je ne voyais plus les regards moqueurs, j'entourais ses épaules de mon bras et je pensais à toutes les batailles que j'allais livrer pour elle, à la promesse que je m'étais faite, à l'œuvre de ma vie, de lui rendre justice. »

Le récit de Gary ramasse en un épisode toutes les périodes de la honte comme expérience de l'enfance tour à tour éprouvée, retournée et transcendée. Les deux univers, celui du héros et celui de l'enfant, semblent se réconcilier. L'homme héroïque devra se débarrasser des vieilles hontes de son origine. Mais quel prix lui faudra-t-il payer pour accomplir sa promesse ?

Papa, maman,
ou l'angoisse de la ressemblance

> Il est des enfants qui, dès l'enfance, ont réfléchi à ce qu'ils voyaient dans leur famille, qui, dès l'enfance, ont été offensés par la laideur morale de leurs pères et de leur milieu et qui, surtout, dès l'enfance, ont commencé à comprendre le caractère fortuit des fondements de leur vie même, l'absence de formes fixes et de traditions familiales.
>
> Fédor Dostoïevski

Il faudrait pouvoir se faire l'ethnographe des foyers, pénétrer dans les maisons où l'enfance se surveille : on y découvrirait la honte à l'état naissant, avec sa compagne l'orgueil, on y comprendrait peut-être ce que c'est qu'une vocation (ou une absence de vocation), voire une ambition, par défaut ou par désir, par volonté ou par mollesse, par imitation ou par distinction – et comment les aspirations y sont avivées ou réfrénées malgré soi. Il est probable que, avant même la vie en HLM ou en pavillon de banlieue, la honte s'éprouva au sein de la horde, de même que le désir d'être distinct et de ne pouvoir le montrer.

Les frères Karamazov souffrent d'une proximité inévitable avec un père-pitre qui a dévoyé la honte dans l'histrionisme.

Ivan le cynique, Aliocha le mystique, Dimitri le lyrique : chacun cuvera à vie son hérédité, tout en s'efforçant, à sa façon, d'y échapper. Dans les romans de Marie Ndiaye ou de Michel del Castillo, la honte prospère sur la laideur des pères et des mères. Il existe peut-être des paradis familiaux, des enfances enchantées et bénies. Il est assez rare qu'ils soient à l'origine d'un grand récit. Le bonheur est ennuyeux à lire. Ou alors il faut qu'il nous cache quelque nœud de vipères.

Je dois donc ici prévenir le lecteur : à travers la littérature, on donnera nécessairement une image assez peu séduisante de la famille. Tout roman familial, où l'on aimerait tant lire l'harmonie et la sérénité, raconte en filigrane une histoire de désastre. Ne trouve-t-on pas là, dans ce lien originel, le premier foyer pathologique de la honte, du non-dit et du secret entretenu en commun ? En chaque enfant sommeille une Delphine ou une Anastasie, prête, un jour, à renier son père Goriot. D'une autre façon, la vocation littéraire, insoumise à l'égard des attaches de la parenté, peut même s'en prendre directement à elles, comme à des entraves insupportables. Les écrivains de la honte jamais totalement surmontée sont de grands antifamilialistes : Gide, Gombrowicz, Leiris, Michaux… Familles, je vous hais, disent-ils, parce que votre legs me transmet malgré vous une prime honteuse qui est ma faiblesse. Ma haine est aussi de l'amour, ma faiblesse, une force ? N'empêche, il me faut vous fuir, comme un perpétuel adolescent. Mon œuvre sera une « tentative d'évasion hors de la sphère paternelle » (Kafka).

Dans le malentendu fiévreux du rapport parents-enfant couvent les symptômes d'une honte réciproque. Je suis une honte, j'ai honte : ces deux tropismes ne s'opposent pas, ils sont au contraire inséparables. Ainsi, Michaux se présente volontiers comme objet de honte parentale : « Mère m'a toujours prédit la plus grande pauvreté et nullité. […] J'ai été la honte de mes parents, mais on verra, et puis je vais être heureux[1]. » Mais l'autre versant, plus essentiel sans doute, de la honte filiale qu'il porte en lui, c'est une phobie de la ressemblance qu'il avoue dans des textes plus confidentiels : « Plus je retourne en mon enfance, plus forte je trouve l'impression d'être étranger – chez mes parents – Dès que je parlai, ce fut pour dire que j'étais un enfant trouvé – ou du moins pas l'enfant de mes parents. »

La honte à l'égard de père-mère est tenace, parce que toute votre vie, au plus loin ou au plus près d'eux, vous serez ce corps d'enfant qui, jadis placé sous les yeux de ses parents, a découvert que ces parents avaient eux-mêmes un corps. Dans *Disgrâce* de Coetzee, le père sent les yeux de sa fille Lucy (nettement adulte) fixés sur lui pendant qu'il mange. « Il faut qu'il fasse attention : rien ne dégoûte plus un enfant que de voir fonctionner le corps de son père ou de sa mère[2]. »

Quant à imaginer un seul instant une vie parallèle, un corps-pour-les-autres hors du couple parental, hors de la dévoration filiale, une chair aux yeux d'un tiers, voire d'un amant, ou ne serait-ce qu'un corps dansant, désirant, désirable – quelle catastrophe ! Voyez la terrible scène, d'apparence bien anodine, racontée dans un récit d'enfance par Albert Memmi. Le jeune garçon assiste malgré lui à la danse invocatoire d'une femme, au cours d'un rituel destiné, « avec musiciens nègres et dépeçage d'un coq blanc vivant », à sauver la tante Maïssa possédée par les djenoun. « Je croyais entendre et sentir le déchirement des chairs dans l'atroce bataille contre le rythme, contre les démons, lorsque la danseuse folle se retourna : c'était ma mère ! ma propre mère, ma mère... Mon mépris, mon dégoût, ma honte se concentrèrent, se précisèrent. [...] En cette femme qui

1. Henri Michaux, *La nuit remue* (1938), Gallimard, 1967, p. 101.
2. J.M. Coetzee, *Disgrâce, op. cit.*, p. 79.

dansait devant moi, les seins à moitié nus, livrée inconsciente à ces dérèglements magiques, je ne retrouvais rien, je ne comprenais rien[1]. » L'apparition met en lumière un double sentiment contradictoire : d'un côté, l'enfant insatisfait, souffrant du côtoiement et de la promiscuité, ne se reconnaît pas dans sa famille ; de l'autre, il veut que ses parents se ressemblent à eux-mêmes, qu'à aucun moment, en aucun lieu, ils ne lui apparaissent sous un jour différent, qu'ils restent à la place qu'il leur a assignée dans son imaginaire.

Y a-t-il, de ce point de vue, expérience plus traumatisante que celle décrite par Mishima, qui nous présente un enfant témoin des rapports sexuels extraconjugaux de sa mère, tandis que son père, qui assiste à la scène, tente de la masquer à ses yeux ? Toutes les conditions sont alors réunies pour un bouleversement du roman familial, et pour l'apprentissage d'une honte absolue.

Mais l'irréversible désir de défaire le lien peut être vécu dans l'autre sens. Sutpen, personnage de Faulkner dans *Absalon, Absalon !*, renie son enfant pour cause de métissage. Dans *Le jour où je n'étais pas là*, Hélène Cixous raconte un cas limite qui entraîne une série de hontes : honte d'avoir fait un fils mongolien, honte de l'avoir laissé à sa mère, mais aussi honte à l'égard du monde des êtres mongoliens, un monde à la fois autre et sans distinction possible (« Tous les mongoliens se ressemblent. Encore une honte[2] »). La honte filiale-parentale n'est pas seulement triangulaire, elle est en quelque sorte kaléidoscopique. La demeure familiale est comme un panoptique où se réfracte de mille façons le sentiment lancinant, pour chacun, quoi qu'il fasse, d'être toujours en défaut et en faute. Dans un jeu de

1. Albert Memmi, *La Statue de sel* (1966), Gallimard, « Folio », p. 180.
2. Hélène Cixous, *Le jour où je n'étais pas là*, Galilée, 2000, p. 71.

miroirs infernal où les regards trop proches se contaminent les uns les autres, où le père et la mère sont aussi prisonniers du regard filial, l'enfant multiplie les apprentissages humiliants – honte de soi, honte du nom, honte de l'origine, honte des parents, honte du groupe et de la communauté – et se sent pris dans la spirale des défaillances réciproques.

Le moyen radical de contrer cette gêne spéculaire consisterait à se murer dans le silence d'une forteresse familiale, une « famille en pierre », désincarnée, hors de toute communauté des regards. C'est ce que raconte Duras dans *L'Amant*: « C'est une famille en pierre, pétrifiée dans une épaisseur sans accès aucun. Chaque jour nous essayons de nous tuer, de tuer. Non seulement on ne se parle pas, mais on ne se regarde pas. Du moment qu'on est vu, on ne peut pas regarder. Regarder, c'est avoir un mouvement de curiosité envers, c'est déchoir. Aucune personne regardée ne vaut le regard sur elle. Il est toujours déshonorant. Le mot conversation est banni. Je crois que c'est celui qui dit ici le mieux la honte et l'orgueil. Toute communauté, qu'elle soit familiale ou autre, nous est haïssable, dégradante. Nous sommes ensemble dans une honte de principe d'avoir à vivre la vie[1]. »

Qu'est-ce qui m'insupporte tant lorsque, enfant, je suis tout à coup gêné, honteux de mes parents ? C'est que j'éprouve l'angoisse de la ressemblance. « Je trouvais ma mère voyante, écrit Annie Ernaux. Je détournais les yeux quand elle débouchait une bouteille en la maintenant entre ses jambes. J'avais honte de sa manière brusque de parler et de se comporter, d'autant plus vivement que je sentais que je lui ressemblais[2]. » Jankélévitch montre comment l'altérité minimale, l'insupportable

1. Marguerite Duras, *L'Amant*, Minuit, 1984, p. 69.
2. Annie Ernaux, *Une femme* (1987), Gallimard, « Folio », p. 63.

proximité de l'autre peuvent engendrer la haine, l'autoflagellation et la honte de soi[1]. Dans la famille juive tunisienne d'Albert Memmi, on habite tous ensemble, ou pas très loin les uns des autres. On vit en tribu. On se réunit le soir. On ne peut fuir les regards. On subit l'indiscrétion quotidienne. Ce n'est pas comme chez Duras une famille de pierre, c'est une famille de verre : « Ainsi chacun restait transparent pour tous, et mettant en commun leurs difficultés et leurs espoirs, ils avaient une âme commune. Ils se ressemblaient tous, d'ailleurs. Grands et maigres, la tête petite précédant le corps, ils avaient la même silhouette. Autour de la table de l'oncle, le soir, leurs têtes rapprochées par-dessus la toile cirée, ils rappelaient un repas de bêtes de la même portée. [...] Au passage, je découvris et détestai la tribu[2]. » Impossible solitude : être seul, c'est un privilège de riche. Ici, c'est une « surveillance de chacun par tous ». Dans cet étouffoir de manies, de tics et de mépris réciproque, la honte prolifère, tel un parasite.

L'angoisse de la ressemblance est certainement activée par la conscience d'une infériorité sociale transmise familialement. Mais ce n'est pas nécessairement une angoisse de pauvre. Dans *Un jeune homme seul*, un roman autobiographique de Roger Vailland, Eugène-Marie Favart voit son père (qui reçut de sa mère, à l'âge de dix-neuf ans, une gifle pour cause d'échec au concours de l'École polytechnique) pâlir ou rougir chaque fois qu'il éprouve une émotion. « Cet homme n'a pas le contrôle de son sang », commente-t-il. Assistant en direct aux humiliations paternelles, le fils se trouve ainsi assiégé par une honte héritée, qu'il doit revivre par procuration. De sorte que, pour devenir

1. Cf. Vladimir Jankélévitch, *Quelque part dans l'inachevé*, Gallimard, 1978.
2. Albert Memmi, *La Statue de sel*, *op. cit.*, p. 76-77.

un homme, il doit non seulement surmonter cette épreuve, mais éradiquer les traces de la honte transmise, se faire contre le père : « Eugène-Marie se sent rougir. Il s'en veut furieusement de rougir, parce qu'il pense qu'il n'a pas plus de caractère que son père. » Papa manque de sang-froid ? Je ferai tout pour ne pas lui ressembler. J'apprendrai, moi, à ne pas rougir. Eugène-Marie écrira dans son journal d'adolescent : « Il n'est pire douleur que le sentiment de la honte[1]. »

C'est peut-être Paul Nizan qui exprime le mieux, dans *La Conspiration*, comment l'angoisse de la ressemblance dépasse les contingences de l'origine ou de l'appartenance sociale. Dans le rapport spéculaire aux géniteurs, nous contemplons avec effroi notre avenir. Notre propre vie est en jeu. Le jeune Bernard Rosenthal, fils d'un agent de change, habite un grand appartement solennel avenue Mozart. « Il lui suffisait de regarder son père pour imaginer avec une exactitude insupportable l'avenir de son propre corps. [...] Il est affreux de ressembler à son père, à sa mère, de se prévoir. On ne peut consentir à vivre qu'en ignorant tout du style de sa mort et des formes de son vieillissement[2]. » Bernard est donc en rupture de ban. Tous les rituels familiaux lui sont insupportables. Il a déjà commencé à trahir son milieu.

Telle serait donc la seule issue : trahir. Comment en effet, au cours de cette « tentative d'évasion », face à l'angoisse de la ressemblance (ou du dépassement impossible), ne pas faire volte-face, ne pas se cabrer contre les proches, par une sorte de reniement ? Dans un récit d'enfance de Coetzee, le jeune garçon pense

1. Roger Vailland, *Un jeune homme seul* (1951), Grasset, « Les Cahiers rouges », p. 72.
2. Paul Nizan, *La Conspiration* (1938), Gallimard, « Folio », p. 134.

avec un « irrésistible sentiment de culpabilité[1] » au jour où il devra s'affirmer et repousser brutalement sa mère. « Elle a cessé d'être mon modèle », écrit à propos de la sienne Annie Ernaux : dès l'école, la fille de petits commerçants commence à se détourner de son milieu d'origine, à trouver que ses parents sont « des boutiquiers minables et cracras ». La trahison, consommée lorsqu'elle est reçue aux épreuves du CAPES, engendre une nouvelle honte, qui se greffe sur la honte de l'enfance, celle du transfuge.

C'est une tout autre trahison que Philip Roth raconte, à travers le personnage central de *La Tache*. Ce que Coleman Silk éprouve vis-à-vis de sa famille, plus encore qu'une angoisse de la ressemblance, c'est une détestation de la condition qui lui est imposée : être noir aux États-Unis. À l'âge de dix-huit ans, au moment de remplir les formulaires d'enrôlement dans la marine, il s'est fait passer pour blanc (car il a la peau blanche). Son père venait de mourir, son grand frère était de l'autre côté de l'océan, et, après avoir subi l'humiliation liée à sa situation, il a cru être libre de s'en défaire : « Libre, sur une échelle inimaginable pour son père. Aussi libre que son père ne l'avait pas été. Libéré désormais non seulement de son père, mais de tout ce que son père avait dû endurer. Obligations, humiliations, obstructions. Blessure, souffrance, bonne figure, honte – toutes les douleurs secrètes de l'échec, de la défaite[2]. » S'il a brûlé son passé, c'est par un désir de rupture radicale avec sa famille et ses origines, mais aussi pour un « grandiose idéal de vie ». Et le voilà pris, pour toute une vie, au piège de son imposture. Revoyant sa mère, il lui déclare : « Tu n'es plus ma mère, tu ne l'as jamais été. »

1. J.M. Coetzee, *Scènes de la vie d'un jeune garçon* (1997), trad. Catherine Glenn-Lauga, Seuil, « Points », p. 142.
2. Philip Roth, *La Tache*, *op. cit.*, p. 140.

Le grand mensonge de Coleman Silk le contraint à un exil au plus loin de son origine. Mais qui dira le lien entre une première petite trahison honteuse et la suite d'une existence? Leiris est en cinquième au lycée Janson-de-Sailly, ses condisciples appartiennent dans l'ensemble à des familles plus riches que la sienne, sa mère est venue le chercher, il la trouve trop peu élégante, alors il prétend, auprès d'un camarade, qu'elle est son institutrice. L'écrivain compare ce geste d'enfant au reniement de saint Pierre: «Moi, c'est ma mère que j'ai reniée[1].»

C'est chez le fils d'une famille patricienne de Zurich, habitant une somptueuse villa au bord du lac, que l'angoisse de la ressemblance trouve sa version existentielle et littéraire à la fois la plus radicale et la plus impuissante: Fritz Zorn (refusant la grimace comme Gombrowicz, autre enfant de l'aristocratie) est animé par une pulsion tellement irrépressible de non-ressemblance, par un désir de différenciation tellement impossible à accomplir qu'il va jusqu'à la destruction de soi. «C'est cela ma tâche: me délivrer du tourment écrasant de mon passé.» Ses parents n'ont fait que l'«élever comme il faut». Or il est en train de mourir du «comme il faut», de l'excès de décence. Tout le récit de Zorn nous raconte cette recherche éperdue, suicidaire, d'une distinction de soi irréalisable dans son corps; de même, son âme «est envahie par la prolifération du corps étranger "parents"». Et peut-être devra-t-il payer de sa mort «sa volonté d'être-autre-que-ses-parents»[2].

L'ethos littéraire contemporain ne procède-t-il pas de ce désir effréné d'un «être-autre-que-ses-parents»? Si la littérature contemporaine semble souvent exprimer (en particulier à travers

1. Michel Leiris, *À cor et à cri*, Gallimard, 1988, p. 66.
2. Fritz Zorn, *Mars*, *op. cit.*, p. 249 et 252.

les grands récits de l'enfance et de l'adolescence) une sorte de phobie à l'égard de l'engendrement, c'est qu'elle vise une singularité contrariée par le groupe familial. Dans l'espace de la fiction se rejoueront sans cesse les drames de la dissemblance ostracisante et de la ressemblance insupportable. L'écrivain sera l'enfant du reniement ou ne sera pas.

« À jamais séparé des autres »

Quelle vie de vivre dans un monde de regards !

Paul Nizan

Lorsqu'un écrivain nous plonge dans les arcanes de son enfance, il nous décrit le plus souvent l'apprentissage de sa solitude – un départ au plus loin de sa famille de verre ou de pierre. La vocation littéraire tire son origine d'une telle séparation. Voilà pourquoi il arrive qu'elle ne soit pas étrangère à des questions du genre de celles-ci : comment se manifeste la honte à l'égard des parents ? Quand commence-t-elle ?

À en croire un récit d'Albert Memmi (né à Tunis en 1920 dans une famille juive pauvre), une scène originale aura servi de révélateur. L'enfant tout à coup s'est pris à regarder ses parents avec l'œil de l'autre : « Je les vis, pour la première fois, gauches et honteux d'eux-mêmes... Ils chuchotaient, probablement gênés de leur patois, qui m'apparut vulgaire et déplacé [1]. » Au contraire, c'est très tôt, mais progressivement, et là aussi à travers le regard porté sur ses parents, que le personnage éponyme du roman de Nizan, Antoine Bloyé, fils de cheminot (comme le père de

1. Albert Memmi, *La Statue de sel*, *op. cit.*, p. 59.

l'auteur), éprouve un sentiment de classe sur lequel se bâtit sa posture : « Cependant, Antoine, avec les années, commençait à souffrir de plusieurs choses qu'il voyait. Par exemple, qu'on fît à ses parents des charités déguisées, qu'on leur envoyât, parce qu'ils étaient dociles et respectueux, de vieux pantalons, de vieilles vestes qui pouvaient encore faire bon usage sur des dos moins exigeants que ceux de leurs anciens maîtres. Sa mère allait, par faveur, faire les grosses lessives du chef de gare : ce sont des services qu'on ne peut refuser à des supérieurs. On payait son père pour de petites commissions qu'il faisait[1]. »

Mais ce peut être aussi le regard de l'autre sur soi, en l'absence des parents, qui produit un sentiment jusqu'alors inconnu, celui d'être pris avec eux comme cible d'un tiers. Albert Cohen raconte dans une interview sa première expérience de l'antisémitisme en France : après un pogrom, ses parents ont fui Corfou pour Marseille (où il se retrouve, au lycée, condisciple de Marcel Pagnol). « Un jour, en sortant de classe, je me suis arrêté devant l'étalage d'un camelot qui vendait un détacheur universel. Je m'en souviens encore comme si c'était hier. L'homme était grand avec une moustache blonde. Tout à coup il me regarde fixement : "Toi tu es un petit youpin. Hein, ton père est de la finance internationale, tu es de la confrérie du sécateur, hein, tu aimes l'argent, tu roules les chrétiens. Fous le camp, on ne veut pas de toi ici, retourne à Jérusalem." Autour de moi personne pour élever la voix. Absolument abasourdi, je suis parti seul, petit enfant honni. Je ne suis pas rentré à la maison, j'ai erré à travers les rues, je suis allé à la gare, dans l'idée de partir. Je me sentais à jamais séparé des autres[2]. »

1. Paul Nizan, *Antoine Bloyé*, *op. cit.*, p. 56.
2. Cette anecdote est au cœur d'un livre d'Albert Cohen, *Ô vous frères humains* (Gallimard, 1972).

Autre scène primitive : la honte de l'enfant déplacé et orphelin, celle de Camus, dans un quartier populaire d'Alger, qui se raconte à travers Jacques Cormery, l'enfant du *Premier Homme.* Il est pupille de la nation, son père est mort à la guerre, sa mère fait des ménages. Que mettre en face de la mention « profession des parents » ? Dans un premier temps, il écrit « ménagère ». Non, lui dit son copain Pierre (qui de son côté peut se prévaloir d'une mère « employée des PTT »), cela ne convient pas, « je crois qu'il faut mettre domestique ». « Jacques se mit à écrire le mot, s'arrêta et connut d'un seul coup la honte et la honte d'avoir eu honte. »

Camus décortique avec précision cet apprentissage de la honte : « Un enfant n'est rien par lui-même. Ce sont ses parents qui le représentent. C'est par eux qu'il se définit, qu'il est défini aux yeux du monde. C'est à travers eux qu'il se sent jugé vraiment, c'est-à-dire jugé sans pouvoir faire appel, et c'est ce jugement du monde que Jacques venait de découvrir, et avec lui, son propre jugement sur le mauvais cœur qui était le sien. Il ne pouvait pas savoir qu'on a moins de mérite, devenu homme, à ne pas connaître ces mauvais sentiments. Car on est jugé, bien ou mal, sur ce qu'on est et beaucoup moins sur sa famille, puisqu'il arrive même que la famille soit jugée à son tour sur l'enfant devenu homme. Mais il eût fallu à Jacques un cœur d'une pureté héroïque exceptionnelle pour ne pas souffrir de la découverte qu'il venait de faire, de même qu'il eût fallu une humilité impossible pour ne pas accueillir avec rage et honte cette souffrance de ce qu'elle lui découvrait de sa nature[1]. »

Il y aurait un événement fondateur de la honte : c'est ce qu'affirme Annie Ernaux dans un récit précisément intitulé

1. Albert Camus, *Le Premier Homme*, Gallimard, 1994, « Folio », p. 222-223.

La Honte. Tout aurait commencé pour elle un dimanche de juin 1952. Elle a douze ans, elle entend des sanglots et des cris, elle voit son père, qui tient une serpe à couper le bois, agripper sa mère par les épaules ou par le cou, elle croit que son père veut tuer sa mère. Elle entre alors dans un autre temps, celui où « elle ne cessera plus d'avoir honte ». Telle serait la scène première de sa honte à elle. À partir de cet événement, la vie de l'enfant est remise en perspective, sa situation est tout entière redéfinie. Aucun indice signifiant sa place dans la société ne lui échappe plus. « Tout de notre existence est devenu signe de honte. La pissotière dans la cour, la chambre commune – où, selon une habitude répandue dans notre milieu et due au manque d'espace, je dormais avec mes parents –, les gifles et les gros mots de ma mère, les clients ivres et les familles qui achetaient à crédit[1]. »

C'est à partir de sa honte que l'enfant a intériorisé le regard d'autrui, le saisissant partout autour d'elle. Dès lors, être ethnologue de soi-même, reconstituer le monde des perceptions de l'enfance, avec ses rituels, ses lois, ses règles et ses convenances, c'est aussi être ethnologue et sociologue de sa honte. « La honte est devenue un mode de vie pour moi. À la limite je ne la percevais plus, elle était le corps même[2]. »

Dieu merci, se dira le lecteur libéré (des mains de qui le livre d'Annie Ernaux sera évidemment tombé), la honte n'est pas mon mode de vie, nous avons surmonté ce sentiment et jusqu'à son souvenir. Une honte d'enfant ? Non, je ne vois pas. Peut-être, je vous le concède, l'ai-je mise sous scellés. Mais justement, quelle joie de lire un récit d'enfance où la honte a été évacuée ! Tenez, par exemple *Les Ritals,* de Cavanna. Là au

1. Annie Ernaux, *La Honte, op. cit.*, p. 138.
2. *Ibid.*, p. 140.

moins, on est au plus loin de ces affres. On nous raconte ce qui reste de mieux lorsque l'enfance est passée et qu'on n'en retient plus que la légèreté, les occasions de rire, les situations cocasses – bref, lorsqu'on la sublime dans l'humour.

Oui, c'est vrai, dans ce cas l'art du conteur a pu produire, à partir de l'enfance, une comédie. Mais que s'est-il passé dans les coulisses ? Une vie racontée n'est pas la vie vécue. Chacune des deux a ses tours de passe-passe. On peut cloisonner. Cavanna avoue dans un témoignage : « j'avais honte de mon père[1] ». Et l'on peut raisonner à l'inverse de ceux qui ne veulent pas reconnaître dans un livre les blessures du passé : savoir gré à l'écrivain, après Rousseau, de nous livrer (du moins en apparence) son enfance nue, afin de nous délivrer du fardeau de la nôtre ; dire pour nous ce que nous n'avons jamais osé avouer ou nous avouer à nous-même. Rien de tel qu'un bon récit de honte pour que nous puissions nous identifier, nous retrouver dans le tourment de notre enfance : ainsi, je ne suis pas le seul…

1. Cf. Marcel Bisiaux et Catherine Jajolet, *À ma mère. 60 écrivains parlent de leur mère*, Pierre Horay, 1988

Boursiers de la honte
(Memmi, Camus, Nizan)

Au risque de ravaler la phobie de la ressemblance à sa dimension sociologique, il faut bien en venir à un de ses ferments : la honte du rang social. Elle hante tel un cliché les basses œuvres du récit d'enfance. « Comment ne pas avoir honte de sa condition, écrit Memmi, Juif tunisien et enfant de famille pauvre, après avoir été méprisé, moqué ou consolé depuis l'enfance ? » Plus tard, la honte transmise pourra se transmuer en un héritage salutaire. Une fois sorti de la dèche, le fils de pauvre disposera d'un petit capital symbolique, qu'il pourra éventuellement faire prospérer. Repassant dans les sillons de sa vie antérieure, il ne manquera pas d'affirmer sa fidélité à ses origines humbles. Sans aucun doute, la honte sociale est tenace, elle laisse des traces ineffaçables. Il n'empêche : proférée à partir d'une situation confortable, sa revendication est parfois ambiguë. L'adulte peut bien désormais vivre dans un monde radicalement nouveau, jouir d'une reconnaissance sociale incontestable, il persiste à arborer, telle une marque de fabrique, le legs intact de sa naissance. Surtout s'il est écrivain ; surtout s'il a affaire à des intellectuels d'une autre trempe, des héritiers avec lesquels il devra croiser le fer.

Il est vrai que la honte de l'enfant pauvre apparaît comme un roman d'apprentissage. Et l'on apprend très vite, en bas de l'échelle sociale, à s'accommoder à l'« optique des gradins sociaux ». C'est que les infériorités sont visibles à l'œil nu. « Il était normal d'avoir honte, écrit Annie Ernaux, comme une conséquence inscrite dans le métier de mes parents, leurs difficultés d'argent, leur passé d'ouvriers, notre façon d'être. » Cela commence souvent comme une illumination à rebours, à la façon de Pip, le personnage de Dickens qui, dans *Les Grandes Espérances*, revient de chez Miss Havisham après avoir été humilié par Estella : « Je songeais, tout en marchant, à ce que j'avais vu, retournant sans cesse dans ma tête que j'étais un vulgaire petit ouvrier ; que mes mains étaient grossières ; mes souliers, épais ; que j'avais pris la ridicule habitude d'appeler les valets de Jacques ; que j'étais beaucoup plus ignorant que je l'avais cru l'année précédente ; et, d'une façon générale, que je menais une vie basse et vulgaire. »

De la même façon, il faut une révélation à Albert Memmi enfant pour reconnaître sa pauvreté et celle des siens. Jusqu'alors, il se croyait préservé, au point de s'associer au mépris général à l'encontre d'un certain Fraji Choulam, très visiblement miséreux, or voici que le Fraji en question lui fait découvrir le point commun qui les relie : leurs vêtements, à tous deux, n'ont pas été achetés par leurs parents, ils les tiennent d'autres enfants. La honte, le petit Albert l'a maintes fois lue dans les yeux de l'autre, à qui désormais il s'identifie. « Je réalisais pleinement la souffrance de Fraji, la honte que j'avais versée sur lui, devant Chouchane et les autres. C'était ma souffrance et ma honte ; me pesait sur les épaules le même mépris, j'avais ses cheveux collants de crasse et ses yeux en phare d'auto, je me sentais Fraji. Depuis, lentement, m'a gagné cette gêne vestimentaire du pauvre honteux[1]. » Et il ne

1. Albert Memmi, *La Statue de sel*, *op. cit.*, p. 42.

peut plus croire au beau conte de sa mère selon lequel ce n'est pas une honte d'être pauvre. « Oh si ! il est honteux d'être pauvre ! cela je le savais par les murmures de mes parents [...]. Et je méprisais les pauvres. »

Être né pauvre, cela donne des ailes à vos humiliations. « La pauvreté, écrit Levinas, n'est pas un vice, mais elle est honteuse car elle fait transparaître comme les guenilles du mendiant la nudité d'une existence incapable de se cacher. » La honte du pauvre s'éprouvera donc particulièrement dans la transparence d'un corps, dans l'engoncement trop visible de la vêture. Dans *Antoine Bloyé*, Paul Nizan nous dévoile, à travers l'histoire déguisée de son père, les arcanes de son origine familiale. Il arrive qu'Antoine, fils de cheminot, accompagne sa mère lorsqu'elle fait des journées pour un grand nettoyage ou une grosse lessive, « chez des dames », lesquelles donnent des conseils à « la mère Bloyé » : « Antoine n'ouvrait pas la bouche, ce qu'il ferait ne regardait pas ces longues jupes, ces guipures, ces cols à baleines, il ne savait où mettre ses poignets qui sortaient un peu trop de ses manches, ses manches qui venaient peut-être d'un vieux pardessus donné par ces dames, il regardait ses gros souliers, les fillettes debout à côté des dames regardaient aussi ses gros souliers. Antoine haïssait ces dames et leurs filles[1]... »

Mais l'humiliation, cela donne aussi des ailes au désir de revanche. D'origine modeste, boursier, Antoine devient un bon élève de la République, et c'est précisément sa réussite scolaire qui lui fait mesurer le chemin à parcourir. Au cours d'une distribution des prix où il reçoit tous les honneurs, il croit entendre une dame rire de lui, l'appeler « ce petit paysan ». Le soir de cette « victoire enfantine », il pense que sa mère ne sait pas écrire, qu'elle parle le patois de son pays gallo, qu'elle dit

1. Paul Nizan, *Antoine Bloyé*, *op. cit.*, p. 69.

« un translantique », « driver » pour « vagabonder », et qu'elle est superstitieuse. Chez lui (comme chez l'Eugène-Marie Favart de Vailland), très tôt la honte fait place à l'orgueil, à la haine et à la colère.

Ce n'est pas le même cas qui se présente dans le récit d'enfance de Camus, autre boursier. Les données de départ sont pourtant semblables. Parmi les hontes du jeune Camus (par excellence des hontes de pauvre, auxquelles s'ajoutent des hontes de déplacé), celle du vêtement figure en bonne place. Les habits imposés, mal ajustés, trop lâches ou trop étroits sur un corps raidi, trop longs surtout car la grand-mère les achète pour qu'ils durent, ponctuent toute sa vie d'enfant, comme la trace ineffaçable de son origine. « Jacques grandissait lentement et ne se décida vraiment à pousser que sur ses quinze ans, et le vêtement était usé avant d'être ajusté. On en rachetait un autre selon les mêmes principes d'économie, et Jacques, dont les camarades moquaient l'accoutrement, n'avait plus que la ressource de faire bouffer ses imperméables à la ceinture pour rendre original ce qui était ridicule[1]. » Lors de sa première rentrée au lycée, Jacques Cormery est « mal assuré sur ses grosses chaussures neuves, engoncé dans une chemise qui gardait encore son apprêt, bardé d'un cartable fleurant le vernis et le cuir[2] ».

Cette honte de soi comme enfant pauvre est redoublée par la honte d'une grand-mère et d'une mère illettrées qui ne savent même pas signer un document. Lors des séances de cinéma muet, l'enfant doit lire à la grand-mère les textes projetés à l'écran, les répéter toujours plus fort afin de se faire entendre d'elle malgré le bruit du piano pendant que des « chut » le jettent

1. Albert Camus, *Le Premier Homme*, *op. cit.*, p. 98-99.
2. *Ibid.*, p. 219.

« dans une vilaine honte »[1]. De telles expériences condamnent dans un premier temps à un silence malheureux. Dans un second temps, avec l'accès au savoir et la fréquentation du lycée, naît la conscience d'une fracture irrémédiable avec la parentèle. « Au lycée même, il ne pouvait parler de sa famille dont il sentait la singularité sans pouvoir la traduire, si même il avait triomphé de l'invincible pudeur qui lui fermait la bouche sur ce sujet[2]. »

Mais Camus, ou plutôt Cormery, se sent toujours solidaire. C'est que par une sorte de rage, mais aussi « un dur et mauvais orgueil », il a surmonté sa blessure d'enfant. « Avec tout cela, Jacques ne désirait nullement changer d'état ni de famille, et sa mère telle qu'elle était demeurait ce qu'il aimait le plus au monde, même s'il l'aimait désespérément. Comment faire comprendre d'ailleurs qu'un enfant pauvre puisse avoir parfois honte sans jamais rien envier[3] ? »

Tel est le récit rétrospectif, peut-être réenchanteur. Albert Camus fut-il toujours aussi désireux que Jacques Cormery de ne jamais changer d'état ni de famille ? Un peu à la façon de Péguy, il veut se sentir définitivement taillé à l'aune de son origine. Jamais il ne se voit, vis-à-vis de sa mère, comme Annie Ernaux, en ennemi de classe – ou, comme l'Antoine Bloyé de Nizan, en revanchard. Jamais il n'évoque une trahison possible. Mais lorsque l'origine dont il se revendique fait retour, c'est peut-être elle en fin de compte qui le trahit. « Il se peut que vous ayez été pauvre », lui dira Sartre, lors de la polémique autour de *L'Homme révolté*. Formulé par l'héritier faisant ironiquement la leçon au boursier, ce « il se peut » est assassin. D'un trait de plume, il relègue les anecdotes de l'enfance pauvre, ses misères et ses

1. *Ibid.*, p. 109-110.
2. *Ibid.*, p. 221.
3. *Ibid.*, p. 223.

humiliations, dans les recoins d'un vieux bazar aux souvenirs, tels des hochets qu'on exhibe sur une étagère poussiéreuse. Allons, Camus, nous sommes face à face, désormais. Parlons au présent.

Héritiers de la honte
(Appelfeld, Bassani, Gombrowicz)

> Qui d'entre nous, une fois en sa vie, saisi, surpris, perclus de honte, n'a souhaité mourir à l'instant ?
>
> Jean-Paul Sartre

La honte sociale et enfantine serait-elle un domaine réservé aux humbles ? la marque déposée de leur sensibilité ? La réduire à une sorte d'anti-privilège lié à une naissance miséreuse ou modeste, ce serait méconnaître la profonde solidarité entre le maître et l'esclave, entre l'asservissement et la servitude, mais aussi et surtout les voies détournées, innombrables, de la honte, ses ruses et ses capacités à s'emparer de tous les corps.

Car il faut admettre que la honte a l'esprit large. Elle est comme un usurier à l'égard de ses créanciers : sans préjugé aucun. Le boursier lui remboursera ses dettes, à vie – il est son mont-de-piété. Mais l'héritier pourra souscrire auprès d'elle d'étranges impôts qui seront la mauvaise conscience de sa grande fortune. Et qui dira la honte du petit-bourgeois ? Celle de l'enfant de petit fonctionnaire médiocre, enfermé dans un avenir rétréci, avec pour seul horizon des études besogneuses, une vie où il lui faudra **jusqu'au bout** faire ses preuves pour tenir sa place dans l'ascenseur social ? Ou encore celle de l'enfant terrorisé à l'idée de décevoir ses parents qui ont misé sur lui comme sur un cheval de course ? (Car, reconnaissons-le, être la honte de ses parents, ce n'est pas facile à vivre, mais être la fierté de ses parents, quelle lourde charge à porter ! Si bien qu'il n'est pas sûr que dans cet autre cas de figure, par la crainte de ne jamais être à la hauteur, on ne soit pas aussi, d'une autre façon, exposé.)

Certaines hontes sont vivables, ou se transforment. D'autres sont sans issue. Parmi les expériences multiples de la nudité, des nudités sont plus nues que d'autres. Les meurtrissures sociales, comme les secrets de famille, sont inégalement distribuées. C'est une épreuve de se voir comme un personnage ridicule dans le spectacle « douloureusement comique » du monde. Celle d'être confronté au *Lager* ou à la Kolyma est incommensurable.

En fin de compte, toutes les classes ne fournissent-elles pas des parents pauvres, des rejetons rejetés et des enfants prodigues ? Et toutes les époques ne suscitent-elles pas des hontes nouvelles ? Précisons tout de même qu'il y a des héritages plus lourds que d'autres. Et des situations géopolitiques plus aliénantes. Aharon Appelfeld raconte de multiples histoires de Juifs honteux et d'enfants de Juifs honteux. Dans *Le Temps des prodiges*, un fils assiste aux terribles mésaventures de son père, Juif dans l'Autriche antisémite de 1938, contraint, malgré lui, de révéler les origines qu'il cherche à effacer. Dans *L'Amour, soudain*, c'est un autre fils qui fait le bilan honteux de son passé : bolchevik dans l'Armée rouge, il a renié son origine juive, et n'a pas compris le silence de ses parents. Bilan proche, sans doute, de celui de Benny Lévy, Juif égyptien apatride, qui, après avoir éprouvé la honte de l'intellectuel, la honte du gauchiste universaliste oublieux de son origine juive, ressentit la « honte brûlante » d'avoir longtemps joué au « singe savant de l'Occident », au point de voir désormais dans les Juifs du siècle des « Juifs honteux »[1].

Se réveiller Juif malgré soi en Autriche, le matin du 12 mars 1938, voir flotter autour de soi, aux fenêtres, le carré d'étoffe rouge sang avec l'araignée noire sur fond blanc, quitter ce pays, partir avec sa femme pour Anvers, se sentir « réfugié anonyme », avoir honte désormais de parler sa propre langue, devenue la langue des nazis, être torturé, déporté à Auschwitz-Monowitz, en réchapper, connaître la honte du survivant, ne plus se sentir chez soi nulle part, écrire sous un pseudonyme : telle est l'histoire de Jean Améry telle qu'il l'analyse dans *Par-delà le crime et le châtiment. Essai pour surmonter l'insurmontable.*

Vous êtes juif cette même année 1938 dans l'Italie mussolinienne, fils d'une famille juive respectable, intégrée à l'élite bourgeoise de Ferrare. Des lois raciales viennent d'être promulguées. Vous assistez à une campagne systématique de dénigrement contre les Juifs. Vous êtes alors partagé entre la honte et l'aversion. Ainsi, le narrateur juif dans le récit de Giorgio Bassani, *Les Lunettes d'or*: sentant naître en lui, « avec une indicible répugnance, la vieille et atavique haine du Juif pour tout ce qui est chrétien, catholique : bref, pour tout ce qui est *goy* », il a désormais le sentiment d'être condamné à retourner dans le ghetto de ses ancêtres. « *Goy, goïm* : quelle honte, quelle humiliation, quel dégoût j'éprouvais de m'exprimer ainsi ! Et pourtant j'y parvenais déjà, tel un quelconque Juif de l'Europe orientale, qui n'aurait jamais vécu hors du ghetto[2]. »

1. Cf. Benny Lévy, *Être juif. Étude lévinassienne*, Verdier, 2003.

2. Giorgio Bassani, *Les Lunettes d'or*, in *Les Lunettes d'or et autres histoires de Ferrare* (1958), trad. Michel Arnaud, Gallimard, « Folio », p. 404.

L'histoire des oppressions et des persécutions, opposant un déni d'origine à toute dignité, produit des déplacés, des écorchés, des exilés à vie. Voici une autre situation inextricable : Blanc en Afrique du Sud. Comment votre honte personnelle serait-elle séparable de votre situation sociale et familiale, et de la situation historique dans son ensemble ? Éprouvant la honte du colonisateur, dominant illégitime, Coetzee se sent étranger au groupe des Afrikaners, très éloigné des métis, et pas vraiment anglais. Dans son enfance, il ressent une honte particulière à l'égard d'un garçon pauvre, métis ; de sorte qu'il rentre la tête dans les épaules et ne veut même plus le regarder, malgré sa beauté. Avec son corps « tout neuf », « intact », ce métis lui est un « vivant reproche » : il lui semble innocent « alors que lui, sous l'empire de ses sombres désirs, est coupable »[1].

Mais, après tout, qui sait si le métis de Coetzee n'a pas honte, lui aussi, pour des raisons toutes différentes, sans que cela soit aucunement perceptible aux yeux des autres ? À chacun sa honte, irrévocable, cloisonnée, comme à chaque groupe humain. Et en même temps, dans la honte comme dans la mort, le maître et le dominé sont fondamentalement solidaires. Au fond de soi chacun est nu, d'une nudité qui ne ressemble à aucune autre et qui les vaut toutes.

Polonais, issu d'une famille de la noblesse lituanienne, d'une mère qui acceptait l'aristocratie « comme quelque chose de parfaitement naturel », Witold Gombrowicz était destiné à faire son droit. Ses parents appartenaient à une génération qui n'éprouvait pratiquement pas, au sens social, « ce que Hegel a appelé la "mauvaise conscience" ». « Nous, les Gombrowicz, nous nous sommes toujours considérés "un degré au-dessus" des pro-

1. J.M. Coetzee, *Scènes de la vie d'un jeune garçon*, *op. cit.*, p. 73-74.

priétaires terriens de la région de Sandomierz[1]. » Gombrowicz le fils eût-il adhéré pleinement à l'idéologie familiale, il serait donc devenu juriste, sans doute, conformément aux aspirations de son entourage, ou notaire. Mais c'est plus fort que lui, il ne peut s'installer dans les murs de la demeure familiale, car il prend peu à peu conscience de la relativité et de la contingence de l'héritage. Confronté à l'aristocratie, découvrant que sa noblesse n'est pas si reluisante, il éprouve tout à coup une timidité rurale et trahit le « manque d'aisance caractéristique des familles terriennes ». Il lui arrivera encore de se vanter de sa « pitoyable généalogie » et d'être pris en défaut, pour sa plus grande honte. Mais dans ce qui aurait pu être son royaume, Gombrowicz enfant, commandant un détachement de petits campagnards, a fait l'expérience ridicule de la seigneurie. « Ma situation était bizarre. Théoriquement j'étais le chef, un jeune seigneur, un être supérieur, appelé à commander – dans la pratique tous les attributs de ma seigneurie, tels que les chaussures, la veste, le cache-nez, la gouvernante et – horreur ! – les caoutchoucs me précipitaient dans un abîme d'humiliation, et je contemplais avec une admiration furtive, soigneusement masquée, les pieds nus et les chemises en grosse toile de mes sujets. Cette épreuve extrêmement dure est restée pour toujours dans ma mémoire et s'est exprimée plus tard – dans mon art – sous la forme d'une satire dirigée contre la seigneurie, la supériorité, la maturité. C'est à cette époque, à l'âge de dix ans à peu près, que j'ai découvert quelque chose d'abominable : à savoir que nous, les “seigneurs”, étions un phénomène complètement grotesque et absurde, stupide, douloureusement comique et même répugnant[2]... »

1. Witold Gombrowicz, *Souvenirs de Pologne* (1984), trad. Christophe Jezewski et Dominique Autrand, Gallimard, « Folio », p. 10.
2. *Ibid.*, p. 21.

Plus tard, Gombrowicz saura contre-attaquer. Dans son cas, le sentiment de la honte, une fois dépassé, conduira au sentiment exacerbé du grotesque. Suscitant une distance irrémédiable de soi avec soi, la honte est à la source de la littérature selon Gombrowicz comme exercice de bouffonnerie. Tant que l'on n'est pas exposé à des situations extrêmes, comme Jean Améry ou Appelfeld, l'ironie excentrique peut offrir une voie de sortie. Mais les libertés de l'écrivain sont toujours surveillées par l'Histoire. Le déni d'origine, au cœur du projet littéraire, n'est pas toujours un choix. La marginalité n'est pas nécessairement un privilège. La littérature peut être aussi désir d'origine, désir de s'originer, à nouveau, de surmonter la honte du paria.

Lieux maudits, lieux fondateurs

> Celui qui a connu l'internat connaît, à douze ans, à peu près tout de la vie.
>
> Gustave Flaubert, *Mémoires d'un fou*

Revenons à l'enfance. S'il n'y avait que papa et maman… la famille… cette expérience tourmentée, où l'on a très tôt pris ses repères comme ses habitudes… avec des réflexes de défense… Mais voici qu'on débarque en milieu inconnu, sous la menace quotidienne des autres : condisciples, pions, professeurs, compagnons de chambrée. On se sent brutalement jeté dans le monde. On se découvre brusquement une origine, un être social. On entend résonner, comme jamais auparavant, dans des voix étrangères, les syllabes du patronyme. L'écrivain se médite dans cette douleur première d'être enchaîné, à son corps défendant, à l'entrave d'un groupe.

Il y a les enfants terrorisés par des tortionnaires, les avanies spectaculaires : celles que raconte Musil dans *Les Désarrois de l'élève Törless*, celles que Gombrowicz dit avoir subies à l'école, à l'âge de onze ans – de « terribles supplices » accompagnés d'un ricanement sauvage. Mais il est d'autres dangers plus secrets, qui se cachent dans la nuit des dortoirs : « L'enfant surpris dans sa rêverie, écrit Georges-Arthur Goldschmidt, l'enfant en internat dont on rabat les couvertures est voué à une situation sans issue, surpris, exposé tel quel, voué à la honte et à la haine, peut-être jusqu'à la fin de ses jours [1]. »

Les internats, pensionnats, colonies agricoles, collèges et autres maisons d'enfants sont les bouillons de culture de la honte enfantine et adolescente. C'est là que le sujet encore balbutiant est condamné pour son malheur à la vie en commun ; là que le corps est livré, jusque dans son intimité, à un regard multiplié. Le souvenir chez Powys du pensionnat à l'école de Sherborne est lié à l'horreur de la promiscuité, et, plus précisément, à la honte d'uriner devant les autres. L'internat, se souvient Bourdieu, ne laisse aux solitudes « aucun recoin, aucun refuge, aucun répit [2] ».

Voici bien alignées, comme en rang, défilant sous la férule des surveillants, les petites et les grandes hontes de l'enfance. Dans l'ordre des humiliations subies, cependant, qui pourra prétendre établir une hiérarchie ? Prenez le nom, l'appel du nom : sans conséquence pour les uns, admettons – mais terrible poids pour les autres. Épeler son nom, le dire à haute voix, ce peut être un supplice. C'est ce qu'éprouve le jeune Albert Memmi : « Je m'appelle Mordekhaï, Alexandre Benillouche. Ah ! ce sourire fielleux de mes camarades ! À l'Impasse, à l'Alliance, j'ignorais que je portais un nom si ridicule, si révélateur. Au lycée, j'en pris conscience au premier appel. Désormais, le seul énoncé de mon nom, qui accélérait mon pouls, me faisait honte. » Alexandre : le prénom donné par les parents

1. Georges-Arthur Goldschmidt, *La Matière de l'écriture*, Circé, 1997, p. 43.

2. Pierre Bourdieu, *Esquisse pour une auto-analyse*, Éditions Raisons d'agir, 2004, p. 117-118.

en hommage à l'Occident. Claironnant, ridicule. Mordekhaï (Mridakh en diminutif, le nom du grand-père du ghetto et d'un glorieux macchabée) – marquant irrémédiablement son appartenance à la communauté et la tradition juives. Benillouche, soit Ben-Illouche, ou fils de l'agneau en patois berbéro-arabe: « De quelle tribu montagnarde mes ancêtres sont-ils sortis ? » « Toujours je me retrouverai Alexandre Mordekhaï, Alexandre Benillouche, indigène dans un pays de colonisation, Juif dans un univers antisémite, Africain dans un monde où triomphe l'Europe[1]. »

Les appellations de l'état civil sifflent parfois comme des gifles. Ce qu'elles mettent à nu aux oreilles de tous, c'est précisément tout ce que l'enfant veut cacher, tout ce avec quoi il désire rompre: l'être juif, l'habitant du ghetto, le statut d'indigène, les mœurs orientales. Ce sera surtout le Mordekhaï en lui que l'adolescent tentera d'évacuer, prenant l'habitude de le sauter dans l'énoncé de son nom, et de l'oublier « comme une vieille peau ». L'écrivain se nommera Albert Memmi : ne devient-on pas écrivain en particulier pour changer de nom ? pour renaître ? pour sortir de la honte, s'extraire d'une origine indésirable, d'une situation intenable, décalée ? En même temps, Memmi retournera à cette origine juive qui dans son enfance lui a collé à la peau, il tentera de comprendre le portrait mythique et imaginaire du Juif qui lui a été imposé[2].

Collège, internat, chambrée : chacun ici est sous le regard des autres, l'intime est sous surveillance. Après l'appel, le nom qui met chacun à sa place, vient la série des punitions qui soumettent le sujet à la règle commune. Dans *Scènes de la vie d'un*

1. Albert Memmi, *La Statue de sel*, *op. cit.*, p. 107-109.
2. Cf. Albert Memmi, *Portrait d'un Juif*, Gallimard, 1962, « Folio ».

jeune garçon, Coetzee raconte l'expérience enfantine de la non-punition comme une sorte d'apprentissage manqué : à l'école, où les coups de fouet sont un rituel, les autres enfants se font battre – lui, non. Dès l'enfance, vivant une « double vie », il s'est créé un « fardeau d'imposture ». Il n'est pas comme les autres, voilà ce qu'il croit découvrir. « À la seule idée d'être battu il se recroqueville de honte. » Mais cette honte solitaire est ostracisée par rapport à une honte collective qui peut se partager : celle des enfants battus, qui, sans se dire ouvertement, se met en commun dans des discussions sur les badines, les douleurs qu'elles infligent, la technique des maîtres. Le jeune garçon entend son père et ses oncles rapporter le souvenir à la fois cuisant et nostalgique d'une expérience humiliante qui s'est transformée en un récit commun. Mais lui se sent déjà exclu de cette chaîne des générations fouettées. En somme, pour cette raison, il n'est pas un garçon normal : « Il n'a jamais été fouetté et il en a profondément honte. Il ne peut pas parler des badines avec l'aisance de ces hommes qui savent de quoi ils parlent[1]. »

La fessée aurait-elle une vertu ? Pour Georges-Arthur Goldschmidt, réfugié dans un internat en Savoie pendant la guerre, le feu de la punition est un apprentissage, comme la honte qu'il suscite chez l'enfant. « C'est l'enfant puni qui fonde pour ainsi dire la parole. Acculé à la honte, il vit l'effondrement des mots, mais ne peut pas formuler ce vide ; il le ressent, mais ne le comprend pas, le langage lui fait défaut pour en cerner la nature. Il est réduit à la mutité, mais il ne peut en prendre conscience. Il sait au plus précis, mais ne peut pas le dire, et même s'il s'apaise peu à peu, son désespoir de n'être pas cru ne s'éteint pas[2]. » On se souvient de la remarque de Rousseau,

1. J.M. Coetzee, *Scènes de la vie d'un jeune garçon*, *op. cit.*, p. 15.
2. Georges-Arthur Goldschmidt, *Le Poing dans la bouche*, *op. cit.* p. 30

après la fameuse fessée : « j'avais trouvé dans la douleur, dans la honte même un mélange de sensualité qui m'avait laissé plus de désir que de crainte de l'éprouver derechef de la même main ». C'est par Rousseau précisément que Goldschmidt a été « initié à la souveraineté de la honte » et en même temps, si paradoxal que cela puisse paraître, à la volupté de la « honte dévorante » devenue jouissance et joie. Pour lui comme pour Rousseau, ce trouble est fondateur parce qu'il instaure un décalage et donne un pouvoir sur soi : « Rousseau avait formulé tout à la fois le plus intime et le plus inavouable : la volupté de la punition, cet incompréhensible retournement des signes qui depuis l'âge de seize ans m'avait tant affolé et surpris. D'où venait-il donc que le châtiment le plus honteux de tous donnait lieu, après coup, à une telle exaltation, à tant de volupté dans la suprême récollection, à l'écart de toute explication possible ? Personne n'avait jamais rien exprimé de semblable. [...] L'inavouable et le mensonge sans lesquels l'enfant ne saurait survivre à sa honte avaient déjà, avant toute expérience littéraire, confusément fait voir qu'on pouvait, tout aussi bien, échapper à ce que la langue disait de quelqu'un[1]. »

Mais, avant d'accéder à une souveraineté aussi paradoxale, il faut en passer par les fourches caudines d'une sorte de réprobation. Le plus inavouable en effet, pour l'enfant jeté dans le monde, c'est la honte éprouvée intérieurement, dont il se croit le seul dépositaire. La vie de collège met à nu mon indignité. N'est-il pas clair que les autres ont, eux, une place assignée, le droit d'être là en somme, un rapport sans réflexivité à leur corps ? Tandis que moi, je me traîne, je me surveille, je suis à l'évidence mal dans ma peau. Quand serai-je enfin comme les autres ? Et, en même temps, est-ce vraiment cela que je désire ?

1. *Ibid.*, p. 33.

Thomas Bernhard, nouvel arrivant dans un internat national-socialiste, à la fois catholique et nazi, perçoit cette réclusion comme un emmurement de son esprit et une atteinte à son existence même. C'est là que l'enfant connaît la tentation perpétuelle du suicide. Âgé de treize ans, partageant un dortoir avec trente-quatre garçons, il éprouve dans son corps une terrible sensation de promiscuité. Ses insomnies lui font mesurer sa singularité : alors que les autres sont enfoncés dans un profond sommeil, il ressent une blessure telle qu'elle le confine dans un état permanent d'épuisement[1].

Comment ne pas se sentir dans l'état d'un blessé perpétuel au milieu des corps rassemblés, mis à nu ? Ce pourquoi Fritz Zorn, écolier, éprouve une profonde aversion pour la gymnastique : « Là je devais me mettre à nu au sens le plus véridique du terme et exhiber ce corps que je trouvais laid. Naturellement, je n'osais pas davantage prendre une douche après les cours de gymnastique car j'avais trop honte de ma nudité. Au cours de mes années d'étude, une deuxième honte vint peu à peu s'ajouter à la première : je me rendis compte que mes camarades n'éprouvaient manifestement aucune honte et avaient un rapport beaucoup plus naturel avec leur corps que moi, et je constatai qu'ils étaient en avance sur moi, qu'à ce point de vue j'étais attardé, que je ne valais pas autant qu'eux[2]. » Au milieu des autres, d'être confronté et comparé à eux, dénudé devant eux, le sentiment de honte se fortifie, redouble de solitude, assoit une condition mentale que l'on imagine à nulle autre pareille.

1. Thomas Bernhard, *L'Origine* (1975), trad. Albert Kohn, Gallimard, « Biblos », p. 7.

2. Fritz Zorn, *Mars, op. cit.*, p. 84-85.

À propos de Rimbaud et de Jarry, Julien Gracq évoque le « ressentiment destructeur contre les lieux maudits (Charleville, Rennes) où fut trouvée emprisonnée leur jeunesse[1] ». Les internats et autres collectivités imposées seraient donc des étouffoirs ? des machines à niveler ? Mais il se trouve que la singularité a besoin d'obstacles : contre quoi se dresserait-elle, sinon contre le conformisme alentour ? Une imagination visionnaire surdimensionnée peut se fortifier dans l'humiliation et l'obligation communautaires ; il arrive qu'une singularité se forge là où précisément on a cherché à l'effacer, dans la promiscuité du pensionnat. Voyez Balzac (qui fut exilé à l'âge de huit ans dans un collège très sévère, bombardé de punitions, enfermé à plusieurs reprises pendant des jours dans un cachot), Lautréamont, Rimbaud, Zorn, Michaux, Bernhard, Powys, Modiano… Ou un Baudelaire, tout à coup propulsé loin de sa mère par un remariage, mis en pension chez les Lasègue, écrivant alors : « C'est peut-être un bien d'avoir été dénudé et dépoétisé, je comprends mieux ce qui me manquait. » Et qui pourra jamais raconter ce que vécut Marguerite Donnadieu, la future Duras, dans un pensionnat de Saigon, curieux objet de silence dans une œuvre très autobiographique ?

L'expérience de la honte au milieu des autres, comme signal d'une vocation singulière d'écrivain, c'est ce que raconte avec précision John Cowper Powys. Dans le pensionnat de l'école de Sherborne, l'enfant a été terrorisé par une foule d'émeutiers qui ont ouvert toute grande la « porte sacro-sainte » de son étude : « À mon éternelle honte (les foules continuent de m'inspirer une crainte insurmontable), l'effroi me cloua sur place. […] Être incapable d'user de mes poings en un cas de légitime

1. Julien Gracq, *Préférences*, in *Œuvres complètes*, t. I, Gallimard, « Bibliothèque de la Pléiade », p. 896.

défense, incapable de me mettre en colère devant tout le monde, incapable de me tirer honorablement d'une situation qui exigeait un peu de hardiesse naturelle – ces constatations me bouleversaient comme je n'avais jamais été bouleversé encore[1]. »

Comment se sortir de cette situation ? L'idée lui vient comme une illumination : il plaidera sa cause devant tous ses condisciples. « Oui, oui, c'était ça : j'allais me défendre, m'imposer, me racheter par la parole ! » Devant l'assemblée des élèves, il se met à nu, étale ses mortifications, ses misères, ses balourdises, va jusqu'à évoquer son ignoble façon de mâcher avec ses dents de devant. Un flot de paroles jaillit de sa veulerie, de son « ineptie », de son orgueil refoulé. Événement révolutionnaire, qui « frappe les élèves de stupeur ». Après son discours, d'abord suivi d'un silence de mort, il est acclamé par un brouhaha d'approbations. L'auditoire subjugué a dû se reconnaître à travers lui. C'est même ainsi, prétend-il, qu'il est « devenu poète », « entre les étoiles et l'urinoir ». Croyons-le sur parole, ou plutôt sur écrit. Le récit de Powys est une belle parabole sur la conversion de la honte en littérature. L'expérience humiliante meurt dans le poème, qui devient (comme pour le Jaromil de Kundera, dans *La vie est ailleurs*) la « possibilité rêvée d'une *deuxième vie* ».

Il n'empêche : la honte imaginaire de l'enfance hantera la mémoire de l'écrivain. Ses fantasmes, ses ressassements et ses relents travailleront son récit à perpétuité. La faiblesse surmontée contribuera à la force de la littérature comme fiction de soi. Dans la colonie agricole de Mettray, Genet éprouva cruellement, dit-il, « la honte d'être tondu, vêtu d'un costume infâme, d'être consigné dans cet endroit vil ». Il connut « le mépris des autres colons plus forts que [lui] et plus méchants ». Son

1. John Cowper Powys, *Autobiographie*, *op. cit.*, p. 142-143.

devenir écrivain est une réponse, un mécanisme de survie qui s'élabore pour faire face au souvenir d'une souffrance réelle ou fantasmée. Vous me voyez abject, lâche, traître, voleur, pédé ? Vous êtes prêt pour cela à faire de moi un paria ? J'irai au-devant de vos désirs. J'en ferai une singularité admirable. Ma victoire sera verbale.

Adolescence nue

J'enlaidis, mon nez rougeoya ; il me poussa sur le visage et sur la nuque des boutons que je taquinais avec nervosité. Ma mère, excédée de travail, m'habillait avec négligence ; mes robes informes accentuaient ma gaucherie. Gênée dans mon corps, je développais des phobies : je ne supportais pas, par exemple, de boire dans un verre où j'avais déjà bu. J'eus des tics : je n'arrêtais pas de hausser les épaules, de faire tourner mon nez. « Ne gratte pas tes boutons, ne tourne pas ton nez », me répétait mon père. Sans méchanceté, mais sans ménagement, il faisait sur mon teint, mon acné, ma balourdise des remarques qui exaspéraient mon malaise et mes manies.

Simone de Beauvoir

Regardez-les, ces grands dadais, ces grandes gigues, ces petits gros, ces visages rougissants, ces gamines mal dans leur peau. Ils, elles ne savent que faire de leurs bras, sont engoncés dans leurs vêtements, traînent les jambes, émettent des bredouillis. Un corps maladroit et gauche qui pousse de partout malgré soi, des seins qui surgissent, mal à l'aise d'être là, sous les regards indiscrets, l'apparition des règles qui se vit comme une souillure : c'est un âge boutonneux et mal dégrossi, bourgeonneux, turgescent et pubescent, tributaire comme jamais du langage des autres comme de leur regard, où le rougissement a gagné en gravité (l'enfant qui rougit est encore charmant, l'adolescent qui rougit commence à payer le prix de ses hontes puériles), où les mots des autres vous offensent et vous emprisonnent – la godiche, le puceau, la grande bringue, le pot, le boudin, le mal attifé, le binoclard, le gros, le racho...

À la surface des corps adolescents, la honte, ce dégoûtant désastre, est spectaculaire. Elle s'installe comme chez elle, déclenchant l'acné juvénile, fixant le regard de l'autre, dispensant ses inquiétudes sur la chair tremblante d'une jeune fille embarrassée de son corps, s'immisçant dans les pores de la peau ou dans la sonorité d'un nom devenu sobriquet. Et cela dure. À un moment de la vie où le monde charnel devrait s'ouvrir à vous, voilà qu'au contraire il se ferme. C'est l'âge où l'on s'abandonne aux « mauvaises habitudes » (l'expression se retrouve chez Mishima, Gide ou encore Amos Oz, dans son *Histoire d'amour et de ténèbres*), et l'on se sent pris malgré soi, malgré la différence des fantasmes et des secrets, dans une commune obsession – celle que raconte Mishima dans *Confession d'un masque* : « La période appelée adolescence [...] semblait être venue nous rendre visite comme à des malades. Parvenus à la puberté, les garçons semblaient ne rien faire d'autre que penser exagérément aux femmes, avoir des boutons et écrire des poèmes sirupeux tirés de têtes en proie à un perpétuel vertige. Ils avaient lu d'abord cette étude sur la sexualité qui insistait sur les effets pernicieux de la masturbation, mais aussi une autre, qui parlait de façon rassurante d'effets assez peu nocifs : en conséquence, ils semblaient finalement devenus des adeptes enthousiastes. Il y a là, me disais-je, un autre point sur lequel je suis tout à fait pareil à eux[1]. »

Vous avez quinze ans, vous pourriez être enfin ce qu'on appelle une jeune fille, mais vous ne cessez de vous examiner dans la glace, vous sentez dans la rue le poids du regard des garçons, vous avez lu trop de livres, trop de magazines, vous êtes sous la coupe de modèles écrasants : « Elle ne démarrait pas, la fête. Une grande fille vêtue solide mais guère suivez-moi jeune homme, des cheveux raides rituellement permanentés au mois de mai depuis la dernière communion, en langage homme ça s'appelle un boudin[2]. »

Vous êtes dans la rue, vous avez dix-sept ans, vous êtes presque enfin ce qu'enfant vous aviez rêvé d'être, un jeune homme, vous croyez être libéré de votre famille, vous commencez à la quitter, l'avenir vous ouvre les bras, vous vous dites : Adieu, honte puérile ! Adieu, petites humiliations de l'enfance ! Vous êtes libre ? Eh bien non. Car vous êtes une gêne à vos propres yeux. Et la rue le sait, la rue le voit, les yeux du passant anonyme, les yeux des passantes, surtout. On est honteux quand on a dix-sept ans. Comme le bachelier de Vallès : « Vingt-quatre sous, dix-sept ans, des épaules de lutteur, une voix de cuivre, des dents de chien, la peau olivâtre, les mains comme du coton, et les cheveux comme du bitume. Avec cette tournure de sauvage, une timidité terrible, qui me rend malheureux et gauche. »

Le regard des autres s'est fait plus pesant. Vous sentez qu'on juge déjà en vous l'homme, la femme à venir, et à cette sensation s'ajoute la micrologie de vos hontes d'enfant que vous avez

1. Yukio Mishima, *Confession d'un masque* (1958), trad. Renée Villoteau, Gallimard, « Folio », p. 108.
2. Annie Ernaux, *La Femme gelée* (1981), Gallimard, « Folio », p. 82-83.

gardées telles quelles, intactes. Vous aimeriez vous faire un corps nouveau, une prestance, avoir l'air assuré. Mais tout en vous indique votre origine, les tics de votre ascendance, ce qu'on a fait de vous. « Je suis longtemps sans avoir de robes à moi, raconte Duras ; mes robes sont des sortes de sac, elles sont faites dans d'anciennes robes de ma mère qui sont elles-mêmes des sortes de sac[1]. » Quand on ne veut pas ressembler à sa mère et qu'on porte ses vêtements, on porte sur soi la honte de la mère. La très jeune fille de *L'Amant* est justement ce corps qui, avec un chapeau d'homme et une robe très décolletée, commence à se dégager de cette emprise.

Vous n'oublierez jamais ce temps où vous étiez dépendant en tout de père et mère, où l'on vous habillait malgré vous. L'enfant de Jules Vallès, devenant adolescent, s'écrie : « je serai donc toujours écrasé par mon costume ! ». Les vêtements imposés, confectionnés dans une bonne intention par sa mère à partir d'étoffes familiales, ces toilettes qu'elle croit mondaines, comme une redingote à la polonaise, il les vit comme des humiliations. L'adolescent se sent dépossédé de son corps, et les premiers responsables de cette dépossession, ce sont monsieur Père et madame Mère, ainsi que les appelle monsieur Hermès, le narrateur du récit de Raymond Guérin, *L'Apprenti* : « Se doutait pas, madame Mère, de toutes les fois que son fils avait rougi parce qu'il sentait des regards s'appesantir sur son costard. Eh bien chaque fois qu'il avait rougi à cause de ça, elle ne se doutait pas non plus, madame Mère, que ça avait terriblement fait grandir la haine qu'il nourrissait contre elle. [...] Dès qu'il avait un désir vestimentaire, au lieu de lui acheter du neuf, madame Mère lui dégotait une occasion ou un rossignol abandonné par monsieur Papa. Elle ne savait donc pas ce que c'était

1. Marguerite Duras, *L'Amant, op. cit.*, p. 28.

que cette joie pour un adolescent de porter un complet qui semblait créé exprès pour lui ? Étant enfant, il n'y avait pas trop fait attention, mais à partir de quinze ans, ça l'avait réellement humilié[1]. »

Monsieur Hermès va avoir bientôt dix-neuf ans. Ce qui importe, lorsque vous marchez dans la rue à cet âge, c'est comment cela se passe entre vos vêtements et vous, entre votre corps et vous. Or, à cet âge plus qu'à d'autres encore, il y a toujours quelque chose qui cloche. Pour monsieur Hermès, c'est un faux col qui remonte tout le temps : « Tous les dix mètres, il était obligé d'y porter la main. On aurait dit un tic d'idiot. Il n'en avait que trop conscience. C'était la faute aussi à cette lavallière de soie bleue à pois blancs qu'il n'arborait pas avec toute la conviction désirable[2]. » Voilà très exactement le problème : on peut tout porter, à condition que ce soit « avec toute la conviction désirable ». La jeune fille de *L'Amant* s'en sort beaucoup mieux, avec sa tenue inconvenante : un chapeau d'homme et des talons hauts en lamé or. Si personne n'en rit, c'est qu'elle l'arbore « avec toute la conviction désirable ».

Vous avez été élevée dans un puritanisme bourgeois, avec ségrégation entre le monde des femmes et celui des hommes. Vous avez vos règles (le mot lui-même est tabou). Vous vous sentez fautive, vous le dites à votre mère, qui trouve les mots rassurants : tu es devenue une « grande fille ». Mais quand votre père (que vous admirez) fait en plaisantant une allusion à votre état, vous vous « consumez de honte » – telle est l'expression de Simone de Beauvoir : « En face de mon père je me croyais un pur esprit : j'eus horreur qu'il me considérât soudain comme un

1. Raymond Guérin, *L'Apprenti* (1946), Gallimard, « L'Imaginaire », p. 336.
2. *Ibid.*, p. 10.

organisme. Je me sentis à jamais déchue[1]. » Vous êtes alors nécessairement vouée, pour un temps du moins, à une image peu avantageuse de votre personne, que vous vérifiez dans les photos de cette époque de votre vie : « mal attifée, pataude, j'hésitais entre la fillette et la femme ».

L'âge adolescent ne se contente pas de perpétuer les scènes originelles de la honte. Il les amplifie et les pérennise dans la comédie sociale. Ce qui semblait insignifiant à l'enfant prend chez l'adolescent des dimensions explosives. Désormais, un démon renaissant nous poursuivra dans nos moindres tribulations, et ses manigances s'adapteront à toutes les périodes de notre existence.

L'adolescent s'embourbe dans la honte. Il sent à quel point le mécanisme du rougissement, tel qu'il s'était mis en marche dans l'enfance, peut s'emballer : « Naturellement, comme tous les êtres pudiques, j'avais aussi terriblement honte de toujours rougir et qu'apparût ainsi, clair et visible aux yeux de tous, mon sentiment le plus intime. À cause de cette peur de rougir, je provoquais alors justement cette rougeur et chaque fois, au cours d'une conversation ou pendant un cours, quand je voyais arriver un sujet qui allait me faire rougir, je me battais désespérément avec mon mouchoir pour essuyer une sueur imaginaire ou simuler des crises d'éternuements. Comme j'étais devenu hypersensible à ce point de vue, ces cruels incidents se produisaient naturellement de plus en plus fréquemment, et, très souvent, je me mettais à rougir alors que ma pudeur ne l'exigeait en rien[2]. »

Le rougissement est une plaie vive. Il donne au désir sa marque incommunicable. Il dit déjà tout sur l'impuissance

1. Simone de Beauvoir, *Mémoires d'une jeune fille rangée*, Gallimard, 1958, p. 103.
2. Fritz Zorn, *Mars*, *op. cit.*, p. 85.

séductrice du débutant : je désire et je repousse, je désire et ne puis séduire. Il est demande vaine, course éperdue après des objets inaccessibles. Ce corps soudainement possédé par sa propre sensiblerie, comment l'imaginer tout à coup prenant une initiative charnelle ? Tu parles trop, mon corps, quand il faudrait sensuellement te taire ou te protéger d'un langage choisi. Albert Cohen : « Je me revois. J'étais trop doux et je rougissais facilement, vite amoureux, et si je voyais de loin une jolie fillette inconnue, dont je ne considérais que le visage, je galopais immédiatement d'amour, je criais de joie d'amour, je faisais avec mes bras des moulinets d'amour. Mauvais augure, tout ça[1]. »

Le jeune homme pauvre rougit comme l'enfant qu'il était, mais il rougit doublement : un homme ne doit ni rougir ni pleurer. Le bachelier de Jules Vallès : « J'ai eu pour voisine de voyage une jolie fille à la gorge grasse, au rire engageant, qui m'a mis à l'aise en salant les mots et en me caressant de ses grands yeux bleus. Mais à un moment d'arrêt, elle a étendu la main vers une bouquetière. Elle attendait que je lui offrisse des fleurs. J'ai rougi, quitté ce wagon et sauté dans un autre. Je ne suis pas assez riche pour acheter des roses ! » Il a tout compris, semble-t-il, le bachelier. Son rougissement, c'est la conscience qu'il n'est pas à la hauteur. Tout lui manque : pouvoir, argent et, donc, sexe. Mais il baisse pavillon bien vite. N'est-il pas légèrement obsédé par le handicap de son rang social ? En fait, il manque de culot. Sa conduite est typique de l'adolescent (qu'on reste parfois toute sa vie) : quand il faudrait s'accrocher, trouver un bon mot, il fuit. Il manque de ruse, de stratégie, de faux-semblant. En un mot : de langage. Il est transparent. Il n'a que son corps à offrir, et il rêve d'un portefeuille pour le gonfler

1. Albert Cohen, *Le Livre de ma mère* (1954), Gallimard, « Folio », p. 40.

d'importance. Mais, Jacques (ainsi se nomme Jules), il faudrait au moins tenter de te débarrasser de ton enveloppe translucide, et apprendre, à l'instar d'un Jean-Jacques tout à coup inspiré (dans la scène du dîner de Turin), à te placer dans la conversation.

Tel est le triste destin auquel nous vouait la distribution des rôles sexuels : pour notre malheur (à nous les timides), on attendait de nous, jeunes hommes, un assaut (il paraîtrait que cela a changé, mais est-ce si sûr ?). Or nous enviions le dragueur, mais nous étions incapables de nous plier à sa discipline. Comment ne pas voir dans notre honte d'adolescents un excès d'orgueil ? Il n'était pas plus beau que nous, le dragueur (il arrivait même que, vu sa bouille, on s'étonnât de ses succès), pas plus séduisant. Nous ne voyions pas toujours ce que pouvaient bien lui trouver les filles. Simplement, lui, il y allait franco. Sachant qu'il finirait par rapporter de ses chasses une proie (et parfois une fille d'une beauté telle qu'aucun d'entre nous n'aurait osé lui adresser la parole), il ne répugnait pas à essuyer maints refus, jusqu'à des gifles, et des paroles ou des circonstances que nous aurions, nous, ressenties comme des humiliations – les évaluant, lui, comme des stratégies à revoir ou des pudeurs de fille. C'est que le dragueur vit dans des régions aux antipodes de la nôtre. Tandis que nous respectons les règles maritimes, allant jusqu'à envoyer des signaux de détresse, il écume les mers tel un pirate, attaque au canon, va à l'abordage. Le dragueur est un éhonté, un cynique. On l'aime pour son audace. Nous sommes des timorés. On l'embrasse. On nous plaint.

Face aux interdits intériorisés, aux tabous qui torturent, à la pudibonderie alentour, aux mots couperets qui affaiblissent et qui blessent, le dragueur est la solution vulgaire, le dandy, l'issue distinguée. Ne sachant comment s'exprimer, ne voulant pas se mouler dans un parler conforme, Gombrowicz l'adolescent n'a d'abord littéralement plus de langage : « Tout ce que je faisais tournait mal, trahissait ma maladresse, tout me ridiculisait, me discréditait[1]... » Paralysé par les adultes, les parents, les étrangers, il est alors emporté par un violent accès de snobisme, « quasi maladif », fait d'affectation et de prétention, où s'affiche le sentiment exacerbé de la solitude. La honte est un héritage, un legs parental, pas de doute là-dessus. Serait-elle aussi un héritage national ? Pour Gombrowicz, la honte adolescente aurait des mensurations géographiques, qui ne seraient pas égales dans tous les endroits de la planète. Elle se manifesterait beaucoup moins nettement en Allemagne ou en Italie et serait pratiquement inconnue en Argentine. En Pologne, à l'en croire, on cumule la honte de l'enfance et la honte des « laideurs polonaises ». Comment dans ces conditions ne pas se faire dandy (comme Leiris, qui cependant n'était pas polonais) ? Comment ne pas se forger une posture littérale, corporelle, littéraire ?

L'adolescence est ainsi l'âge où l'on se défend comme on peut, où les révoltes se font vestimentaires ou capillaires, les radicalités, sémiologiques, les dandysmes, exacerbés, les attitudes, arrogantes, et les manifestations, intempestives. À cet âge intermédiaire, au milieu du prêt-à-porter, se cherche un langage personnel. Ce pourquoi ce temps peut durer. Ce pourquoi aussi l'adolescence, avec ses hontes et ses audaces, est l'âge même de la littérature, ou du désir de littérature : quand trouvera-t-on vraiment une langue à soi, une réponse authentique et plausible ? Autant dire qu'on aurait enfin trouvé une justification à l'existence, un sens au monde. En attendant, ni tout à fait dragueur ni tout à fait dandy, devenons écrivain.

1. Witold Gombrowicz, *Souvenirs de Pologne*, *op. cit.*, p. 45.

Encore aujourd'hui...
(Bourdieu, Cohen, Nizan)

> **honte** – te hante, t'ôte de toi et, tout au fond, te tond à tâtons.
>
> Michel Leiris

Retournez sur les lieux abandonnés de votre enfance : vous y retrouverez, intactes, vos hontes anciennes, comme vos amours ou vos haines. La honte est comme la nostalgie – elle a des relents, des retards, des rattrapages. Après avoir abusé de l'introspection, elle fait un usage immodéré de la rétrospection. Chez Gombrowicz, comme chez Rousseau, elle resurgit sous les auspices d'un « encore aujourd'hui » : « Aujourd'hui encore, le rouge de la honte me monte au visage lorsque je me remémore mes gaffes pénibles d'il y a quarante ans[1]. » À sa façon, elle est une chance. Car elle a ses vertus que la raison cynique ne connaît pas. Tel est son charme : elle est en définitive toujours puérile. Elle nous rappelle au souvenir sensible d'un temps où l'on s'éveillait au monde. Dans le récit de Duras, *Des journées entières dans les arbres*, la vieille mère, devinant chez son fils devenu adulte la persistance des hontes enfantines, ne peut

1. Witold Gombrowicz, *Souvenirs de Pologne*, *op. cit.*, p. 44.

s'empêcher de s'en « émerveiller » : « Comme elle vit que son fils avait honte, elle cessa de le regarder. Et ce fut de cela seulement qu'elle souffrit, qu'il eût honte. Qu'elle souffrit et qu'elle s'émerveilla à la fois qu'il fût, dans sa honte devant sa mère, d'une jeunesse aussi délicieuse, et qu'elle le retrouva enfin tout à fait, dans ce costume nocturne aussi transparent qu'autrefois. Elle se demanda de très loin, dans l'horizon brumeux de sa raison défaillante, ce qui le lui avait protégé de la sorte, lui, entre tous ces gens et elle trouva qu'elle avait de la chance [1]. » N'est-ce pas en effet la promesse d'une fidélité au passé que cette présence intériorisée du regard maternel – et le témoignage d'une continuité de l'existence ?

Après une enquête en Kabylie, Pierre Bourdieu, dans les années soixante, retourne au pays, dans le Béarn. Pour la bonne cause, apparemment : une enquête. Ne pas confondre avec un retour aux origines ou une nostalgie soudaine. C'est une trajectoire intellectuelle qui a conduit là-bas, sur les traces de son passé, l'enfant de famille modeste, désormais voué à débusquer partout la raison sociale. Mais est-ce un hasard, cet épisode du *Bildungsroman* qu'il raconte dans son texte testamentaire, une tardive et maigre confession, *Esquisse pour une auto-analyse* ? Le peu qu'il nous dévoile de son enfance nous en dit beaucoup, et presque malgré lui, sur ce qu'il appelle son « habitus clivé ».

Là-bas, renouant avec des amis d'enfance ou des parents, avec leurs manières, leurs routines, leur accent, il a l'impression de vivre à la fois une initiation et une réconciliation. « C'est toute une partie de moi-même qui m'est rendue, celle-là même

1. Marguerite Duras, *Des journées entières dans les arbres* (1954), Gallimard, p. 49-50.

par laquelle je tenais à eux et qui m'éloignait d'eux, parce que je ne pouvais la nier en moi qu'en les reniant, dans la honte d'eux et de moi-même[1]. » L'enquête prend alors l'atmosphère émotionnelle des retrouvailles. Écrivant le texte issu de ce travail, à propos du célibat des aînés en Béarn, Bourdieu dit avoir éprouvé le sentiment de « commettre quelque chose comme une trahison », qui le contraignit à une sorte de « retenue objectiviste », et qui le poussa à refuser toute réédition.

Cette honte autosocioanalytique, qui a certainement accompagné en sourdine toute une vie intellectuelle, pourrait certainement se suivre à la trace dans l'énoncé des savoirs bourdieusants, de la Kabylie à *La Misère du monde*, en passant par *Les Héritiers* et *La Distinction* (et jusque dans la leçon inaugurale du professeur promu au Collège de France). Les titres eux-mêmes sont parlants. Ils renvoient à une obsession intime : moi, Pierre Bourdieu, venu d'ailleurs, de loin et d'en bas, d'un autre accent, d'une autre France, à la fois en porte-à-faux éternel avec le monde intellectuel et jouant de cette posture oblique. D'une façon plus générale, il est passionnant de déceler dans toute pensée, et particulièrement dans une pensée qui avance masquée, sous le vêtement de la rationalité scientifique, la faille subjective, l'affect central, la trace d'humiliation et de désir, la présence d'un corps, l'accent perdu, le secret égaré.

Maintenant que maman est morte, dit Albert Cohen dans *Le Livre de ma mère*, il est trop tard. La mémoire, cependant, s'obstine : « Je me souviens, je me souviens, et ce n'est pas le meilleur de mes biens. » Je me souviens de toutes les attentions de ma mère, de ses attentes infinies, et je me souviens aussi de tous mes manquements. Je n'écrirai jamais trop de pages pour

1. Pierre Bourdieu, *Esquisse pour une auto-analyse*, *op. cit.*, p. 82.

tâcher en vain de compenser les lettres non écrites du vivant de la mère, les télégrammes laconiques, avec la mention « lettre suit », non suivie d'effet.

Le remords, plutôt que la honte, dira-t-on ? Je préfère dire la honte, tellement le présent rétrospectif est solidaire d'une confusion ancienne des sentiments. Car la honte la plus grande de Cohen, n'est-ce pas, aux côtés de celle du fils ingrat (tous les fils sont ingrats, ironiques, tous les fils sont dans l'incapacité de répondre à l'amour de la mère par un amour aussi grand), n'est-ce pas aussi la honte du fils honteux de sa mère honteuse ? De celui qui, après avoir sauté le pas, quitté l'enfance modeste, juive orientale, éprouve la honte d'en retrouver les traces chez sa mère ? Honte de la honte, en somme. Honte des deux gestes sempiternels de la mère qui sont des gestes de honte.

« D'abord, les yeux éclairés de bonheur timide, tu me désignais inutilement de l'index, avec un ravissement plein de dignité, pour me montrer que tu m'avais vu, en réalité pour te donner une contenance. Je réprimais parfois une sorte de fou rire agacé et honteux devant cet absurde geste, attendu et si connu, que tu avais de me désigner à personne. Et puis, chérie, tu te levais et venais à ma rencontre, rougissante, confuse, exposée, souriant de gêne d'être vue à distance et observée trop longuement. Maladroite, débutante, tu avançais avec un sourire ravi et honteux de petite fille pas dégourdie, tes yeux me scrutant cependant pour savoir si je ne critiquais pas intérieurement. Pauvre Maman, tu avais si peur de me déplaire, de n'être pas assez occidentale à mon gré. Et alors, tu avais ton second geste de timidité. Comme je le connais et comme il est vivant dans mes yeux qui voient trop tous les passés. Tu portais ta petite main à la commissure de ta lèvre, tandis que tu avançais vers moi, ton autre main en balancier scandant ta marche pénible. C'était un geste de notre Orient, le geste des vierges honteuses qui se cachent un peu le visage[1]. »

La mère est celle qu'on cache aux yeux des autres. Le corps maternel concentre en lui toutes les manies, tous les tics familiaux dont le corps filial porte malgré lui la marque déposée. Il a transmis cet « accent si oriental » dont les camarades du lycée « se gaussent » lorsque le jeune Cohen fait d'ambitieux projets de baccalauréat. L'empreinte des parents, de ces « deux échappés d'Orient » – « des riens du tout sociaux, des isolés sans nul contact avec l'extérieur » –, est une emprise irréversible, comme est irréversible la relation manquée.

C'est encore là un autre avatar de la honte, un autre plat qui se mange froid : la honte comme récit obsessionnel, comme posture rétrospective, condamnation à ressasser, évaluer les dégâts, faire le compte des multiples offenses, fautes, défaillances de l'amour reçu et non rendu du fils à jamais ingrat. Chez Cohen (comme chez Annie Ernaux), la littérature tente une réparation impossible. Comme dans la mémoire collective, elle célèbre et commémore après coup. Et maintenant, jamais plus, et maintenant, trop tard : maman est morte. « Oui, je sais que je ressasse et remâche et me répète. Ainsi est la ruminante douleur aux mandibules en veule mouvement perpétuel. Ainsi je me venge de la vie en me rabâchant, le cœur peu gaillard, la bonté de ma mère enfouie[2]. »

La honte du fugueur (Bourdieu) comme celle du fils ingrat (Cohen) sont des réminiscences. Elles viennent se greffer sur un passé lointain, mais redisent le présent ininterrompu, la filiation sans fin, la présence à la fois ancestrale et contempo-

1. Albert Cohen, *Le Livre de ma mère*, *op. cit.*, p. 85-86.
2. *Ibid.*, p. 96.

raine du sentiment de défaillance. Elles appartiennent à cet âge où l'on peut enfin conter ce qui a été vécu. Ce pourquoi elles sont objet de littérature et, pour Paul Nizan, de roman : *Antoine Bloyé*, roman autobiographique (ou plutôt biographie d'un père), est aussi une méditation sur la honte perpétuée, la honte atavique dont nous sommes comptables.

Comment la honte de l'enfance vieillit-elle ? Suivre le destin d'Antoine Bloyé, c'est suivre à la trace le cheminement des blessures premières. Antoine deviendra ingénieur. C'est là que s'arrêtera son ascension sociale. Toute sa vie il ruminera la honte de l'enfance. À travers ce personnage, Nizan nous raconte une généalogie des hontes familiales qui se succèdent et se superposent et dont lui-même est le nouveau maillon. Après avoir été étouffé, vécu de façon souterraine, le sentiment originel d'une infériorité héréditaire refait peu à peu surface en lui, il se déploie dans une sorte de reconstruction qui habitera toutes les actions à venir : « Beaucoup d'années plus tard, Antoine se rappellera la pauvreté de ses parents à cette époque-là, il sera tourmenté par le souvenir des vieilles misères enfin comprises et des années où il était inscrit sur la liste des indigents de l'école primaire ; il parlera de ces souvenirs à son fils, tout se retrouvera : rien ne se perd finalement des comptes qui sont établis dans le monde [1]. »

Que la honte est un déséquilibre ressenti entre le désir d'assimilation et la pulsion de singularité, quel personnage de roman le montre mieux que celui de Nizan ? L'histoire de sa morne existence est l'histoire du passage d'un groupe social à un autre. C'est l'histoire d'une trahison. Mais cette trahison est petite et nostalgique. Après avoir échappé à son origine enfermante, Antoine se trouve absorbé par un destin petit-bourgeois.

1. Paul Nizan, *Antoine Bloyé*, *op. cit.*, p. 46-47.

Il a été muté, il a connu des promotions, mais jamais il n'est vraiment parti. Ce Bovary masculin, d'ailleurs dépourvu d'amantes, a en fin de compte insuffisamment trahi. Il a simplement changé de collectivité sérielle. Son existence se confond avec toutes celles des hommes qui réalisent un idéal familial. Il pourrait se satisfaire, après tout, de cette situation. Mais il est trop conscient de son destin d'homme en série, du déterminisme qui l'a fabriqué. Même si, dans l'optique des gradins sociaux, il a objectivement réussi, il ressent sa vie comme un ratage.

Et, comme si la honte ancienne ne lui suffisait pas, Antoine Bloyé subira une piqûre de rappel : la honte de l'âge mûr. Pendant la guerre de 14, ses ateliers fabriquent obus et fusées, et voici qu'on lui reproche d'avoir commis une faute professionnelle. Un obus a été raté, autour de quoi court une rumeur de sabotage. Il se sent « tombé du haut de son importance ». On le déplace. Il connaît la disgrâce, la dégradation. Il n'est « plus rien ». Déchu de son poste de commandement, il ne se vit plus que dans un « désœuvrement humilié », imagine ses amis d'hier commentant sa « dégringolade ». « Antoine courbait le dos, le printemps était plus pesant que le gel ou le soleil du mois d'août. Il marchait comme un homme humilié, comme un homme qui sort de prison et la honte est sur son front et sur ses vêtements qui ne sont plus des vêtements d'homme libre. [...] Il n'aurait plus aucun orgueil, il était comme un soldat qui vient d'être dégradé[1]. »

Enfin, à la honte du relégué succède la honte du retraité, où se dissout l'orgueil qui « fondait toute sa vie », celui de son métier. Cette fin de vie est un déclin. Il se sent « congédié » : « Ma vie m'est donnée par-dessus le marché, elle s'ajoute à la vie

1. *Ibid.*, p. 246-247.

des autres comme un pavé à un tas de pavés, inutile de m'entêter, ma vie ne diminue personne, elle ne profite à personne, si je pense à ma mort, c'est bien fait, c'est que ma vie est creuse, ne mérite que la mort.» Bloyé est l'homme décapité, l'homme des hontes perpétuées, transmises, ataviques. Mais il est aussi celui qui prend conscience de cette damnation. Au centre de cette confession déguisée dans un roman, c'est sa propre déchirure dont Nizan fait le constat. La «dégringolade» sociale du père, les hontes familiales en chaîne, voilà l'héritage du fils.

Le sentiment prémonitoire chez l'adolescent de rater sa vie, le sentiment vécu chez l'adulte d'être en train de la rater, le sentiment rétrospectif chez le vieillard de l'avoir définitivement ratée (redoublé dans ce cas par la sensation de l'irréversible : on ne pourra plus rien vivre vraiment, même sous forme d'un nouveau ratage), tous ces tourments sont ceux d'un être qui se penche sur son passé non parce qu'il en a décidé ainsi, mais parce que le passé lui revient comme une obsession. Les âges de la honte sont tributaires de l'enfance, de ce moment où l'on commence à emmagasiner de la mémoire malheureuse. C'est pourquoi, à l'opposé du corps cynique ou libertin, l'homme de la honte reste, tel le corps proustien, sous le regard de la mère (ou encore, à l'image de Mlle Vinteuil, jusque dans le blasphème, sous le regard du père). C'est comme si toute la vie, jusque dans ses élans les plus spontanés, ne pouvait être vécue que comme une profanation de l'enfance : «Alors tandis que le plaisir me tenait de plus en plus, écrit le narrateur de la *Recherche*, il me semblait que je faisais pleurer l'âme de ma mère.»

Le paquet ficelé de Thomas Bernhard

> Vous pâlissez de honte à lire le poème
> Qu'inscrit l'adolescent aux gestes criminels
> Mais vous ne saurez rien des nœuds originels
> De ma sombre véhème.
>
> Jean Genet

Dans *Le Froid*, Bernhard retrace le chemin de croix de son enfance et de son adolescence, à travers le dédale des rues de Salzbourg où sans cesse il s'est montré impuissant. Ignominieusement chassé, humilié, il s'est senti mis à l'écart, réagissant à la fois par l'arrogance et par une fausse humilité. Adolescent, il a dû en rabattre par rapport à sa mégalomanie. Depuis, il porte un « paquet solidement ficelé », qui renferme tous ses malheurs et tous les désespoirs de ses proches, toutes les existences sans perspective d'avenir [1].

L'alternative semblerait être celle-ci : vais-je l'ouvrir au vu de tous, ce paquet, le déballer, ou bien le laisser ficelé à jamais ? Selon Thomas Bernhard, écrire, ce serait abandonner sa pudeur, et donc déballer le paquet dans des phrases brutales :

1. Thomas Bernhard, *Le Froid* (1981), trad. Albert Kohn, Gallimard, « Biblos ».

seul écrit celui qui n'a pas de pudeur, seule la pudeur est authentique, commence-t-il par affirmer. Mais il s'empresse d'ajouter que cette idée est un sophisme.

Sophisme, en effet, que cette illusion d'une phrase qu'on jetterait sur le papier et qui serait authentique. Sophisme aussi que cette absence totale de pudeur. Ce serait si simple, de défaire le paquet devant témoins. Il n'est pas dit que l'enfance honteuse de Bernhard ne cache pas une autre honte, que le paquet qu'on déballe devant vous n'est pas là pour détourner votre attention d'un autre paquet, ficelé à jamais, lui.

Seul écrit celui qui n'a pas de pudeur ? Mais se dénude-t-on vraiment lorsque l'on fait des phrases ? La pudeur en littérature, ce n'est pas la pudeur telle qu'on se la représente dans la vie. C'est une pudeur extravertie, où la pulsion de dire l'intime n'est pas nécessairement exhibitionniste, où la retenue elle-même n'est pas un masque sûr. C'est l'accession possible (jamais acquise) à une sorte de savoir-dire, le salut espéré d'un ne-plus-avoir-à-rougir-de-rien, au prix, parfois, d'une surexposition de soi.

Dans le livre, toujours adressé, comme dans la littérature, toujours inséparable du fait social, le corps de l'écrivain est à la fois invisible et prostitué. Son tropisme est de disparaître. Mais tout l'expose, tout tend à annihiler son désir de clandestinité : le geste qui le conduit d'abord vers un éditeur, comme celui qui le fait apparaître aux étals des libraires et le jette vers des lecteurs inconnus. La publication est en elle-même une exhibition. De la honte la plus enfouie à l'effronterie la plus audacieuse, elle ouvre des passages énigmatiques : au bout du compte, ce qui te semble, lecteur, se noyer dans l'océan des choses anodines, cela a pu être, pour moi, l'auteur, dans le moment de l'écriture, la plus intime des confidences.

Proust (s'adressant à Gide) : « Vous pouvez tout raconter ;

mais à condition de ne jamais dire : Je[1]. » Serait-il donc possible de tout dire à condition d'y mettre la forme ? La posture « moi je » peut cacher un secret majeur (un secret dévoilé masquant un secret plus secret encore), tandis que la posture inverse (celle du secret enfoui dans la fiction) peut le trahir : il arrive que les sources de l'intimité affleurent dans les failles d'un roman où la confession semble avoir été évitée. On trouve chez Queneau lui-même, Queneau le secret, une confidence oblique sur sa timidité à travers une figure d'adolescent rougissant. C'est un personnage, dans *Les Derniers Jours*, qui se nomme Vincent Tuquedenne pour ne pas s'appeler Raymond Queneau, et qui fait penser à certains personnages de Bove. Il marche dans les rues, croise les regards, et particulièrement ceux des femmes. « N'y en avait-il pas qui riaient discrètement de son allure ?... Il rougit tout cru[2]. » Queneau nous dévoile peut-être là une des origines de son choix esthétique – une extrême pudeur, une distanciation continue, un secret des sources. Vincent Tuquedenne, jeune provincial débarqué à Paris, recopie « une citation de Proust dont il est l'auteur » : « Ainsi je me sentais incapable de préciser mes pensées et mes gestes à l'égard des femmes, ne consentant pas à m'avouer par écrit quelle conduite j'avais eue en telle ou telle circonstance et qui, à l'examen, me semblait sotte ou témoignant d'une timidité excessive que j'essayais de transformer en indifférence à l'égard de ce que je désirais le plus, comme si le seul fait d'écrire que j'avais été sot, timide ou ridicule, eût accru l'humiliation que je ressentais en me constatant tel ou bien eût solidifié ces défauts qui

1. André Gide, *Journal, 1889-1939*, t. I, Gallimard, « Bibliothèque de la Pléiade », 1951, p. 692.
2. Raymond Queneau, *Les Derniers Jours*, Gallimard, 1936, p. 64.

m'amoindrissaient, en m'empêchant ainsi de m'en débarrasser un jour[1]. »

L'attitude de Vincent Tuquedenne fait penser à une phrase de Fichte : « Il y a une espèce de gens qui n'ont pas honte des choses mêmes, mais honte des mots. » Le contrat tacite de Queneau, en quelque sorte superstitieux, est l'inverse du contrat confessionnel d'un Rousseau ou d'un Leiris : rester dans un en-deçà de l'aveu, taire les hontes ou les détourner dans la fiction. Ne pas défaire le paquet ficelé. Mais il arrive que le paquet s'entrouvre malgré lui.

Quant à la confidence apparemment la plus intime, elle peut n'être qu'un paravent. Car une honte peut en cacher une autre, de même qu'un secret dévoilé peut en masquer un autre, inavouable : s'il suffisait de dire ses hontes pour s'en délivrer, s'il suffisait d'en dresser l'inventaire, ou d'en nommer les origines, plus ou moins exhibées par chacun (Proust juif et homosexuel, Genet homosexuel et voleur, Gombrowicz hobereau et polonais, Wittgenstein autrichien, juif et homosexuel, Leiris blanc, occidental, intellectuel et bourgeois, Goldschmidt juif rescapé et coupable d'un « étrange et troublant désir »...), ce ne serait pas une si grande affaire.

On pourrait cependant croire aujourd'hui avoir franchi une limite et renvoyé Rousseau et Leiris à une pudeur d'époque. S'étant apparemment défait de toute atmosphère de confessionnal, comme du tribunal des hommes, l'écrivain de l'aveu semble vous ouvrir son armoire aux secrets, et offrir son corps à la littérature. C'est tout juste, parfois, s'il ne s'étend pas sur votre divan, bien qu'aucun lecteur n'ait eu l'idée de lui faire payer des séances. Sans réticence, il prend l'initiative de tout vous révéler, au jour le jour, avec ce qu'il faut de fiction

1. *Ibid.*, p. 72.

volontaire ou irrépressible. Tout : tel serait le mot d'ordre de cette illusion d'un tout-dire éhonté dans la littérature. Il faut payer de sa personne, dit Doubrovsky. Dans le livre événement ou le livre scandale, le corps de l'écrivain pose nu et se dépeint ainsi. Et vous, lecteur, vous êtes nécessairement voyeur.

Mais n'est-ce pas essentiellement la honte des mots – et non celle des choses – qui a été, dans une certaine mesure, dépassée ? Quant à l'affect lui-même, il reste au cœur du récit, comme une sorte d'absolu, comme une puissance encore inatteignable, à la façon d'un dieu caché qui aimanterait l'écriture : « J'ai toujours eu envie, écrit Annie Ernaux, d'écrire des livres dont il me soit ensuite impossible de parler, qui rendent le regard d'autrui insoutenable. Mais quelle honte pourrait m'apporter l'écriture d'un livre qui soit à la hauteur de ce que j'ai éprouvé dans ma douzième année[1] ? » Où l'on voit que, entre pudeur et impudeur, l'écriture se donne de nouveaux défis.

1. Annie Ernaux, *La Honte*, *op. cit.*, p. 140.

De la littérature comme entreprise d'éhontement (Duras, Genet, Mishima)

> Mon récit puisé dans ma honte s'exalte et m'éblouit.
>
> Jean Genet

Dans l'œuvre de Duras, les âges de la honte, telles des poupées russes, s'emboîtent les uns dans les autres. Une vieille honte se lit dans les textes de l'enfance, tandis qu'une honte nouvelle s'abreuve à la Grande Histoire comme à l'histoire personnelle : « En somme, pour des raisons diverses, la honte recouvre toute ma vie[1]. » Peu à peu, insensiblement, c'est l'impudeur qui s'affiche : « Cet article est impudique, nécessairement. Et je vois que je suis en train de faire cet article, bien qu'impudique. Pour une fois, je m'en fous d'être impudique. Pourquoi je m'en fous ? Parce que je crois que, de temps en temps, l'impudeur est irrépressible et saine[2]. »

Mais d'abord, en effet, que de raisons diverses suscitent la honte : l'Indochine, la mère, le frère, Rabier, la Gestapo, l'épura-

1. Marguerite Duras, *La Vie matérielle*, P.O.L., 1987, p. 26.

2. *France Observateur*, 8 mai 1958, « La littéralité des faits », propos recueillis pas Jean Herman et Claude Choublier.

tion... Que de phrases de honte chez Duras : « La honte avait disparu de ma vie », « tu as honte pour eux, mon amour ? », « – Ma petite honte, mon trésor, dit-elle tout bas. – Vous devriez avoir honte, madame Desbaresdes ». Et que de hontes familiales inventoriées... La honte du frère dans *Un barrage contre le Pacifique*. La honte éprouvée par la mère : « Même la mère qui n'aimait pas boire buvait. Elle buvait, prétendait-elle, pour noyer sa honte. » Et la honte de la mère, dans *L'Amant* : « Ma mère mon amour son incroyable dégaine avec ses bas de coton reprisés par Dô, sous les tropiques elle croit encore qu'il faut mettre des bas pour être la dame directrice de l'école, ses robes lamentables, difformes, reprisées par Dô, elle vient encore tout droit de sa ferme picarde peuplée de cousines, elle use tout jusqu'au bout, croit qu'il faut, qu'il faut mériter, ses souliers, ses souliers sont éculés, elle marche de travers, avec un mal de chien, ses cheveux sont tirés et serrés dans un chignon de Chinoise, elle nous fait honte, elle me fait honte, dans la rue devant le lycée, quand elle arrive dans sa B.12 devant le lycée tout le monde regarde, elle, elle s'aperçoit de rien, jamais, elle est à enfermer, à battre, à tuer. Elle me regarde, elle dit : peut-être que toi tu vas t'en tirer. De jour et de nuit, l'idée fixe. Ce n'est pas qu'il faut arriver à quelque chose, c'est qu'il faut se sortir de là où l'on est[1]. »

Un exemple de plus, dira-t-on, dans la longue série des dégoûts de l'enfance ? Seulement ce récit de honte est plus qu'un récit d'enfance. D'abord parce que cette honte de la mère est déjà un adieu à la honte, à l'angoisse de la ressemblance, elle est une revendication de singularité loin du regard des autres. Ensuite et surtout parce qu'elle est au cœur même des enjeux de l'écriture : elle s'énonce en même temps qu'une vocation littéraire.

1. Marguerite Duras, *L'Amant*, *op. cit.*, p. 31-32.

Que nous dit Duras au début de *L'Amant*? Elle nous dit, nous redit qu'elle a quinze ans et demi. Qu'elle a honte de sa mère. Qu'elle ne lui ressemblera pas. Que déjà son visage à elle, la «petite», est prémonitoire de ce qu'elle sera, elle, la grande: un écrivain. Non qu'elle ait encore écrit, mais parce que ça s'est déjà écrit sur son corps à ce moment-là, qu'il suffit presque de mettre un chapeau d'homme à bord plat, «un feutre souple couleur bois de rose au large ruban noir», sur une tête de très jeune fille, avec une robe sans manches très décolletée et une paire de talons haut en lamé or, et que le tour est joué, parce que ça change tout, ce chapeau, que le visage porte désormais en lui, physiquement, le désir d'écrire; que bientôt, dans deux ou trois ans, ce visage sera déjà le visage de l'alcool («car il lui est venu avant l'alcool»); qu'écrire, c'est s'affronter de tout son corps à la pudeur environnante: «J'ai commencé à écrire dans un milieu qui me portait très fort à la pudeur. Écrire pour eux était encore moral.» Que tout cela, enfin, ne peut se dire qu'après la mort des proches, dans cet après délivré de leur regard[1].

Voici comment l'écrivaine vieillissante décrit (ou fantasme) la «petite» qu'elle fut: «Quinze ans et demi. Le corps est mince, presque chétif, des seins d'enfant encore, fardée en rose pâle et en rouge. Et puis cette tenue qui pourrait faire qu'on en rie et dont personne ne rit. Je vois bien que tout est là. Tout est là et rien n'est encore joué, je le vois dans les yeux, tout est déjà dans les yeux. Je veux écrire. Déjà je l'ai dit à ma mère: ce que je veux, c'est ça, écrire. Pas de réponse la première fois. Et puis elle demande: écrire quoi? Je dis des livres, des romans[2].»

1. «J'ai beaucoup écrit de ces gens de ma famille, mais tandis que je le faisais ils vivaient encore, la mère et les frères, et j'ai écrit autour d'eux, autour de ces choses sans aller jusqu'à elles» (*ibid.*, p. 14).

2. *Ibid.*, p. 29.

Le moment où s'exprime la vocation de l'écriture correspondrait à cette image d'une adolescente qui découvre en elle un autre corps, on pourrait presque dire un autre sexe, ou tout simplement le sexe, un corps délivré de l'empesé qui impose au monde sa propre inconvenance (l'« inouï », l'« insolite » d'un chapeau d'homme sur un visage de très jeune fille), et qui va devenir le corps de l'écrivain – à condition de pouvoir affronter le regard des autres. La petite cherche encore sa phrase, l'écrivain la voudra de plus en plus dénudée, « à l'état pantelant », mais déjà il y a ce chapeau d'homme dont le corps de la très jeune fille ne se séparera plus, un chapeau qui exhibe et qui dissimule, qui « contredit le corps chétif », un chapeau-sexe annonçant l'absence à soi-même, un dehors du regard des autres.

Contre toute attente, cette fille au chapeau et aux lamés or, cette « tenue d'enfant prostituée », la mère les considère avec sympathie : « Elle doit trouver que c'est réconfortant cette imagination de la petite, d'inventer de s'habiller de cette façon. » Et ce chapeau, dans *L'Amant*, cette inconvenance, cette « pitrerie » admise par la mère, s'étend sur des pages : c'est que la tenue au chapeau annonce le départ à venir, le départ décisif de la fille auquel la mère a finalement consenti – hors d'Indochine, vers le grand large de la littérature.

Que le langage est comme l'assemblage d'un corps et d'un vêtement (plus ou moins dénudé, plus ou moins drapé), on le savait. Mais pas forcément que la littérature était à ce point une question de pudeur-impudeur, de tenue, de dégaine, d'arrogance, une façon de s'exposer au regard des autres. Or telle est l'affirmation du début de *L'Amant*, comme une sorte de manifeste dont on peut retrouver le prolongement dans une séquence de *La Vie matérielle* intitulée « Le corps des écrivains » : « Le corps des écrivains participe de leurs écrits. [...] Les écrivains provoquent la sexualité à leur endroit. [...] Je n'ai jamais pu concevoir la sexualité sans l'intelligence et l'intelligence sans une certaine absence à soi-même[1]. »

L'histoire de l'œuvre de Duras peut apparaître comme celle d'une transformation continue, sinon progressive, de la honte en impudeur – transmutation jamais acquise, combat permanent. Surtout, elle montre la connexion profonde, la réversibilité entre la honte et l'impudeur. Duras peut affirmer d'un côté : « Écrire, c'est l'humilité[2] », et de l'autre : « Les gens qui disent ne pas aimer leurs livres, s'il y en a, c'est qu'ils n'ont pas surmonté l'attrait de l'humiliation[3]... » Son visage aura pris, peu à peu, à la façon de celui d'Anne Desbaresdes ivre, le « faciès impudique de l'aveu ». Mais pour avouer quoi ? Que peut-on vraiment dévoiler de l'énigme fondamentale ? La vie, ou plutôt « un lent travail », pourrait permettre de commencer à s'en approcher, comme de la haine, qui est « le lieu au seuil de quoi le silence commence ». On est en 1984, Duras a déjà bien avancé dans ce « lent travail » et pourtant elle écrit : « Je suis encore là, devant ces enfants possédés, à la même distance du mystère. Je n'ai jamais écrit, croyant le faire, je n'ai jamais aimé, croyant aimer, je n'ai jamais rien fait qu'attendre devant la porte fermée. » Souvent citée, cette phrase renvoie aux enjeux à la fois premiers et derniers de l'écriture chez Duras, à l'impudeur approchée (au programme dès le premier titre, *Les Impudents*) qui cependant maintient toujours à distance, n'élimine aucunement la honte, pas plus que la pudeur, la retenue irrépressible, la sidération face à l'énigme. À Duras personnage et Duras écrivain, la honte semble survivre, comme à K. dans *Le Procès* – du moins si l'on en croit les phrases hallucinées de

1. Marguerite Duras, *La Vie matérielle*, *op. cit.*, p. 77.

2. Michèle Manceaux, *L'Amie. Des journées entières avec Marguerite Duras*, Albin Michel, 1997, p. 51.

3. Document IMEC.

son dernier livre, *C'est tout*, retranscrites par Yann Andréa : « Laissez-moi. C'est fini. Laissez-moi mourir. J'ai honte. [...] Il n'y a plus que la honte, la honte de tout. Je ne suis plus rien. Plus rien. Je ne sais plus être. Ce qui n'est pas fini, c'est l'argument de votre personne[1]. »

Ce qui n'est pas fini, c'est l'argument de votre personne, c'est l'enfermement de soi, l'évasion impossible, sinon par éclairs, dans l'œuvre en cours. Il y a un savoir-être de l'impudeur et de la honte, un donner-sens à l'impudeur dans le faciès de la littérature, qui est encore un masque, et que la mort arrache, donnant enfin à la personne, à son argument, sa vraie nudité. Alors, laissez-moi mourir. Et toutes les Duras passées, la petite Indochinoise, la Marguerite, la Thérèse de l'épuration, mon visage ravagé, mon corps de moribonde, tout, tout l'argument de ma personne qui les réunit malgré moi, tout cela se trouve encore devant la « porte fermée ».

Genet a un tout autre rapport au secret. Il n'a pas, semble-t-il, lui, l'enfant orphelin, le sans-roman familial, à se soucier du regard de la mère ou de la loi du père. Est-ce à dire qu'il est d'emblée libéré de toute contrainte intérieure ? Pas du tout, puisque la honte aurait pris naissance, en lui, avant Mettray, avec le premier geste du voleur, le premier larcin commis à l'âge de dix ans. Pris la main dans le sac, Genet serait alors devenu objet pour les autres. Une voix lui aurait dit publiquement : tu es un voleur. D'où l'analyse par Sartre de la « honte du petit Genet », qui « lui découvre l'éternité » : il est voleur de naissance, il le restera jusqu'à la mort. « Son aventure c'est d'avoir été nommé »[2].

1. Marguerite Duras, *C'est tout*, P.O.L., 1995, p. 57 et 59.
2. Jean-Paul Sartre, *Saint Genet comédien et martyr*, Gallimard, 1952, p. 27 et 57.

Et ce serait la honte, encore, qui le ferait écrire et qu'il l
drait exorciser par la profanation.

Genet a répondu par avance à Sartre : « il est bien que la conscience de ma singularité soit nommée par une activité asociale : le vol[1] ». L'écrivain sera donc hanté par le voyou, son corps en gardera les stigmates. Le vol furtif, l'acceptation de cette « sournoiserie », est pour lui une beauté, mais à la condition que l'on ait franchi le seuil de la honte : « Peut-être serez-vous gêné parce que c'est un geste bref, très bref, invisible surtout (mais il est la moelle de l'acte) qui fait le voleur méprisable : juste le temps qu'il épie et dérobe. C'est hélas exactement le temps qu'il faut pour être voleur, mais franchissez cette honte, après l'avoir décelée, montrée, rendue visible. Il faut que l'orgueil sache passer par la honte pour atteindre à sa gloire[2]. » Autant dire que chez Genet le vol est une propédeutique de la littérature, sa classe préparatoire.

Au commencement est la honte, nous dit le *Journal du voleur*. « Ma vie de misère, en Espagne, était une sorte de dégradation, de chute avec honte. J'étais déchu[3]. » Le mot revient souvent chez Genet, à propos de sa condition d'« enfant naturellement humilié ». Lorsqu'il écrit : « ce fut l'époque de ma honte », ce n'est pas une émotion précise, instantanée, qu'il isole. C'est la présence taciturne, pesante, autour de lui, du regard des autres, présence à laquelle, réduit à l'état d'objet, il doit se soumettre. La honte alors est une sorte de halo, une aura à rebours, un effluve, une odeur dont on ne peut se séparer : « Cette honte ne fut jamais éclatante. Jamais on n'en parla devant moi à voix haute, [...] mais cette honte m'enveloppait à

1. Jean Genet, *Journal du voleur* (1949), Gallimard, p. 259.
2. Jean Genet, *Miracle de la rose* (1946), Gallimard, « Folio », p. 287.
3. Jean Genet, *Journal du voleur, op. cit.*, p. 48.

la façon de certaines odeurs émanées de vous et que les gens font semblant de ne pas sentir[1]. »

Mais cette honte sécrète l'orgueil. Après qu'elle aura été plongée dans la fange des révélations les plus abjectes, la biographie de l'auteur par lui-même, se faisant légende dorée, exhaussera le rouge de l'humiliation. Entre-temps, il y aura eu des chutes sans honte apparente : ce sont les trahisons, précisément faites pour prendre les devants et sortir de l'état antérieur. Et surtout, dans l'après-coup, l'écrit, suprême orgueil, « victoire verbale » issue du crime, le sauvera. En somme, la honte serait le passé de l'écrit salvateur, la vie d'avant – mais un passé maintenu, restitué dans le ton du présent. Si elle est encore au programme de l'écriture, c'est que l'écriture y retourne comme à son origine : « Je n'ai voulu par ce livre, écrit Genet dans *Miracle de la rose*, que montrer l'expérience même de ma libération d'un état de pénible torpeur, de vie honteuse et basse, occupée par la prostitution, la mendicité et soumise aux prestiges, subjuguée par les charmes du monde criminel[2]. »

Les livres de Genet semblent ainsi accomplir successivement deux gestes antinomiques : d'abord une remontée aux sources de la honte, ensuite un retournement en gloire. Il évoque dans un premier temps ses « bourbeuses dispositions », ses « humbles attitudes », une « substance morale sans netteté, sans contour », des « années de mollesse » qui préludent à une « attitude plus fière ». Puis il présente son premier cambriolage comme une libération. Être un affranchi, c'est se libérer par un « acte d'audace physique » de la vie basse et honteuse. Mais ce qui affranchit encore davantage, c'est tenir le journal du voleur, affirmer une homologie entre le passage à la littérature et le premier

1. Jean Genet, *Miracle de la rose, op. cit.*, p. 313.
2. *Ibid.*, p. 39.

cambriolage. Écrire ce journal, nous dit Genet, ce n'est pas un simple « délassement littéraire ». C'est éprouver un pouvoir, pénétrer par effraction dans les domiciles interdits d'un monde intime. C'est aussi prolonger une expérience de la gaucherie – rançon d'une négativité fondatrice : « Mon pouvoir sur moi devint grand, mais à l'exercer ainsi sur mon être intérieur je devins très maladroit sur le monde[1]. »

La littérature selon Genet prend donc l'allure d'un braquage. Elle est effronterie, impudence au sens le plus fort. C'est un acte de profanation où l'on est soi-même exposé. À propos de Paulo, un personnage de *Pompes funèbres*, Genet écrit qu'« on éprouve une sorte de honte à penser, lors d'un deuil, aux gestes de la volupté ». « Je chasse de moi leur représentation durant mes promenades et j'ai dû me faire violence pour écrire les scènes érotiques qui précèdent et dont pourtant mon âme était pleine. Je veux dire que franchi le malaise d'avoir profané un cadavre, ce jeu dont un cadavre est le prétexte me donne une grande liberté. Il s'est produit un appel d'air dans la souffrance[2]. » Pour s'affranchir, chez Genet, il faut franchir violemment. Mais ce franchissement garde mémoire du malaise qui l'a permis : « Mon orgueil s'est coloré avec la pourpre de ma honte[3]. »

Car la honte doit subsister, elle est même nécessaire – comme une retenue, une trace du passé jamais abolie, un signe grâce à quoi le coupable « s'enferme dans sa honte par l'orgueil » : « À l'intérieur de sa honte, dans sa propre bave, il s'enveloppe, il tisse une soie qui est son orgueil. Ce vêtement n'est pas naturel. Le coupable l'a tissé pour se protéger, et pourpre pour s'embel-

1. Jean Genet, *Journal du voleur*, *op. cit.*, p. 187.
2. Jean Genet, *Pompes funèbres*, Gallimard, 1953, p. 97.
3. Jean Genet, *Journal du voleur*, *op. cit.*, p. 221.

lir. Pas d'orgueil sans culpabilité[1]. » On ne peut rêver une plus nette métaphore de la double postulation de l'écrivain, et de la nature double du livre selon Genet : livre-cocon, en même temps que livre-exhibition.

Dans cette fiction de soi où se mêlent la nudité de l'enfant et le vêtement de l'écrivain, rien ne sort indemne de la honte première. Jamais l'orgueil du livre, sa « gloire infâme », ne sera venu à bout de l'être intime. D'ailleurs, son envol furtif aura, comme le vol, quelque sournoiserie. On sait ce que Bataille trouve chez Genet : une œuvre qui a « le sens d'une négation de ceux qui la lisent ». L'autre y semble souvent un vous distant et sans commune mesure, un ennemi. Mais il arrive que Genet lui-même reconnaisse là un brin de supercherie. Même ainsi traité, l'autre est encore celui auquel on s'adresse dans la séduction syntaxique. « À la gravité des moyens que j'exige pour vous écarter de moi, mesurez la tendresse que je vous porte. Jugez à quel point je vous aime par ces barricades que j'élève dans ma vie et dans mon œuvre[2]. » C'est que la littérature est encore chez lui une entreprise de captation de l'autre, un passage de la disgrâce vécue à la grâce du verbe.

Genet ne dit pas comme Duras qu'il attend devant la « porte fermée ». Mais dans les dernières phrases de *Miracle de la rose* il affirme que, en dépit de son manifeste d'impudeur, il lui faut maintenant lui-même fermer la porte : « Ai-je dit tout ce qu'il fallait dire de cette aventure ? Si je quitte ce livre, je quitte ce qui peut se raconter. Le reste est indicible. Je me tais et marche les pieds nus. » Impudeur et secret, indissociables, telles sont les ressources du livre et de sa méthode, avec comme devise : « Réussir ma légende. » Mais il y a encore, il y aura tou-

1. *Ibid.*, p. 258.
2 *Ibid.*, p. 220.

jours, par-delà la légende réussie et la mort, ce reste indicible, l'inachevé constitutif de la légende – ce que Duras appelle l'« argument de sa personne ».

Marguerite Duras et Jean Genet, ces deux noms d'auteur qui sont à la fois des fictions et des corps, montrent bien l'ambivalence de la posture écrivante. Duras, Genet, ou de la littérature comme entreprise d'éhontement ? Est-ce à dire que l'écrivain éhonté n'est plus honteux à jamais, qu'il a dépassé les limites de ce qu'on appelle d'ordinaire la pudeur ? Je peux bien louvoyer entre ces deux pôles, le tout-dire débondé et la prudente retenue, la fiction apparemment la plus impersonnelle et la confession ouvertement intime, je peux bien opter délibérément pour la dénudation ostentatoire ou le costume serré, dans tous les cas je suis là, devant vous, masqué et jetant le masque, jouant mon rôle dans cette comédie de l'aveu qu'est malgré elle et malgré moi toute littérature à l'ère de l'individu, aimanté par une tentation suprême, celle de brandir une singularité, de la porter enfin, sans vergogne, sur la place publique. L'écrivain le plus évidemment exhibitionniste garde son secret. L'écrivain le plus secret est malgré lui exhibitionniste. Et tous deux sont sous le coup d'une double injonction : à la façon de Buñuel éprouvant tout à la fois une « espèce de honte à filmer » les choses très intimes et la « sensation de devoir le faire »[1].

Jamais l'œuvre n'aura interrogé le rapport au réel de la vie vécue comme dans la seconde moitié du XXe siècle, jamais elle n'aura autant pris l'allure d'un *happening*. Et de ce point de

1. Cf. Catherine Deneuve, « En travaillant avec Buñuel », *L'Avant-Scène*, n° 110 : *Tristana*, p. 10.

vue, dans l'exténuation de ce mouvement, on ne peut ignorer le syndrome Mishima. C'est au Japon, dira-t-on, aux antipodes de notre culture. Et sa vie s'est vraiment terminée à la japonaise. On pourrait donc le cantonner dans cette étrangeté. Mais Mishima, grand lecteur de Dostoïevski, était imprégné de culture occidentale. Et, à lire *Confession d'un masque*, est-on si loin d'un Goytisolo, d'un Genet ou d'une Duras, ou même d'un Gide qui déjà écrivait à son ami, à propos de son désir homosexuel : « Je ne veux pas avoir honte [1] » ?

Comment s'affronter impudemment à « cet amer mélange de désir et de honte » ? À la transparence de l'adolescent il faut opposer l'opacité d'un spectacle, le leurre d'un travestissement. La première fois qu'il voit, dans le théâtre du district de Shinjuku, le spectacle de la magicienne Shokiokusai Tenkatsu, le jeune Mishima est fasciné. Moins à vrai dire par ses tours de magie que par son accoutrement : des vêtements « semblables à ceux de la Grande Prostituée de l'Apocalypse », un maquillage violent, un costume de mauvais goût, tout cela lui donne un « éclat insolent », un « air hautain de suffisance ». Un jour, il décide de devenir Tenkatsu, empruntant le kimono le plus somptueux de sa mère, se maquillant et se poudrant, s'ornant de tous les artifices à sa disposition. Mais, surtout, il se montre à sa mère sous ce scandaleux déguisement et la fait rougir de honte. Son but, c'est de faire baisser les yeux des autres, et de se voir enfin soi-même. Cette tenue extravagante fait écho au chapeau de Duras. Mais Mishima pousse à l'extrême la signification agressive du travestissement. Il y a du terrorisme dans ce devenir écrivain, de même qu'il y a un devenir auteur dans

1. Lettre d'André Gide à Eugène Rouart du 16 septembre 1914, citée par David H. Walker dans sa postface, in *Le Ramier*, Gallimard, « Folio », p. 69.

l'Érostrate de Sartre qui annonce à deux cent deux écrivains, donnant en somme à son acte l'avenir d'une publication : vous allez voir ce que vous allez voir !

Mishima adolescent tente à deux reprises d'exorciser la honte. Il s'agit d'abord de commettre une effraction en public, d'émettre un signe de discordance, plus ou moins anodin, qui puisse jeter comme un défi au monde plat de la convenance ; ensuite, se donnant ainsi en spectacle, de capturer le regard des autres. L'enfant comprend déjà que la vie est une scène de théâtre, et chaque attitude adoptée, une imposture – que la littérature démasquera. Mais l'éhontement se poursuivra tout le long de la vie et de l'œuvre, un peu comme le « lent travail » de Duras, bien que de façon nettement plus exhibitionniste, dans un processus où l'écriture du travestissement et de la dénudation, la recherche d'un « langage de la chair » trouveront constamment leur limite. D'où la nécessité d'une démonstration finale, le spectacle par excellence, un événement biographique qu'il est particulièrement difficile de distinguer de l'œuvre et de son principe esthétique : le suicide sous les yeux des autres. Comme si enfin, dans l'instant de la mort, on avait fini de se tenir devant la porte fermée.

Portrait de l'auteur en grand timide

> La honte, compagne de la conscience du mal, était venue avec les années ; elle avait accru ma timidité naturelle au point de la rendre invincible.
>
> Rousseau, *Les Confessions*

Un adulte qui garde en lui l'enfant tourmenté par le regard des autres, comme l'adolescent inapte à maîtriser ses émotions : que faire face à cette occupation de soi ? Bien des techniques sont possibles. L'une d'elles consiste à métamorphoser l'inhibition en une demande d'amour à la cantonade. Puisque le monde, dans sa présence concrète, paraît hostile, on adressera des lettres intimes, confession ou fiction, à un destinataire anonyme. Cette pratique s'appelle la littérature. Au moins, on ne montrera pas son vrai visage ; et le plus renfermé des hommes pourra se présenter sous un tout autre jour, faire le bouffon, le scandaleux ou l'exhibitionniste.

« C'est un supplice pour lui que d'entrer dans un café, dans un lieu public, parce que, dans ce cas, les regards convergent sur la personne qui entre, et celle-ci, éblouie, mal accoutumée à l'endroit, ne peut se défendre en regardant ceux qui la regardent. Il a la manie de se faire accompagner partout, non seulement, comme le croit Asselineau, “par manie de poète et d’auteur dramatique auquel il faut toujours un public”, mais surtout pour se faire absorber par des yeux connus, par une conscience inoffensive qui l’abritera contre les consciences étrangères. En un mot, il est affreusement timide ; et l’on sait ses avatars de conférencier ; il bafouille en lisant, presse son débit de manière à le rendre inintelligible, garde les yeux fixés sur ses notes et semble au plus fort de la souffrance[1]. »

Il s’agit là de Baudelaire, décrit par Sartre. Mais ce portrait pourrait s’appliquer à bien d’autres écrivains : lisant leurs confessions, ou leurs biographies, on trouvera, mis à part quelques pitres, histrions et autres grandes gueules (et encore faut-il remarquer à quel point ces attitudes peuvent donner le change), nombre de bredouilleurs à la Modiano, d’enfants timides et sauvages comme Gary, d’adolescents « excessivement timides » comme Queneau, ou « ombrageux, noués par des timidités renversantes », comme Semprun. Ce qui nous rassure sur notre propre compte : ainsi, je ne suis pas le seul à porter en moi un enfant gauche, embarrassé, happé par le regard d’autrui. Mais ce qui devrait aussi nous faire réfléchir à la littérature comme transformation possible du rapport à l’autre, façon singulière de paraître, et modification consciente des conditions de l’incarnation et de la visibilité du corps.

L’histoire de la littérature serait-elle un défilé de timides, mal dans leur peau et dans leurs mots ? Faudrait-il étendre au principe même du devenir écrivain la raison personnelle que Ponge donne de sa rage d’écrire ? À l’occasion de l’oral du concours de l’École normale supérieure, il a été incapable de sortir un mot. Sa défense sera l’écrit ; son œuvre dressera un

1. Jean-Paul Sartre, *Baudelaire* (1963), Gallimard, « Idées », p. 189-190.

bunker contre l'intempestif de la parole. Il voudrait, écrit-il, entraîner les paroles « *avec soi dans la honte où elles nous conduisent de telle sorte qu'elles s'y défigurent* », ajoutant : « Il n'y a *point d'autre raison d'écrire*[1]. » Et il précise encore dans la « Tentative orale » : « Il faut bien vous l'avouer aussi : en ce qui me concerne particulièrement, j'ai longtemps pensé que si j'avais décidé d'écrire, c'était justement *contre* la parole orale, contre les bêtises que je venais de dire dans une conversation, contre les insuffisances d'expression au cours d'une conversation même un peu poussée. Ressentant cela avec une espèce de malaise et de honte, bien souvent c'était contre cela, contre la parole orale que je me décidais à écrire, c'est ce qui me jetait sur mon papier. Pourquoi ? Pour m'en corriger, pour me corriger de cela, de ces défaillances, de ces hontes, pour m'en venger, pour parvenir à une expression plus complexe, plus ferme ou plus réservée, plus ambiguë peut-être, peut-être pour me cacher aux yeux des autres et de moi-même, pour me duper peut-être, pour parvenir à un équivalent du silence[2]. » Où l'on voit que la honte affichée par Ponge à l'égard des paroles (qui est aussi une honte « de tous ces grossiers camions qui passent en nous ») masque une autre honte, celle du corps et du rapport à l'autre ; que le choix esthétique qui consiste à se tourner vers le « monde muet des choses » est aussi un choix existentiel et comme physiologique ; que le « poéthique » recherché est la conjonction de ces choix.

Car cette honte particulière des paroles prononcées renvoie à la honte de soi en général. Le rapport singulier à la voix est le

1. Francis Ponge, « Des raisons d'écrire », *Proêmes* (1948), in *Œuvres complètes*, t. I, Gallimard, « Bibliothèque de la Pléiade », sous la direction de Bernard Beugnot, p. 197.
2. *Méthodes*, in *ibid.*, p. 654.

signe d'un rapport à l'ensemble de notre contenance et de notre assurance dans le monde. Ma voix (la voix que je ne peux entendre à moins qu'on ne l'enregistre), est-ce moi ou un autre ? À quoi ressemble-t-elle ? Là se joue le drame du rapport entre moi et moi. Dans ses entretiens radiophoniques, Gide raconte comment, entendant pour la première fois un enregistrement de sa voix, il la jugea terriblement affectée – il prononce « affectché ».

L'écrit permet de fuir la honte de la voix comme rapport entendu à l'autre, comme prestation orale qui exige un minimum de prestance. Le corps du livre sera certes exposé aux yeux et aux oreilles de tous, mais celui-là, au moins, j'aurai eu le temps de le préméditer, de l'arranger, de lui faire une gueule. Le projet d'écrire contre les paroles, en quelque sorte théorisé par Ponge, est un des mobiles fondamentaux de l'exercice de la littérature. Chez Pinget, la honte du ton de sa propre voix est certainement à l'origine d'une hypersensibilité à l'égard des timbres parlés et des vocalités entendues : « Hier soir enregistrement à la radio, j'ai fait connaissance avec ma voix, d'une affectation à gifler, j'avais honte vis-à-vis des autres mais ils m'ont dit gentiment qu'on reconnaissait bien ma voix[1]. » Pour Leiris, la surconscience du corps se double d'une surconscience de la voix, des paroles prononcées, d'une honte de parler en public et d'une crainte de perdre la face : « La gaffe type : cette chose que l'on a dite alors qu'elle n'était pas à dire. [...] Honte cuisante : barbare obtus, avoir profané la sacro-sainte PAROLE en omettant de tourner sept fois sa langue dans sa bouche. [...] N'est-il pas léger toutefois d'assurer que les paroles ne restent pas : une sottise que l'on a débitée demeure, quoi qu'on fasse, une sottise dont on s'est rendu coupable, une tache que nul repentir ne

1. Robert Pinget, *Le Renard et la Boussole*, Minuit, 1955, p. 163.

saurait effacer pour votre malheur à vous qui, lourdaud, avez ainsi perdu la face et vous en souviendrez longtemps[1]. »

Mais le grand maître en gaucherie vocale, c'est encore Rousseau, lequel se présente comme « naturellement timide et honteux ». Ce blessé du langage, ce vaincu de la parole, trop lent dans la conversation, ne trouve rien à dire dans les entretiens ordinaires : ils lui sont insupportables « par cela seul qu'il se sent obligé de parler ». Face à sa « balourdise », la littérature est sa consolation, un art du langage réparateur. Procédant d'une pensée hors de la mondanité, opérant un saut dans l'après-coup de la parole, l'écriture tente de pallier ce que Rousseau nomme la « honte de manquer en public ».

Dans ce panthéon des timides invétérés, Rousseau a un sérieux rival en la personne de Stendhal. « L'expérience première, chez le jeune Beyle, écrit Starobinski, est expérience de gaucherie et de honte. En société, il se sent de trop, maladroit, embarrassé, incapable de trouver un mot plaisant, partant, inapte à séduire[2]. » On pourrait prendre cela comme une anecdote. Mais cet indice d'un rapport blessé au monde est le pendant d'un rapport insatisfait à la littérature. De la honte de soi à la honte du texte, du reniement à la rature, il n'y a qu'un pas. « Quand je relis ces mémoires, je me siffle souvent moi-même », note Stendhal.

La gaucherie peut atteindre les plus altiers d'apparence. Regardez Gide, le brillant Gide, le beau parleur, si à l'aise, semble-t-il, si virtuose dans la conversation, à l'opposé, pourrait-on croire, du moins pour ce qui est de l'attitude dans le monde, de Jean-Jacques. Eh bien, Gide passe lui aussi aux aveux. Voici ce qu'il nous raconte : « Le frère de Roger ramène Hélène Martin

1. Michel Leiris, *À cor et à cri*, *op. cit.*, p. 55 et 60.
2. Jean Starobinski, *La Relation critique*, Gallimard, 1970, p. 213.

du Gard de Paris. La voiture qu'il conduit les dépose passé huit heures, devant le perron; c'est-à-dire qu'il n'y a pas de précédent entre nous. On travaille devant une toile encore blanche où porte le moindre coup de pinceau. Que se passe-t-il alors? C'est comme si s'ouvrait devant moi le soupirail de l'abîme, comme si se débondait en moi tout l'enfer; quelle est cette vapeur qui monte des profondeurs de l'être, qui trouble le regard et vous grise? Le moi se gonfle, s'intumefie, s'étale, expose toutes ses hideurs. La fatigue aidant, on perd sur soi-même tout contrôle; la voix se hausse, se désaccorde, l'on s'entend proférer avec suffisance des paroles inconsidérées dont on voudrait aussitôt se ressaisir; l'on assiste, impuissant, à cette parole misérable d'un être odieux qui prend votre place, joue votre personnage, que l'on voudrait (que l'on ne peut) désavouer… car c'est soi-même.

» Je n'ai rien dit hier soir que de haïssable, d'absurde, et de tel que, si je pouvais rompre avec moi, je romprais.

» Ce matin, je m'efforce de faire rentrer tout cela dans la cage aux monstres[1]. »

C'est là une magnifique description du phénomène de la honte. Le mot, certes, n'est pas prononcé. Mais comment nommer autrement ce cataclysme, ce dédoublement catastrophique? La petite honte est métaphysique. C'est la solitude de mon corps pour autrui, de mon corps livré, sous mes propres yeux, à l'enfer de l'autre. Gide a souvent le sentiment de trop parler, ou pas assez, ou de ne pas dire ce qu'il faut. Ainsi, en 1928, au cours d'une soirée chez Adrienne Monnier: « Je pensais, arrivant à 7 heures, n'y rester que quelques minutes; je m'y attarde une heure; et ce n'est qu'une fois sorti que je me dis que sans doute les quelques rares familiers présents n'attendaient

1. André Gide, *Journal*, t. I, *op. cit.*, p. 833.

que mon départ pour aller dîner ensemble. Beaucoup trop parlé, comme il m'advient après un temps de solitude, perdant contrôle sur moi-même ; car je me rendais compte que je parlais trop, mais ne pouvais me retenir. Raconté, assez mal, plusieurs anecdotes de Mardrus, sans la verve qu'il aurait fallu pour les faire valoir, et, de plus, cédant à cet absurde besoin de bisser le mot ou la phrase qui n'avait pas fait, à mon gré, suffisamment rire, encore que sachant parfaitement que ce qui n'a paru d'abord que médiocrement drôle, répété, ne paraît plus drôle du tout. Et quel besoin d'ajouter des détails personnels que personne ne souhaite connaître ? Celui de me montrer en confiance et parfaitement à mon aise, lorsque précisément je le suis le moins [1]. »

Ce n'est pas que ce type de honteux, le mondain insatisfait de lui, ait une excellente opinion d'autrui : « Je me sens moi-même aussi inintéressant et peu aimable que les autres, que le "reste", que tout [2]. » Son drame, c'est précisément de ne pas se sentir un degré au-dessus d'une bassesse générale dont il n'est que trop conscient : « Je ne sais l'effet que je peux faire aux autres ; mais à moi-même complètement stupide. [...] Continuez donc de causer entre vous, tout comme si je n'étais pas là. Je voudrais tant ne pas y être ! Pourquoi m'avez-vous invité ? J'ai sommeil [3]. »

Ils nous rassurent, ces grands timides, ces perpétuels mal à l'aise. Ainsi, ils sont comme nous ? On adore qu'ils nous fassent part de leurs gaffes, de leurs errances, de leurs autodévalorisations. Ce qui est particulièrement rassurant, c'est de voir à quel

1. *Ibid.*, p. 869-870.
2. *Ibid.*, p. 904.
3. *Ibid.*, p. 1130.

point le sentiment de l'insuffisance est partagé dans le monde. Mishima lui-même, qui aura atteint la limite extrême de l'exhibition de soi, de son propre corps dans et hors littérature, Mishima se décrit dans son adolescence (« à l'exception de cette unique différence honteuse », la découverte de son désir homosexuel, et de ses fantasmes sadiques) comme « pareil à tous les garçons » : « À cause de ma mauvaise santé et de la sollicitude ridicule dont j'étais l'objet, j'avais toujours été si timide que je n'osais pas regarder les gens droit dans les yeux[1]. »

Mais cette faiblesse apparemment sans rémission a son envers glorieux. Et comme nous aimons lire, dans *Les Confessions*, un triomphe du dire sur le honteux à dire, une conquête de la parole à partir de l'humiliation ! Ainsi, au cours de la scène qu'il est convenu d'appeler, depuis l'analyse de Starobinski[2], le dîner de Turin, nous sommes Jean-Jacques domestique. Nous n'avons d'yeux que pour Mlle de Breil, laquelle nous ignore. « Que n'aurais-je point fait pour qu'elle daignât m'ordonner quelque chose, me regarder, me dire un seul mot ; mais point. J'avais la mortification d'être nul pour elle : elle ne s'apercevait même pas que j'étais là. » Mais surtout, par deux fois, nous savons gré à Jean-Jacques de réussir, à notre place, à attirer enfin l'attention. Il nous donne une leçon : c'est par le langage, par le savoir et la saveur des mots que je puis espérer, l'espace d'un instant, prendre l'autre dans mes filets. Cet à-propos est dans la vie exceptionnel. Mais le langage de la littérature réaffirme de façon continue un tel pouvoir.

Désormais, la honte se conjugue au passé. La lecture est un baume, l'écriture, une revanche. Après son chemin de croix,

1. Yukio Mishima, *Confession d'un masque*, *op. cit.*, p. 80.
2. Cf. Jean Starobinski, *La Relation critique*, *op. cit.*, p. 98-169.

lors du sacre final, le honteux fera en définitive, aux côtés du maudit, assez bonne figure. C'est que le corps de l'écrivain est la promesse d'un corps glorieux. La postérité semble lui désigner un avenir libéré des petitesses, un pardon généralisé, et mieux encore : la béatification par le génie reconnu. Ce que rappelle Malraux à propos de Rousseau au début de ses *Antimémoires* : « L'orgueilleuse honte de Rousseau ne détruit pas la pitoyable honte de Jean-Jacques, mais elle lui apporte une promesse d'immortalité. Cette métamorphose, l'une des plus profondes que puisse créer l'homme, c'est celle d'un destin subi en destin dominé[1]. »

Ce pourquoi Valéry a bien raison d'envisager la littérature comme une vengeance contre l'esprit d'escalier.

1. André Malraux, *Antimémoires* (1972), Gallimard, « Folio », p. 13.

III

La honte dans la rue

Elle reste très forte, l'évocation par Sartre, dans *Réflexions sur la question juive*, de l'emprisonnement du regard autour de l'étoile jaune. Que de pièges tendus, que de vertiges de la vision : honte d'être vu, honte de voir, regards qui se fuient de part et d'autre. Ce n'est pas seulement la honte de porter un signe d'infamie qui se joue là. C'est tout autant celle de le voir porté. Les regards étaient alors en quelque sorte pris dans un cercle de désignation. Ils n'avaient entre eux plus de jeu possible. Ils étaient joués d'avance. L'étoile jaune s'adressait à moi, le non-Juif, elle pointait sur moi comme un regard. Que faire ? demande Sartre. Tirer un coup de chapeau au Juif qu'on rencontrait pour lui marquer sa solidarité ? Certains s'y essayèrent, s'efforçant d'exprimer comme ils le pouvaient leur impuissante compassion. Sartre rappelle comment ce geste bien intentionné fut perçu. Le désigné se sentait alors devenir objet de commisération : s'il n'était pas objet d'invective, il était encore objet. Tout geste à son endroit confirmait à quel point le Juif n'était pas libre d'être juif. « Tout cela, nous l'avons si bien compris que pour finir, nous détournions les yeux lorsque nous rencontrions un Juif porteur d'étoile. Nous étions mal à l'aise, gênés par notre propre regard qui, s'il se posait sur lui, le constituait comme Juif, en dépit de lui, en dépit de nous[1]. »

Pour abolir la honte, il faudrait abolir l'être pour autrui. Ce à quoi prétend le regard détourné. Mais cette ignorance réciproque, pacte tacite entre deux hontes solidaires, entre deux impuissances, est elle-même un terrible contrat. La terreur totalitaire de l'Histoire vise l'intérieur des êtres, elle les emporte dans le cercle vicieux et silencieux de la honte programmée et partagée. L'humilié ressent tellement le poids de sa honte que je ne puis rien faire pour l'en décharger.

L'étoile jaune, dit Albert Cohen, c'était « la honte dans la rue[2] ». Elle créait une situation où toutes les attitudes (la peur, l'insouciance feinte, le défi, le refus) étaient tributaires du regard de l'autre. La question se posait d'abord pour les Juifs eux-mêmes : comment répondre à cette terrible injonction ? Dans *Être sans destin*, Kertész évoque ce débat. En Hongrie, de nouvelles lois contre les Juifs viennent d'être promulguées, et il est interdit de sortir de la ville avec l'étoile jaune. Dans le tram, le héros, un très jeune homme, rencontre Annamária, sa voisine juive : « Elle doit avoir environ quatorze ans, comme moi. Elle a un long cou. Sa poitrine commence à s'arrondir sous son étoile jaune. [...] Elle voulait d'abord nous parler de quelque chose qui la préoccupe beaucoup en ce moment : son étoile jaune lui pose problème. En effet, le "regard des autres" lui a fait prendre conscience d'un changement, elle trouve que l'attitude des gens envers elle a changé, et elle voit à leur regard qu'ils la haïssent. Elle l'a remarqué encore ce matin, quand sa mère l'a envoyée aux commissions. Mais moi, je crois qu'elle exagère un peu. Du

1. Jean-Paul Sartre, *Réflexions sur la question juive* (1944), Gallimard, « Idées », p. 94.
2. Albert Cohen, *Le Livre de ma mère*, *op. cit.*, p. 30.

moins l'expérience que j'en ai n'est pas tout à fait la même. [...] Elle a aussi fait remarquer combien il est particulier pour elle de vivre “avec la conscience de cette différence” et qu'elle en ressentait parfois une sorte de fierté, et parfois plutôt une espèce de honte. [...] Ce n'est que dans l'escalier que je me suis rendu compte que j'avais blessé Annamaria avec mon sentiment de honte, visiblement : c'est à ce moment-là qu'elle avait eu un comportement bizarre[1]. » La dispute entre les deux adolescents tourne autour de cette question : la différence est-elle inhérente aux Juifs, ou vient-elle du regard de l'autre ? Affichant sur les corps les insignes d'infamie, l'antisémitisme d'État a ainsi officiellement élargi le champ de l'humiliation.

La honte, on le voit, traque les victimes. Peut-elle hanter les persécuteurs ? Autrement dit : l'antisémitisme est-il essentiellement une passion éhontée ? C'est ce que Sartre postule : « L'antisémite reconnaît volontiers que le Juif est intelligent et travailleur ; il s'avouera même inférieur à lui sur ce rapport. Cette concession ne lui coûte pas grand-chose : il a mis ses qualités entre parenthèses. Ou plutôt elles tirent leur valeur de celui qui les possède : plus le Juif aura de vertus, plus il sera dangereux. Quant à l'antisémite, il ne se fait pas d'illusions sur ce qu'il est. Il se considère comme un homme de la moyenne, de la petite moyenne, au fond comme un médiocre ; il n'est pas d'exemple qu'un antisémite revendique sur les Juifs une supériorité individuelle. Mais il ne faudrait pas croire que sa médiocrité lui fasse honte ; il s'y complaît au contraire ; je dirai qu'il l'a choisie. Cet homme redoute toute espèce de solitude, celle du génie comme celle de l'assassin : c'est l'homme des foules ; si petite que soit sa taille, il prend encore la précaution de se

1. Imre Kertész, *Être sans destin*, Actes Sud, 1998, p. 50-56.

baisser, de peur d'émerger du troupeau et de se retrouver en face de lui-même. S'il s'est fait antisémite, c'est qu'on ne peut pas l'être tout seul. Cette phrase : "je hais les Juifs", est de celles qu'on prononce en groupe ; en la prononçant on se rattache à un groupe ou à une communauté : celle des médiocres. Aussi convient-il de rappeler qu'on n'est pas nécessairement humble ni même modeste parce qu'on a consenti à la médiocrité. C'est tout le contraire : il y a un orgueil passionné des médiocres et l'antisémitisme est une tentative pour valoriser la médiocrité en tant que telle, pour créer l'élite des médiocres[1]. »

En suivant ce raisonnement, on pourrait tout aussi bien dire à quel point cet « orgueil passionné » des médiocres est également une réponse à la honte, une honte réactive en quelque sorte, offensive cette fois – une négation de soi retournée en affirmation agressive et arbitraire contre un bouc émissaire. L'antisémitisme est certainement à relier, comme toutes les passions de rejet et d'ostracisme, à une pathologie collective de la honte – et, plus précisément encore, à l'angoisse de ce que Jankélévitch appelle l'« altérité minimale », ce sentiment d'une insupportable proximité de l'autre liée à la haine de soi. Mais, surtout, Sartre fait là le portrait-robot de l'antisémite archétypal. Or l'antisémitisme est multiforme, il épouse des fantasmes très divers, au point qu'il n'est pas exclu, contrairement à ce que Sartre avance, qu'il puisse se conjuguer avec un héroïsme de la solitude et de la singularité géniale (Céline en est l'exemple le plus frappant).

Que des histoires multiples conduisent des sujets distincts, pourvus de fantasmes divergents, à un délire en commun, Sartre l'avait perçu avec une remarquable lucidité, cependant, lorsque avant la guerre il avait choisi de raconter, dans *L'Enfance d'un*

1. Jean-Paul Sartre, *Réflexions sur la question juive*, *op. cit.*, p. 25-26.

chef, l'histoire du jeune Lucien Fleurier. Cette nouvelle (publiée en 1939 dans un recueil intitulé *Le Mur*) nous montrait déjà comment l'antisémitisme, c'est faire face à sa propre impuissance en humiliant l'autre, mais aussi imaginer pouvoir se faire une gueule quand on a l'impression de n'en avoir aucune. Lucien ne parvient pas à s'accepter, à se projeter dans l'avenir comme le digne fils de son père, qui lui aurait succédé à la tête de son entreprise. Il traîne le complexe de son grand corps dégingandé. Bientôt, il apprendra avec les camelots de l'Action française à haïr les Juifs ; il n'aura pas son pareil pour « reconnaître un juif à vue de nez ». Mais le geste décisif, c'est lorsqu'il frappe de toutes ses forces « un petit bonhomme olivâtre qui traversait la rue Saint-André-des-Arts en lisant *L'Humanité* ». Le lendemain, il achète une grosse canne de jonc. Le surlendemain, il a son premier rapport sexuel. Ce qu'à la fin il espère, c'est pouvoir mimer l'« air imperméable » qu'il admire chez un camarade qui l'a introduit à l'Action française. Le miroir ne lui renvoie encore que sa « jolie petite figure butée ». Il va, dit-il, se laisser pousser la moustache[1].

En l'occurrence, l'antisémite (comparable en cela à l'homophobe) apparaît comme un adolescent honteux, un sale gosse mal dans sa peau qui s'initie à la violence. C'est l'histoire banale d'un bizuté-bizuteur qui aurait mal tourné. Mais s'il doit en passer par cette haine, c'est que, prétendant percer à jour l'abjection de l'autre, il imagine pouvoir se fabriquer un corps, une allure. Et, bientôt, la question gênante que se posent les personnages de Bove ou de Dostoïevski, celle de Raskolnikov avec son cha-

1. Voir Jean-François Louette, « La dialectique dans *L'Enfance d'un chef* », in *Silences de Sartre*, Presses universitaires du Mirail, 2002, p. 165-200 ; et Geneviève Idt, *in* Jean-Paul Sartre, *Le Mur*, Larousse Université, 1972, p. 116-132.

peau – de quoi ai-je l'air ? –, l'antisémite sera en mesure de l'évacuer, lui qui n'aura plus à se soucier de son apparence, puisque c'est l'air des autres, et d'eux seuls, qui sera désormais objet de soupçon.

On pourrait alors imaginer que l'antisémite aura véritablement terrassé la honte de soi. Au point qu'elle ne pourra faire retour, et que le délire antisémite sera rendu possible par ce refoulement définitif, agrégeant l'individu au groupe honnisseur et l'embarquant ainsi pour la vie dans l'arbitraire d'une bêtise éhontée. Ce qui expliquerait la constance de l'antisémite, son incapacité à se renier. On se souvient de la phrase de Rousseau : « La honte accompagne l'innocence, le crime ne la connaît plus [1]. » Il semble qu'en l'occurrence elle se vérifie. Parmi tant d'autres exemples, voyez Xavier Vallat (nommé par Vichy, en 1941, commissaire général aux questions juives), modèle exemplaire de l'antisémite éhonté, qui, lors de son procès en Haute Cour, à la fin de la guerre, loin d'être à un quelconque moment habité par le doute, fera un cours d'antisémitisme à ses jurés [2]. Voyez Céline jouissant des premières tentatives négationnistes. Voyez même Bernanos (auteur en 1931 de *La Grande Peur des bien-pensants*, où il reprenait les thèses de Drumont) qui, capable de faire volte-face sur bien des fronts, ne pourra pas vraiment reculer sur ce qu'il persistera à appeler la « question juive ». C'est que, parmi les couches géologiques des sédimentations monomaniaques, l'antisémitisme semble présenter une minéralité et une densité incomparables. C'est un corps bétonné, sans faille. « Je meurs antisémite », écrivait Drieu en 1939 dans son faux

1. Jean-Jacques Rousseau, « Notes écrites sur des Cartes à jouer », carte n° 23 (*Les Rêveries du promeneur solitaire*, *op. cit.*, p. 206).
2. Cf. Laurent Joly, *Xavier Vallat. Du nationalisme chrétien à l'antisémitisme d'État*, Grasset, 2001.

testament. L'antisémite semble ainsi pourvu d'un antidote miraculeux contre la honte historique qui nous étreint.

Voici cependant deux exemples qui donnent à réfléchir sur le rapport plus ou moins honteux à un passé antisémite : ceux de Blanchot et de Cioran.

Blanchot est un remarquable exemple de revirement : après avoir affiché, dans les années trente, des positions antisémites dans des journaux d'extrême droite, il manifesta après la guerre son dégoût à l'égard de ce passé. À quel moment l'examen douloureux de soi commença-t-il ? Par quoi fut-il déclenché ? Comment expliquer autrement que par une mémoire blessée, et par un sentiment de l'ordre de la honte, d'abord les années de silence sur ce sujet, sur tout ce qui entoura la guerre, cette façon de revendiquer, à travers la « solitude essentielle » de l'écrivain, le retrait et l'effacement, ensuite la reconnaissance fracassante de ses errements anciens à travers des pages bouleversantes sur l'Holocauste, lorsque se produisit en lui, comme le remarque son biographe, Christophe Bident, ce que Chestov appelle une « transformation des convictions[1] » ? Ainsi, sa position désormais radicale à l'égard de l'antisémitisme, désigné comme la « faute capitale », lui fera adopter une attitude intransigeante, sans concession, vis-à-vis de Heidegger ou de Céline[2], et il ne dérogera pas à cette règle : « Pense et agis de telle manière

1. Christophe Bident, *Maurice Blanchot partenaire invisible. Essai biographique*, Seyssel, Champ Vallon, 1998, p. 157.

2. Sur Heidegger, cf. *L'Entretien infini*, Gallimard, 1969, p. 210. Sur Céline : « Que Céline ait été un écrivain livré au délire ne me le rend pas antipathique, mais ce délire s'exprima par l'antisémitisme ; le délire, ici, n'excuse rien ; tout antisémitisme est finalement un délire, et l'antisémitisme, serait-il délirant, reste la faute capitale » (lettre à Raymond Bellour, *Cahiers de L'Herne. Henri Michaux*, 1966).

qu'Auschwitz ne se répète jamais. » À ce titre, Blanchot fait peut-être figure d'exception.

La « faute capitale », c'est une expression qu'on ne saurait imaginer sous la plume de Cioran. Est-ce à dire que Cioran est éhonté ? Non, sans doute. Simplement, il revendique le droit à la renaissance, et à la prescription. « On me reproche certaines pages de *Schîmbarea la fata*, livre écrit il y a trente-cinq ans ! J'avais vingt-trois ans, et j'étais plus fou que tout le monde. J'ai feuilleté hier ce livre ; il m'a semblé que je l'avais écrit dans une existence antérieure, en tout cas mon moi actuel ne s'en reconnaît pas l'auteur. On voit à quel point le problème de la responsabilité est inextricable. Combien de choses j'ai pu croire dans ma jeunesse ! » Ce qui ne l'empêche pas, dans ses *Cahiers*, d'exprimer une « honte intellectuelle », façon de rehausser un peu la honte d'un moi passé. « Eugène Ionesco, avec lequel j'ai parlé longuement au téléphone de la Garde de Fer, et auquel je disais que j'éprouve une sorte de honte intellectuelle à m'être laissé séduire par elle, me répond très justement que j'ai "marché" parce que le mouvement était "complètement fou"[1]. » Mais ces retours sur soi (atténués par deux excuses, la folie et la jeunesse, qui délient d'une responsabilité) ne se font que dans des écrits intimes. En un sens, Cioran n'a jamais pu rompre de façon radicale avec son passé d'idéologue fasciste et antisémite, puisqu'il s'est essentiellement évertué, jusqu'à sa mort, à le passer sous silence ou à le minimiser[2].

À la résolution sans appel de l'un, Blanchot, qui, sans doute, prend sa source dans une honte concrète, à son sens de la respon-

1. Emil Cioran, *Cahiers, 1957-1972*, Gallimard, 1997, p. 695. La Garde de Fer était le mouvement d'extrême droite de Codreanu.

2. Cf. à ce sujet Alexandra Laignel-Lavastine, *Cioran, Eliade, Ionesco. L'oubli du fascisme*, PUF, « Perspectives critiques », 2002.

sabilité historique à l'égard des Juifs, s'oppose l'humilité abstraite de l'autre, Cioran, centrée sur une origine ontologique de la honte – l'inconvénient d'être né. On ne peut s'empêcher de relier les assertions répétées du second sur la valeur éthique et surtout heuristique de l'humiliation au ressassement d'un passé sur lequel on a essentiellement fait silence. « Ce que je suis ? un penseur de l'humiliation. (Je devrais dire : ce que je voudrais être – plutôt que : ce que je suis. Mais peut-être le suis-je en effet.) » « Atteindre la limite inférieure, l'extrémité de l'humiliation, s'y engouffrer, s'y laisser choir systématiquement, par une sorte d'obstination inconsciente et morbide ! Devenir un chiffre, une roulure, sombrer dans la boue ; et puis sous le poids de la terreur de la honte, éclater et se ressaisir, en ramassant ses propres débris. » « Tant qu'on n'a pas touché aux extrémités de l'humiliation et de la honte, on n'a pas le droit d'aborder les grands problèmes »[1].

Cioran et Blanchot, tous deux confrontés à des questions comparables, y répondent de façons très différentes. On aura compris que, face au passé politique, Cioran choisit essentiellement, outre le silence, une hauteur de vue mystique, un surplomb grâce à quoi toute horreur historique est en quelque sorte relativisée : « Ce qui m'attire chez les mystiques, ce n'est pas leur amour de Dieu, c'est leur horreur de l'ici-bas, à cause de laquelle je leur pardonne tous ces soupirs de félicité dont ils sont si prodigues[2]. » On aura remarqué la vertu courageuse, chez Blanchot, d'une possible dissociation de soi, qui permet de s'extraire de la gangue d'un moi passé. Mais il faut ajouter que, dans ce domaine comme dans les autres, l'affect politique évolue, comme l'Histoire elle-même. Dans les deux cas, la honte a sans doute joué un rôle cardinal. Ce rôle est plus efficace lorsqu'il n'occupe pas toute la scène.

1. Emil Cioran, *Cahiers*, *op. cit.*, p. 668, 17, 317
2. *Ibid.*, p. 643.

Les spectres de la mémoire
(Levi, Antelme, Semprun, Seel)

Geo Josz est après la guerre le seul Juif rescapé de Ferrare. Peu à peu, il en vient à cette conclusion : je n'intéresse personne, mais surtout je fais honte à tous, ma seule présence ici est un reproche vivant et insupportable. Tel est l'argument d'un récit de Giorgio Bassani [1]. La ville a effacé toutes les traces du passé encombrant. Il est temps maintenant d'oublier, de danser et de rire. On se réconcilie. Les anciens fascistes reviennent. Allons de l'avant, « reconstruisons ». Pour cela, il faut à tout prix échapper à la fixation de la honte. Mais Geo, lui, le Juif rescapé, ne veut pas, ou plutôt il ne peut pas. Délaissant le complet de gabardine qu'il s'était fait tailler sur mesure, il « exhume de nouveau son lugubre uniforme de déporté », et ainsi vêtu il fréquente les lieux publics, fait « son possible pour se montrer partout où il y a des gens qui ont envie de s'amuser », exhibe dans un dancing les photos de ses parents morts à Buchenwald, raconte au café à qui veut l'entendre tous les épisodes déchirants de la déportation, n'épargnant aucun détail. Il va jusqu'à gifler sur la place publique un ancien fasciste. Bref, il affiche le passé honteux. Autour de lui, il suscite la gêne, voire « une cer-

1. Giorgio Bassani, *Une plaque commémorative via Mazzini*, in *Les Lunettes d'or et autres histoires de Ferrare*, *op. cit.*

taine impression d'ennui et d'incrédulité». Il hante la ville jusqu'en 1948, présentant à tous une silhouette de plus en plus désolée et déguenillée, puis il finit par disparaître: ce témoignage vivant de la déportation ne peut s'accommoder de la réconciliation. Ferrare, toute honte bue, reprend vie. Peut-être cependant qu'un jour, bien des années plus tard, Geo Josz réapparaîtra dans la mémoire collective. Peut-être même qu'on célébrera son souvenir.

Face à la pression collective, à cette injonction tacite d'un monde qui voulait continuer à tourner comme si de rien n'était, il y eut après le génocide, en fin de compte, bien peu de Geo Josz. Dans *Histoire d'une vie*, Aharon Appelfeld raconte comment les rescapés des camps (comme lui-même en tant qu'écrivain), en gardant, dans un premier temps du moins, leur mémoire au secret, ont voulu «préserver leurs enfants du souvenir de la souffrance et de la honte». Les rescapés, écrit-il, n'étaient pas les seuls à vouloir refouler les épreuves endurées. «Le monde extérieur aussi exigeait d'eux qu'ils se renient ou renient les souvenirs qu'ils avaient emportés[1].» Le secret, comme l'oubli volontaire, masque les spectres de la honte.

C'est pourquoi le XXe siècle finissant fut le siècle de la commémoration. Quand la honte fait des trous de mémoire, la commémoration a pour effet de colmater artificiellement les brèches. Elle scelle dans le marbre et fige dans le monument: n'oublions pas le passé, proclame-t-elle, mais du passé elle fait une stèle. La mémoire collective d'un peuple, à la façon de la mémoire familiale, se construit sur le secret gardé en commun. Resserrée autour de ses certitudes, informant et désinformant des générations

1. Aharon Appelfeld, *Histoire d'une vie* (1999), trad. Valérie Zenatti, Éditions de l'Olivier / Le Seuil, 2004, p. 203.

entières, renforçant ses défenses, cultivant ses gloires p culpabilisant pour mieux protéger l'amnésie, une communauté historique présente ainsi tous les caractères d'une famille, avec ses héritages reluisants et ses secrets abjects. La bonne conscience collective construit des murs bétonnés de silence.

Dans cette série des passés honteux, troués, enchaînés à la légende des commémorations officielles, la mémoire de la destruction de l'Allemagne fut longtemps mutique. Interrogeant des rescapés de Halberstadt, un psychologue américain constate que « la population a perdu la capacité psychique de se souvenir » ; à son retour d'exil, en 1945, Alfred Döblin remarque que les hommes circulent au milieu de ruines effrayantes comme s'il ne s'était rien passé de spécial[1]. Des années plus tard, W.G. Sebald confirme cette autocensure : les aspects les plus sombres de l'acte final de la destruction (auquel assista pourtant l'immense majorité de la population allemande) sont demeurés « un secret de famille honteux, en quelque sorte frappé de tabou et que peut-être on n'osait même pas s'avouer en son for intérieur[2] ».

Que de hontes historiques s'accumulent ainsi dans le giron de nos mémoires, se côtoyant, s'ignorant le plus souvent les unes les autres ! Ne les cherchez pas trop, cependant, du côté des bourreaux. Étrangement, c'est plutôt du côté des victimes qu'elles prospèrent, dans la promiscuité et les souffrances partagées de la Kolyma ou des *Lager*, dans les terribles journées d'Ivan Denissovitch ou de Primo Levi. Car la victime, étrangement, a honte pour son persécuteur, à la façon du personnage d'un roman de Taslima Nasreen, Suranjen, hindou au Bangla-

1. Hans Magnus Enzensberger (éd.), *L'Europe en ruines*, trad. Bernard Kreiss, Solin / Actes Sud, 1999, p. 233.

2. W.G. Sebald, *De la destruction comme élément de l'histoire naturelle*, trad. Patrick Charbonneau, Actes Sud, 2004, p. 21.

desh, errant dans les rues malgré le danger (après le saccage d'une mosquée en Inde, suite à une nouvelle émeute fomentée par les extrémistes hindous), menacé par les enfants du quartier (avec qui pourtant la cohabitation semblait jusqu'alors pacifique), « honteux, horrifié, à l'idée que ces gamins veulent le rosser ». « Et sa honte et sa tristesse, ce n'est pas à lui qu'elles s'adressent, mais à ceux qui aimeraient le tabasser. La honte, elle est pour ceux qui infligent la torture et non pour ceux qui la subissent[1] ! »

Un chapitre d'un livre de Primo Levi, *Les Naufragés et les Rescapés*, s'intitule « La honte ». Déjà dans *La Trêve*, Levi évoquait la honte des soldats russes découvrant dans le camp cadavres et moribonds : « Ils ne nous saluaient pas, ne nous souriaient pas ; à leur pitié semblait s'ajouter un sentiment confus de gêne qui les oppressait, les rendait muets et enchaînait leurs regards à ce spectacle funèbre. C'était la même honte que nous connaissions bien, celle qui nous accablait après les sélections et chaque fois que nous devions assister ou nous soumettre à un outrage : la honte que les Allemands ignorèrent, celle que le juste éprouve devant la faute commise par autrui, tenaillé par l'idée qu'elle existe, qu'elle ait été introduite irrévocablement dans l'univers des choses existantes et que sa bonne volonté se soit montrée nulle ou insuffisante et totalement inefficace[2]. »

Pour Primo Levi, les camps ou le nazisme nous ont inspiré la honte d'être un homme[3]. Il y a eu des victimes et des bour-

1. Taslima Nasreen, *Lajja* (*La Honte*) (1993), trad. C. B. Sultan, Stock, 1994, p. 39.

2. Primo Levi, *La Trêve* (1963), trad. Emmanuelle Genevoix-Jely, Grasset, « Les Cahiers rouges », p. 14.

3. La réflexion de Deleuze sur la honte (cf. en particulier *Critique et Clinique*, Minuit, 1993, p. 144-157) se fonde essentiellement sur des lectures de T.E. Lawrence et Primo Levi.

reaux, mais la souillure tache l'ensemble, parce que pour tous, bourreaux et victimes, il faut survivre à la honte, notre lot commun. La honte d'avoir été avili est le corollaire de la honte d'avoir avili et même de la honte du témoin de l'avilissement. Le bourreau, la victime et le témoin sont à la fois séparés et reliés par un terrible fil.

Mais est-ce vraiment de la honte, dira-t-on, ce malaise indéfini ressenti pendant et après la captivité, et qui ne quitte pas le corps du survivant ? La réponse de Levi est sans équivoque : ce malaise est bien perçu ainsi, comme une honte. « À la sortie des ténèbres, on souffrait en retrouvant la conscience d'avoir été diminués[1]. » Le rescapé éprouve le sentiment d'une faute. « Quelle faute ? Les choses terminées, alors ressortait la conscience de n'avoir rien fait, ou pas assez contre le système dans lequel nous avions été engloutis. » C'est ce sentiment, resurgi après l'expérience des camps, qui selon Levi explique les nombreux cas de suicide au sortir de la guerre. Sur le plan rationnel, « les rescapés n'auraient pas eu beaucoup de motifs d'éprouver de la honte », et cependant « la honte était là ». Le rescapé se souvient des moments où il a assisté, au milieu d'une foule apathique, à la pendaison d'un résistant. Mais, d'une façon plus générale, pèse sur lui la mémoire de ceux qui sont morts là-bas – de ceux qu'en somme il a laissé mourir.

Telle est d'abord la honte du survivant : la sensation d'être « vivant à la place d'un autre », et en particulier « d'un homme plus généreux, plus sensible, plus sage, plus utile, plus digne de vivre ». D'ailleurs, n'étaient-ils pas effectivement, eux, les disparus, les meilleurs ? « Ceux qui survivaient étaient de préférence

1. Primo Levi, *Les Naufragés et les Rescapés. Quarante ans après Auschwitz*, trad. André Maugé, Gallimard, « Arcades », 1989, p. 75.

les pires, les égoïstes, les violents, les insensibles, les collaborateurs de la “zone grise”, les mouchards[1]. »

Cette culpabilité reversée sur le rescapé que Levi appelle la honte fait autour d'elle des cercles concentriques. Enfant juif réfugié dans un internat pendant la guerre, Georges-Arthur Goldschmidt, emprisonné dans le regard des autres, se sentit alors considéré comme un « tricheur du destin ». Chaque punition infligée lui signifiait à quel point il était l'enfant de trop. C'est qu'on lui reprochait de survivre : « De jeunes Résistants sont morts, et vous vous êtes toujours là. » Mais c'est encore dans la mémoire des fils et des filles de famille juive que se transmet cette souffrance liée à une faute qu'on n'a pas commise, perceptible dans les livres de Serge Doubrovsky, par exemple, ou encore chez Hélène Cixous : « Je suis une femme qui a toujours des tribunaux dans la tête, tout cela parce que je n'ai pas été déportée[2]. » Si bien qu'on pourrait dire que la honte d'avoir été déporté se reconvertit en un traumatisme de génération : une honte éprouvée à l'égard des pères et des mères, la honte de ne pas avoir été déporté.

On pourrait aller jusqu'à dire que, selon Levi, la honte échoit sans partage à la victime. Car la victime ne subit pas exclusivement une honte personnelle ou spécifique. C'est la honte du monde qui est son fardeau. Seule la victime ne peut s'aveugler. Seule elle est condamnée à la lucidité. Submergés par l'océan de la douleur, les survivants portent en eux la honte que n'ont jamais éprouvée les bourreaux. « Nul homme n'est une île », écrit John Donne, et pourtant le bourreau est comme un île. « Nous ne pouvions pas, et nous ne l'avons pas voulu, être des îles ; les justes parmi nous, ni plus ni moins nombreux que dans

1. *Ibid.*, p. 81.
2. Hélène Cixous, *Le jour où je n'étais pas là, op. cit.*, p. 25.

n'importe quel groupe humain, ont éprouvé du remords, de la honte, bref: de la douleur, pour la faute que d'autres qu'eux avaient commise, et dans laquelle ils se sont sentis impliqués parce qu'ils sentaient que ce qui était arrivé autour d'eux, et en leur présence, et en eux, était irrévocable[1]. »

L'analyse de Levi sur le remords du rescapé est particulièrement poignante: elle semble anticiper son suicide (en 1987). Son cas n'est pas isolé: Jean Améry, lui aussi rescapé d'Auschwitz, s'était donné la mort en 1978[2]. Est-ce pour avoir été tous deux, Améry et Levi, les « témoins d'un réel impossible[3] » qu'ils se heurtèrent à l'impossibilité de vivre? Est-ce de la honte du rescapé qu'ils sont morts – ou, du moins, de cette honte indicible, de cette pudeur extrême à l'égard d'un réel insurmontable? Améry se présente comme l'homme du ressentiment, sans plus une place dans ce monde. Un suicide ne peut jamais s'expliquer unilatéralement. Il n'en reste pas moins que la situation extrême de l'expérience des camps donne une signification particulière à la mort volontaire.

Cette honte du juste, Antelme l'évoque d'une autre façon dans *L'Espèce humaine*, livre écrit aussitôt après l'expérience des camps, dans le désir frénétique de dire une « expérience toute vivante », et dans une sorte de soulagement. « Nous voulions parler, être entendus enfin. » Jamais peut-être la littérature (si ce mot est approprié à un tel livre) ne fut aussi près du récit parlé dans l'urgence. « Dès qu'ils se sont éloignés de Dachau, raconte Duras, Robert L. a parlé. Il a dit qu'il savait qu'il n'arri-

1. Primo Levi, *Les Naufragés et les Rescapés*, *op. cit.*, p. 84.
2. Voir Jean Améry, *Par-delà le crime et le châtiment. Essai pour surmonter l'insurmontable* (1966), trad. Françoise Wuilmart, Actes Sud, 1995.
3. Michel Guérin, *La Pitié. Apologie athée de la religion chrétienne*, Actes Sud, « Le Génie du philosophe », 2000, p. 265.

verait pas à Paris vivant. Alors il a commencé à raconter pour que ce soit dit avant sa mort[1]. »

Quels textes mieux que ces récits écrits d'un trait, faits pour nous agripper, pour survivre au silence et à l'oubli, nous montrent qu'écrire procède d'un besoin irrépressible de parler à l'autre et d'un espoir d'« entente humaine » (Blanchot) ? Mais en même temps quels textes témoignent avec plus de force de la solitude irréversible du témoin ? L'expérience de la séparation, de l'inaudible, s'est faite d'emblée pour Antelme, dès l'entrée des soldats américains dans le camp de Dachau (de même que pour Levi face aux soldats russes) : « C'est que l'ignorance du soldat apparaît, immense. Et au détenu sa propre expérience se révèle pour la première fois comme détachée de lui, en bloc. Devant le soldat, il sent déjà surgir en lui sous cette réserve le sentiment qu'il est en proie désormais à une sorte de connaissance infinie, intransmissible[2]. » En réponse au témoignage, le soldat ne peut rien dire que : « *Frightful, yes, frightful!* » Malgré les paroles impuissantes, malgré « la scène toujours répétée du récit fait et jamais entendu » (Levi), le survivant raconte, raconte, conscient d'une distance infinie à combler… et voilà que déjà, il le pressent, on ne l'écoute plus, déjà une cloison de verre le sépare de l'autre. Ce pourquoi il « suffoque ».

À la honte de la victime se superpose la honte du témoin impuissant. Ces deux hontes semblent se faire sourdement écho, dans une sorte de sidération, dans un silence qu'aucune parole ne peut vraiment briser. David Rousset fait remarquer comment les concentrationnaires sont « séparés des autres par une expérience impossible à transmettre[3] ».

1. Marguerite Duras, *La Douleur*, P.O.L., 1985, p. 63.
2. Robert Antelme, *L'Espèce humaine* (1947), Gallimard, « Tel », p. 301.
3. David Rousset, *L'Univers concentrationnaire*, Éditions Le Pavois, 1946, p. 182.

Le récit d'Antelme a été reçu en France dans l'indifférence générale. *Les Temps Modernes* eurent le mérite d'en rendre compte dans ce qui fut alors une des seules notes de lecture, et qui commençait ainsi : « Encore un livre sur les camps de concentration ! » Cette ironie donne bien le ton de l'époque. C'est un « gros livre », disait le commentateur pourtant bien intentionné des *Temps Modernes*; il le trouvait « un peu long ». Un article de *Combat*, en 1949, constatait : « La mode n'est plus aux livres de prisonniers et de déportés[1] » – la mode n'était d'ailleurs pas près de revenir. Quelques années plus tard, en 1956, Jankélévitch, dans un magnifique texte très polémique, *L'Imprescriptible*, s'indignait de cette propension collective à oublier l'horreur du passé : « Les déportés devront-ils s'excuser à leur tour d'avoir trop longtemps retenu l'attention du public[2] ? »

Depuis, dira-t-on, les choses ont changé. *L'Espèce humaine*, ce texte qui témoignait pour l'ensemble, a trouvé une proximité à travers des « répliques de l'amitié[3] » : celles de Duras, Mascolo, Perec, Blanchot. « Un livre unique », dit Blanchot, un livre « d'une signification exceptionnelle »[4]. Et Perec : « Un livre qui définit la vérité de la littérature et la vérité du monde[5]. » Ce que Ricœur appelle l'« attribution de la mémoire » a permis de réparer pour une part le défaut d'attention. Mais un excès de res-

1. Cité par Roland Desné, « Georges Hyvernaud », in *La Revue littéraire*, textes réunis par Bernard Alluin et Bruno Curatolo, Université de Bourgogne, 2000, p. 121.

2. Vladimir Jankélévitch, *L'Imprescriptible*, Seuil, 1986, p. 53.

3. Paul Ricœur, *La Mémoire, l'Histoire, l'Oubli*, Seuil, « L'Ordre philosophique », 2000, p. 162.

4. Cf. Maurice Blanchot, *L'Amitié*, Gallimard, 1971, p. 128 ; et *L'Entretien infini*, *op. cit.*, p. 175.

5. Cf. Georges Perec, « Robert Antelme et la vérité de la littérature », in *L.G. Une aventure des années soixante*, Seuil, 1992, p. 87-114.

pect ou de sacralisation après l'oubli peut transformer un texte en une sorte de parole morte, commémorative, gravée. « Il nous a légué ça, dit par exemple Philippe Lacoue-Labarthe, ça dont on ne pourra jamais dire qu'il s'agit de littérature ; ça et rien d'autre. Je ne me sens pas le droit d'y ajouter la moindre ligne de commentaire : ce serait une indécence. Il ne s'est pas tu pour acquérir une grandeur, il n'a pas refusé de parler, il a cessé[1]. » On peut ériger Antelme en figure héroïque et surhumaine. Mais faut-il le river à ce point au symbolique et au sublime hors littérature ? Ne serait-ce pas au détriment de la lecture elle-même, dans une sorte de sacrifice du texte ? Un témoignage n'échappe pas à la loi idyllique du récit. Mais un livre doit échapper à la loi mortifère du commémoratif.

Georges Hyvernaud évoque les dangers de la commémoration comme glaciation du souvenir : « Dans une mémoire humaine, un souvenir est toujours fragile et menacé. Dans la prière ça ne bouge plus. [...] Les Morts cessaient d'être des cadavres pour devenir des Noms[2]. » Son expérience des camps de prisonniers fut sans commune mesure avec celle des camps de concentration, *a fortiori* avec celle des camps d'extermination. Hyvernaud fut cependant confronté lui aussi à ce qu'Antelme nomme la « disproportion entre l'expérience vécue et le récit possible ». Il raconte ainsi son retour de captivité en Allemagne : « Je n'intéresse personne. Personne n'intéresse personne. On fait semblant. Chacun parle de soi. On écoute les autres pour pouvoir leur parler de soi. Mais au fond on s'en fout[3]. »

1. Philippe Lacoue-Labarthe, *Lignes*, n° 21, « Présence de Robert Antelme », Hazan, janvier 1994, p. 151.

2. Georges Hyvernaud, *Le Wagon à vaches* (1953), Le Dilettante, 1997, p. 146-147.

3. Georges Hyvernaud, *La Peau et les Os* (1949), Le Dilettante, 2000, p. 27.

Antelme et Hyvernaud ont en commun le sentiment d'une rupture irréparable avec ce que Ricœur désigne, à travers la proximité, comme « réplique de l'amitié », cette médiation, ce troisième terme, entre mémoire individuelle et mémoire collective. Mais eux-mêmes ont vécu leur expérience dans une sorte d'isolement. C'est que les mémoires historiques se tiennent séparées, dans une honte incommunicable. Souffrant toutes d'une commune indifférence, elles sont peu solidaires, et campent sur leur terrain. Dans une sorte de sourde compétition, chacune se refuse à considérer l'autre. À vrai dire, il n'y a guère de raison pour qu'Antelme ou Levi évoquent des souffrances moindres. En revanche, on peut s'étonner, *a posteriori*, que les Juifs, dans le récit d'Hyvernaud, soient passés sous silence. Pas un mot non plus, dans cette analyse très lucide par ailleurs des symptômes de la honte historique, à propos des camps de concentration. Seule la préface de Raymond Guérin (qui lui-même a été prisonnier de guerre) nous avertit : « La non-vie des stalags n'a pas connu les chambres à gaz, les fours crématoires, les expériences biologiques, les supplices, les transports, les famines, les épidémies, les folies collectives et les épuisements physiques. » S'il ne restait comme trace de ce temps-là que *La Peau et les Os*, Auschwitz tomberait dans l'oubli.

Pourquoi un tel silence ? Selon un témoignage, Hyvernaud aurait dit à propos d'Antelme : « C'est trop fort pour moi [1]. » Hyvernaud partage la condition de son personnage, Dardillot, qui dans *Le Wagon à vaches* se rêve en héros humilié. Il est « l'homme qui ne compte pas [2] ». Son humiliation elle-même

1. Cf. Jean-Charles Levy, « Littérature et morale (Hyvernaud, Parain, Werth, Calet, Antelme) », mémoire de DEA, Université Lyon 2, 2000, p. 34.
2. Georges Hyvernaud, *Le Wagon à vaches*, *op. cit.*, p. 109-110.

est de qualité inférieure : « Nous n'avons à offrir, nous autres, qu'une médiocre souffrance croupissante et avachie[1]. » Il lui faut donc encore avoir honte de sa honte. Et la honte de la honte est égocentrée.

Mais un tel cloisonnement des malheurs fut au fond une attitude assez générale à la sortie de la guerre. La honte a de curieux effets. « Va-t-on parler des Juifs ? demandait Sartre en octobre 1944. Va-t-on saluer le retour parmi nous des rescapés, va-t-on donner une pensée à ceux qui sont morts dans les chambres à gaz de Lublin ? Pas un mot ; pas une ligne dans les quotidiens. C'est qu'il ne faut pas irriter les antisémites. Plus que jamais la France a besoin d'union[2]. »

Et toi, demandait à Jorge Semprun son ami Pierre Courtade, dans l'atmosphère embrumée d'un bistrot d'après guerre, avec sous-sol musical et dansant, et toi, tu ne vas rien écrire sur les camps ? Non, répondit Semprun, c'est trop tôt. Pendant des années, il a réussi à assister à des discussions autour des camps en faisant comme s'il n'avait pas lui-même été déporté. Afin de ne pas être considéré comme un survivant, il a refoulé très loin ce souvenir – parvenant, dit-il, à oublier. Des livres sur la déportation paraissent. Lui, il se tait. Avec une grande acuité, il a dû percevoir à quel point leur réception se heurtait à un mur d'incompréhension, à quel point elle était victime du même malentendu que le témoignage oral, encore augmenté par un appel à l'oubli au nom de l'à-venir, teinté de honte collective et de mauvaise foi. Il a dû être effaré par le leitmotiv lancinant qui peu à peu brouillait toute tentative : on en a assez parlé, passons à autre chose.

1. Georges Hyvernaud, *La Peau et les Os*, *op. cit.*, p. 31.
2. Jean-Paul Sartre, *Réflexions sur la question juive*, *op. cit.*, p. 86.

Est-ce parce que Jorge Semprun ne se sentait pas coupable, ni humilié à la façon d'Hyvernaud, qu'il parvint à réaccommoder après coup sa mémoire, et, mieux que cela, à la remettre en question ? Ou parce qu'il se refusa à se considérer comme un survivant ou un rescapé, et voulut d'emblée se réinventer ? Pour les deux raisons sans doute – c'est en tout cas ce qu'il affirme.

Lui, le jeune intellectuel communiste rescapé de Buchenwald, devenu dirigeant clandestin du PCE, ne voyait le totalitarisme qu'à travers le prisme de l'héroïsme résistant – du seul côté des nazis. Dans les années d'après-guerre, il fut sourd aux révélations de Koestler et Rousset (le premier à prononcer le mot « goulag ») sur les camps staliniens. On est en 1963, Semprun va sous peu être exclu de son parti, il est en train de se défaire de l'illusion lyrique et de l'idéologie schizoïde. Il lit *Une journée d'Ivan Denissovitch*, de Soljenitsyne. Et quatre ans plus tard, la gorge serrée, les *Récits de la Kolyma* de Varlam Chalamov. À la suite de quoi il revisite sa mémoire de Buchenwald, il l'analyse et la remet en question dans un nouveau livre sur son expérience, *Quel beau dimanche !* Il n'y a pas de mémoire innocente, voilà ce qu'il découvre de façon intense – en même temps que le lien indissoluble entre les différents totalitarismes.

Dans les annales de l'oubli et de la honte, dans les registres non tenus et les archives soigneusement scellées, les victimes homosexuelles des camps nazis, les « triangles roses », occupent une place de choix. On est loin, en ce cas, de toute commémoration. Il a fallu attendre quelques livres décisifs, et en particulier le témoignage d'un Allemand, Heins Heger, en 1972, et les travaux entrepris à l'université de Brême sous la direction de Rüdiger Laumann, publiés en 1977, pour que les historiens commencent à prendre en considération les centaines de milliers de déportés homosexuels massacrés par les nazis[1]. Le livre de Richard Plant, *The Pink Triangle. The Nazi War Against Homosexuals*, paru en 1986, n'a pas encore été traduit en France. Prend-on vraiment la mesure, aujourd'hui, de l'extermination subie par ceux que Himmler appela une « sous-race » ? Inscrite au programme du régime nazi, elle fut mise en application dès que possible.

Lorsque le code pénal français fut toiletté par de Gaulle à la Libération, on supprima les lois antisémites de Vichy, mais on ne jugea pas bon d'abroger la loi sur la répression de l'homosexualité adoptée sous Pétain le 6 août 1942. L'homosexualité allait encore être considérée, et pour de longues années, au même titre que l'alcoolisme ou la tuberculose, comme un « fléau social ». En Allemagne, les lois qui condamnaient à la prison ceux qui pratiquaient l'homosexualité, adoucies en 1969, ne furent abolies qu'en 1994. Comment dès lors se faire reconnaître, dans l'après-guerre, en tant que déporté homosexuel ? La situation faite aux rescapés homosexuels des camps nazis était un sujet tabou.

L'exemple de Pierre Seel met en lumière cette œuvre du silence et de la honte. Dès 1939 (il a dix-sept ans), alors qu'il est venu déposer une plainte pour le vol de sa montre dans un commissariat de police de Mulhouse, sa ville natale, il ressort de là, dit-il, « homosexuel honteux ». Deux ans plus tard, convoqué

1. Heins Heger, *Die Männer mit dem Rosa Winkel*, Hambourg, Merlin, 1972 (trad. française : *Les Hommes au triangle rose. Journal d'un déporté homosexuel*, Persona, 1981) ; Rüdiger Lautmann, *Seminar. Gesellschaft und Homosexualität*, Francfort, Suhrkamp, 1977 ; et en France : Jean Boisson, *Les Triangles roses*, Laffont, 1987 ; cf. aussi Michael Burleigh et Wolfgang Wippermann, *The Racial State : Germany, 1933-1945*, Cambridge University Press, 1991. Tous ces ouvrages sont cités dans Didier Eribon, *Hérésies. Essais sur la théorie de la sexualité*, Fayard, 2003, p. 193-198.

par la Gestapo, il est frappé, torturé, consigné dans la liste des homosexuels, mis en prison. C'est ainsi par les SS que sa famille apprend l'homosexualité de Pierre – désigné, par un mot allemand, comme *Schweinhund*. Il est ensuite déporté au camp de Schirmeck, où personne ne porte un triangle rose, mais où les homosexuels sont identifiés, parmi d'autres asociaux (selon les nazis), grâce à une petite barrette de couleur bleue sur la vareuse et le calot : « Avec mon ruban bleu, rapidement compris par mes compagnons d'infortune, j'avais conscience que je n'avais rien à attendre d'eux : le délit sexuel est une charge supplétive dans l'identité carcérale[1]. » Libéré au bout de six mois (du fait qu'il est considéré finalement comme jeune citoyen allemand mobilisable), il arrive chez lui, à Mulhouse, au milieu d'un repas familial. Il s'assoit dans un silence que personne ne brise. « Nous étions le 6 novembre 1941. Un double secret venait d'un seul coup de se sceller : celui de l'horreur nazie et celui de mon homosexualité. De temps à autre, un regard glissait sur moi, plein d'interrogations sur mon aspect famélique. Qu'étais-je devenu pendant six mois ? Ainsi donc j'étais homosexuel ? Que m'avaient fait subir les nazis ? Pourquoi m'avaient-ils libéré ? Ces questions naturelles, personne ne les posa. Mais quelqu'un les eût-il posées, que je n'aurais pas répondu : j'étais tenu à mon double secret. Et à ces regards silencieux, j'ai mis quarante ans à répondre[2]. »

« Évoquer ce qui suit me laisse encore un goût de honte », écrit Pierre Seel. Après sa libération, il fut en effet mobilisé aux côtés de ceux qu'on appela les « malgré-nous », ces natifs d'Alsace et de Lorraine enrôlés par les nazis afin de participer

1. Pierre Seel, *Moi, Pierre Seel, déporté homosexuel*, en collaboration avec Jean Le Bitoux, Calmann-Lévy, 1994, p. 52.

2. *Ibid.*, p. 66.

avec eux à des opérations de répression « monstrueuses » contre les résistants – c'est ainsi qu'il dut tuer pour sauver sa peau.

Après la guerre, il est donc sous le coup d'une triple honte : honte de son homosexualité (sous le regard de sa famille et de toute une ville, Mulhouse), honte du rescapé non seulement survivant, mais libéré avant les autres en 1941, honte du malgré-nous. Il a réintégré sa famille, retrouvé Mulhouse, mais il se sent « entouré de chuchotements ». Après avoir cuvé sa honte pendant des années de solitude qui semblent cautionner le pacte de silence imposé par le père au retour du camp, il se marie, fait des enfants, mais, dévoré par un secret qui le ronge de l'intérieur, il finit par tomber dans la déchéance et l'alcoolisme : « Cette honte, faite de mille hontes, y compris sans doute celle de faire honte à ma famille, m'attirait vers le bas. »

Pendant des années, Pierre Seel, comme bien d'autres, s'est tu. Il faudra attendre l'abolition de la loi pétainiste sur la répression de l'homosexualité, quarante ans après, le 4 août 1982, sous l'impulsion de Robert Badinter : cette année-là précisément, Pierre Seel décide de sortir de l'ombre. Le titre de son livre marque bien, par la façon d'affirmer le nom et de le publier – *Moi, Pierre Seel* (mimant le *Moi, Pierre Rivière* du texte présenté par Foucault) –, cette volonté de prendre à témoin, tel un criminel éhonté, l'opinion publique. La victime longtemps honteuse a enfin levé le secret.

Wilde et Dreyfus

> Certains trouvent suspecte ma présence dans ce monde et leur attitude hostile me rejette dans mon Secret.
>
> Marcel Jouhandeau

Nous sommes encore à Ferrare, mais cette fois en 1938, au temps de l'Italie mussolinienne. Au début du récit de Giorgio Bassani, *Les Lunettes d'or*, rien de prime abord ne semble devoir altérer l'image honorable que donne le docteur Fadigati – un voisin du narrateur juif. Sur lui, au commencement, nous n'en savons pas davantage qu'un quelconque habitant de Ferrare. C'est peu à peu, au travers du regard des autres, que nous découvrons son homosexualité. Bassani nous montre comment la honte est produite par une coalition de rumeurs, de cancans, de petitesses ; comment elle distille insidieusement son venin dans les interstices de la cité ; comment l'opinion publique de Ferrare a insensiblement tissé sa toile. Le docteur Fadigati sera irrémédiablement déshonoré, tout autant qu'Hester Prynne, le personnage de Hawthorne – sans qu'il ait été nécessaire de le désigner par la lettre écarlate ou par quelque autre marque d'infamie, car son signe de reconnaissance, c'est le costume respectable qu'il endosse quotidiennement, en même temps qu'il ajuste sur son nez des lunettes d'or.

Bassani (ou plutôt son narrateur juif) donne rarement le point de vue de Fadigati, sinon par des notations très discrètes. Ainsi, après une scène d'humiliation : « À présent, cela se comprend, il redoutait plus que jamais le ridicule. » Ou encore, au moment où sa relation scandaleuse avec un amant est exhibée malgré lui au vu de tous, sur une plage fréquentée par les habitants de Ferrare : « À mon avis, il avait honte. S'il ne me saluait pas, s'il feignait lui aussi de ne pas me reconnaître, ce devait être surtout pour cela »[1].

La honte de Fadigati ne s'exprime vraiment que vers la fin, au cours d'une rencontre avec le jeune Juif. « Je ne parviens plus à me supporter, lui avoue-t-il. Je ne le peux plus ; je ne le dois plus. Me croirez-vous si je vous dis que, parfois, je ne supporte pas de me raser devant la glace ? Si je pouvais au moins m'habiller différemment ! Mais est-ce que vous me voyez, vous, sans ce chapeau… sans ce manteau… sans ces lunettes d'homme bien ? Et d'autre part, vêtu ainsi, je me sens tellement ridicule, tellement grotesque, tellement absurde ! […] Pour moi, comprenez-vous, il n'y a plus rien à faire[2] ! » La victime s'est soumise au bourreau, commente l'auteur. À la fin, Fadigati se suicide.

Le temps de l'innocence ou de l'ignorance, celui de la rumeur et du regard silencieux, celui de l'humiliation et de l'ostracisme, enfin celui du suicide, qu'on ne reconnaît pas comme tel : les actes de cette tragédie se fomentent et s'enchaînent autour du dit et du non-dit, dans une montée en puissance de l'inavouable. Mais ce qui les relie, c'est le secret, le silence souverain de la honte propagée.

1. Giorgio Bassani, *Les Lunettes d'or*, *op. cit.*, p. 349 et 365.
2. *Ibid.*, p. 415-416.

Le récit de Bassani prend d'autant plus de force qu'il est raconté par un Juif. La déchéance programmée de Fadigati, homosexuel dans l'Italie fasciste, est annonciatrice d'une autre humiliation. Le médecin homosexuel se suicide l'année même où commencent en Italie les campagnes de dénigrement systématique contre les Juifs. Le jeune narrateur juif éprouve alors un sentiment de solitude comparable à celui de Fadigati, même si lui, dans l'immédiat, est prêt à répondre à la haine par la haine – pulsion qui, loin de diminuer sa honte, ne fait que l'accentuer. À la fin de la nouvelle, il est « observé avec insistance par de nombreux regards » dans tous les lieux publics. Au cœur de sa ville natale, Ferrare, il se sent désormais « exclu », « irrémédiablement un intrus », à peu près dans le même état de désespoir que le vieil homosexuel. Son impression d'isolement est renforcée par une sorte d'inconscience, de naïveté ou de mauvaise foi qui règne autour de lui, jusque parmi les Juifs. Ainsi, son père croit encore pouvoir se réjouir lorsqu'on lui affirme que, malgré les liens entre Hitler et Mussolini, il n'y aura jamais de lois raciales en Italie. Elles seront précisément décrétées cette année-là, en 1938, dans l'Italie fasciste de Mussolini.

Le récit de la passion de Fadigati apparaît dès lors comme l'allégorie de cette époque de proscription et de stigmatisation. Il préfigure le sort réservé aux Juifs. À la fin, Fadigati a finalement trouvé une présence compatissante et compréhensive. Le jeune Juif et le vieil homosexuel sont solidaires dans leur exil. Le parallélisme des situations est évident : les deux objets de vindicte se retrouveront dans les camps. La confrontation, dans la nouvelle de Bassani, des deux situations victimaires les confond quasiment en une seule et même oppression. Elle a valeur de fable.

Telle n'est pas, cependant, la loi de l'Histoire. Deux victimes historiques, dit Amos Oz à propos des Juifs et des Palestiniens, peuvent s'affronter. Un mouvement noir américain peut devenir antisémite. Chacun est cloisonné dans sa catégorie, face à son miroir, prisonnier de son image flétrie. Et il n'est pas rare qu'une honte ou une haine de soi, le sentiment d'une « réprobation intime », suscitant une lucidité efficace à l'égard de la discrimination vécue de l'intérieur, soit aveugle sur d'autres stigmatisations, au point de s'en faire l'écho. C'est le cas, en particulier, chez Jouhandeau.

Analyste subtil de la condition faite à l'homosexuel à son époque, Jouhandeau, dans un livre paru en 1939 sous le titre *De l'abjection* (et qui d'après Edmund White exerça peut-être une influence sur Genet), démontra de façon magistrale comment la honte du stigmatisé est intériorisée : « L'injure, l'insulte est perpétuelle. Elle n'est pas seulement dans la bouche de celui-ci ou celui-là, explicite mais sur toutes les lèvres qui me nomment : elle est dans l'"être" même, dans mon être et je la retrouve dans tous les yeux qui me regardent. Elle est dans tous les cœurs qui ont affaire à moi : elle est dans mon sang et inscrite sur mon visage en lettres de feu ; partout et toujours elle m'accompagne en ce monde[1]. » Or le même Jouhandeau, si juste dans le contexte de l'injure homophobe, venait de publier, deux années auparavant, *Le Péril juif* (regroupant trois articles parus dans *L'Action française*), où il expliquait comment il était devenu antisémite.

Si cependant on lit aujourd'hui, en oubliant cette terrible contradiction, le livre de Jouhandeau sur l'injure faite à l'homosexualité, *De l'abjection*, on a l'impression de déchiffrer, à travers des phrases qui pourraient valoir pour n'importe quel bouc

1. Marcel Jouhandeau, *De l'abjection*, *op. cit.*, p. 145-146.

émissaire, et en particulier pour les Juifs, la naissance même d'un ostracisme, mais aussi celle d'un groupe ostracisé. Jouhandeau montre avec une incroyable force comment un « nous » se forme dans le regard des autres, dépositaire de « certains vocables infamants que jamais nous n'avions songé à nous appliquer, jusqu'au jour où nous les voyons sur notre épaule imprimés au fer rouge et accolés à notre nom ». Au point qu'on pourrait croire, rétrospectivement, que Jouhandeau prévoyait ainsi les effets de l'antisémitisme montant, et pensait secrètement à l'étoile jaune.

Continuons donc, malgré le cloisonnement des humiliations, d'imaginer cette fiction que nous suggère le récit de Bassani : Wilde et Dreyfus (nés quelques dizaines d'années plus tard que dans la réalité) se découvrant dans les camps des raisons communes pour faire face à un ostracisme et une honte partagés, tous deux compréhensifs vis-à-vis de la souffrance de l'autre, proscrits mais côte à côte, solidaires dans l'oppression, triangle rose et étoile jaune.

L'aveu et le défi
(Gide, Cocteau, Genet, Goytisolo)

De l'abjection parut sans nom d'auteur sur la couverture. Dans un exergue adressé à Paulhan, Jouhandeau précisait: « Mon cher Jean, reçois ce texte comme un document concernant n'importe qui et que je n'ai consenti à donner que parce que j'étais tenté de le détruire. » Une telle volonté d'anonymat est significative d'un passé encore proche dans l'histoire de la littérature: jusqu'à une période récente, avant que la modification des attitudes collectives permît la liberté relative, hors scandale majeur, de ce qu'on a présenté depuis comme une littérature homosexuelle (Tony Duvert, Renaud Camus, Hervé Guibert, etc.), toute publication projetée sur ce sujet s'apparentait à un *coming out.* Chaque écrit était soigneusement pesé, chaque aveu, mesuré. C'était le temps où fleurissaient les livres de l'homosexualité perçue comme une honte, ou du moins, comme l'objet d'une proscription (ceux de Gide, Proust et Cocteau, mais encore les récits de Thomas Mann, *Mort à Venise,* ou Stefan Zweig, *La Confusion des sentiments*) [1]. D'où ces livres à peine publiés, ces hésitations, ces atermoiements, ces pseudonymes, ces parutions sans nom d'auteur.

1. Cf. Jean-Louis Jeannelle, « L'aveu homosexuel », *Magazine littéraire,* n° 426, *Littérature et homosexualité,* décembre 2003, p. 48-50.

Voyez comment Cocteau, s'étant d'abord résolu à ne pas écrire un livre sur l'homosexualité afin de ne pas offusquer sa mère, fit paraître anonymement le *Livre blanc* en 1928. Voyez aussi comment Gide, quelques années auparavant, avait calculé prudemment les effets de son *Corydon.* Première publication, anonyme, en 1911 : onze exemplaires hors commerce. Deuxième édition remaniée, augmentée, en 1920. La NRF enfin, en 1924 – malgré les exhortations de ses amis (et, comme prévu, les réactions furent violentes). L'effet avait été ménagé, retardé. Et pourtant, dans ce livre, il était encore assez prudemment, ou pédagogiquement, question de l'homosexualité : à travers la traduction de Whitman par Balzagette, ou bien par la voie d'un dialogue entre Corydon et un narrateur homophobe (et antisémite).

Gide avait beau invoquer, à l'opposé de l'homosexualité infernale de Proust, l'histoire naturelle, ou encore le modèle déculpabilisant de la Grèce antique, la réputation restait pour lui une préoccupation. Signe des temps, une question se posait de façon lancinante, aussi bien dans la préface que dans le point de vue exprimé par le personnage de Corydon : que vont penser de tout cela les « honnêtes gens » ? Quand Corydon espère encore ne pas perdre leur estime, Gide, lui, désespère, ou plutôt il désigne par avance le malentendu. Corydon affiche-t-il une certaine fierté à l'égard de sa singularité ? On trouve encore moyen de la lui reprocher : « Vous cultivez votre bizarrerie, et pour n'en être plus honteux, vous vous félicitez de ne vous sentir pas pareil aux autres[1]. » Inquiet de l'image qu'on donnait à son époque de l'homosexualité, Gide ne pouvait souscrire à la représentation qu'en faisaient les romans de Jean Lorrain ou de Rachilde. La pièce jouée par Colette et son amante Missy au Moulin-Rouge en 1907 lui apparut comme

1. André Gide, *Corydon,* Gallimard, 1924, p. 23.

une « exhibition éhontée ». Lorsque Cocteau, plus tard, manifestera son admiration devant cette impudeur, ce sera encore pour lui l'occasion d'évoquer obliquement l'homosexualité comme une manifestation de la nature : « Madame Colette fut sans doute la première à n'avoir pas honte de son ventre, de ce maternel monceau d'entrailles des sœurs de charité et des chercheuses de poux d'Arthur Rimbaud, la première à prendre modèle sur la nature et ses innombrables attentats à la pudeur [1]. »

Voyez aussi les attitudes franchement opposées de Proust et de Genet à l'égard de l'homosexualité. Question d'époque, sans doute, mais pas seulement. Proust cache sa préférence sexuelle en la distanciant de mille façons : en prenant le masque du lesbianisme (comme dans *Les Plaisirs et les Jours*), en la projetant sur des personnages de fiction, tels que M. de Charlus, en travestissant Albert dans Albertine (Crevel le lui reprochera), enfin en la théorisant. Et lorsqu'il oppose à l'homosexualité « de coutume » (« celle des jeunes gens de Platon comme celle des bergers de Virgile ») l'homosexualité honteuse, c'est pour montrer la supériorité de la seconde : « C'est l'homosexualité survivante malgré les obstacles, honteuse, flétrie, qui est la seule vraie, la seule à laquelle puisse correspondre chez le même être un affinement des qualités morales [2]. » Genet, de son côté, ne manque pas une occasion de mettre en scène de façon directe ce qui avant lui était tabou : l'amour et l'érotique homosexuels. Il a indubitablement de ce point de vue joué un rôle libératoire, à la fois politique et esthétique : ce qui alors pouvait sembler provocateur est devenu assez courant dans les années soixante-dix

1. Jean Cocteau, *Colette*, discours de réception à l'Académie royale de langue et de littérature françaises de Belgique, Grasse, 1955, p. 59.
2. Marcel Proust, *La Prisonnière*, in *À la recherche du temps perdu*, Gallimard, « Quarto », p. 1757.

(ainsi, justement, chez Tony Duvert ou Renaud Camus). Est-ce à dire que Genet n'éprouva aucune honte à l'égard de sa sexualité ? S'il emploie des mots tels que « bite, enculer », c'est, dit-il, « pour les rendre acceptables ». Ce qui ne l'empêche pas d'avouer dans un texte intitulé « Fragments », en 1954 : « L'homosexualité n'est pas une donnée dont je saurais m'accommoder. [...] Cette nature même, acquise ou donnée, est éprouvée comme thème de culpabilité. Elle m'isole, me coupe à la fois du reste du monde et de chaque pédéraste. Nous nous haïssons en nous-même et en chacun de nous »[1].

Ce n'est pas le même déchirement que Cocteau et Genet éprouvent intérieurement, mais ce n'est pas non plus le même rapport au secret. Voyez comment le premier fut bouleversé par les débuts du second. Le jeune écrivain, raconte-t-il, est venu le voir, pour présenter au « Maître » son manuscrit, lui lisant avec assurance, pendant une heure, les pages les plus provocantes de *Notre-Dame-des-Fleurs*. « Je t'avoue que je n'aime pas beaucoup ça, commentera le Maître par la suite auprès d'un ami, toutes ces histoires de travestis et de tantes. Mais son œil pendant la lecture me disait que j'avais tort. » Cocteau écrit dans son journal : « Au premier abord un pareil sujet rebute. (Je le lui reprochais ce matin.) Ensuite je voulais lui demander pardon de ma sottise. Ce roman est peut-être plus étonnant encore que les poèmes. C'est sa nouveauté qui dérange. C'est un monde à côté duquel celui de Proust ressemble aux tableaux de Didier-Pouget (un spécialiste des bruyères en fleurs) [...] le scandale devait revenir. Le vrai scandale. Il éclate en silence avec ce livre et naturellement chez moi. » Et six jours après avoir reçu le

1. Lettre du 19 novembre 1943 à Barbezat et « Fragments », cités par Patrice Bougon dans « Figures d'exclus », *Magazine littéraire*, n° 334, juillet-août 1995, p. 47.

manuscrit complet : « La bombe Genet. Le livre est là, dans l'appartement, terrible, obscène, impubliable, inévitable. » Valéry conseille à Cocteau de brûler le livre de Genet. Cocteau : « Ce livre est tombé chez moi parce qu'il devait tomber chez moi. Le brûler serait trop simple. Il me brûle. Et si je le brûlais, il me brûlerait davantage. » Finalement, Cocteau fera circuler le manuscrit (en particulier auprès d'Eluard, Desnos, Colette, Paulhan et Jouhandeau) [1].

Les livres de l'aveu homosexuel furent ainsi d'abord des livres de la honte sublimée, détournée, retournée, défiée. Ils travaillaient souterrainement, se méditaient, se projetaient, se retardaient, hésitaient, louvoyaient, procrastinaient. Et parfois, jusqu'à la mort de l'auteur, ils restaient dans des tiroirs, tels des secrets intransmissibles : ainsi, *Le Lieutenant-Colonel de Maumort*, roman inachevé de Roger Martin du Gard qui contient la confession de Xavier de Belcourt, figure de l'homosexuel torturé par le remords, acculé au suicide. De même que l'homosexuel honteux était une variante de l'homme de la honte qui ne peut s'affranchir pleinement d'une « insidieuse réprobation intime », l'écrivain homosexuel honteux était une variante de la mauvaise conscience de l'écrivain. Il se sentait nu face au regard de la société. La littérature lui était encore un masque. Quand lui permettrait-elle enfin de défier les regards qui lui transperçaient le corps ? Sa seule liberté, dans l'immédiat, consistait en quelque sorte à montrer et à cacher ce qu'il voulait à qui il voulait : la publication était un espoir de libération ; le lecteur, la promesse d'une honte réparée. Le livre définitivement libérateur, c'était cependant à jamais l'ouvrage impubliable que l'écrivain homosexuel ruminait toute sa vie. Planaient sur lui l'ombre

1. Cf. Edmund White, *Genet*, Gallimard, 1993, p. 209-213.

de Wilde, son destin tragique, le coup d'arrêt d'un scandale qui éclate malgré soi. Son œuvre elle-même était sous la menace constante de l'insulte. L'environnait une atmosphère délétère, d'ostracisme et de stigmatisation.

Puis il y eut la bombe Genet. Et ensuite, tous les livres exorciseurs.

On parle ici au passé. Méfions-nous à ce propos des figures de style. Il est vrai que depuis la naissance d'une riche littérature de la transgression, qui, après Genet, a porté haut et fort la parole homosexuelle, cette difficulté à révéler l'inavouable semble dater d'une époque révolue. Mais est-ce que pour autant la littérature dite « homosexuelle » (et si ce terme discutable ne la stigmatise pas, déjà il la catégorise) peut enfin se déployer dans un univers pacifique ?

Il n'est pas sûr que la démarche d'un écrivain aujourd'hui confronté à sa sexualité différente ne puisse encore être comparée à celle d'un Goytisolo, né en 1931 à Barcelone. Ce fut un long chemin. Comment se libérer des préjugés d'un environnement particulièrement hostile lorsqu'ils sont vivaces à l'intérieur de soi-même ? Dans *Chasse gardée*, Goytisolo raconte les affres anciennes liées à la découverte, dans son adolescence, de sa propre homosexualité. L'Espagne était alors franquiste : être homosexuel dans ce contexte, ce n'était pas plus facile à vivre que dans l'Italie mussolinienne. Déjà, avant même qu'il ait lui-même conscience de ses tendances homosexuelles, on le soupçonne d'« en être », comme on dit encore chez Proust, en raison de ses goûts littéraires pour Gide et Wilde. « L'idée d'être pris pour un membre de cette corporation, objet de l'aversion et du mépris universels, me remplissait d'effroi. L'horreur pathologique qu'éprouvait mon père à son égard [...] m'avait profondément marqué[1]. » Le pre-

1. Juan Goytisolo, *Chasse gardée* (1985), Fayard, 1987, p. 190-191.

mier élan amoureux qui le porte vers un homme est pour lui un « choc moral », qui le plonge dans un « état extrême d'humiliation et de perplexité » : « Je me sentais nu, vulnérable, exposé sans motif à la dérision et à l'opprobre. » La construction, à travers le soupçon et le regard de l'autre, d'une image répulsive lui donne l'impression qu'un mauvais plaisant, un indésirable Mr Hyde, se manifeste en lui, malgré lui, de manière intempestive – et cette impression lui fait horreur : cet intrus qui s'est insinué en lui, croit-il, à la faveur d'une absence à soi, il le condamne sans détour dans un état de lucidité. Il aimerait pouvoir encore « regarder en face » ses amis, « sans rougir ».

Il est vrai que le récit de Goytisolo invite à réfléchir au-delà de la dimension socio-historique de l'interdit, à une sorte de métaphysique de la singularité. La honte intériorisée de l'homosexualité n'est-elle pas la manifestation spécifique d'une honte plus générale à l'égard de toute forme de sexualité comme sentiment exacerbé d'un corps livré malgré lui à l'autre – irruption d'une pulsion inconnue jusqu'alors, découverte de l'autre en soi ? En exergue à la deuxième partie de *Chasse gardée*, Goytisolo cite Montaigne : « … et existe autant de différence de nous à nous-même que de nous à autrui ». Et puis chacun, dira-t-on, court le risque, tel le bernard-l'hermite de Zorn, d'exposer sa nudité au public. Tout écrivain de l'aveu est nécessairement sur le devant de la scène.

Il n'en reste pas moins vrai que certaines nudités semblent encore plus nues que d'autres ; que les préjugés sociaux perpétuent le malaise de l'écriture comme manifestation d'un mal-être indicible aux yeux de l'autre. Et si être homosexuel dans la France du XXIe siècle, ce n'est pas être confronté aux persécutions de l'Italie mussolinienne ou de l'Espagne franquiste, il faut rappeler les nombreux problèmes psychologiques que Michael Pollak évoquait encore récemment au moment du *coming out* – dépressions, tentatives de suicide –, particulièrement chez les jeunes (entre seize et dix-huit ans)[1]. Prétendre que nous sommes totalement passés à une autre époque, que l'homosexualité honteuse, en littérature comme dans la vie, ne serait plus, dans nos sociétés du moins, qu'un mauvais souvenir, c'est faire bon marché des conflits persistants, des résistances, des immobilismes ou des régressions d'une société qui évolue avec plus de conservatisme enfoui que ne pourrait le laisser croire son apparente liberté. Mais c'est aussi – à supposer que le monde actuel ait vraiment accommodé son regard – sous-estimer la force de rémanence de la honte, comme la puissance du secret autoprotecteur. On le vérifie à nouveau : le sentiment de honte est tout à la fois existentiel et politique. Il est le regard de l'autre intériorisé. L'Histoire lui a imprimé pour longtemps des triangles roses.

1. Michael Pollak, « L'homosexualité masculine, ou : le bonheur dans le ghetto ? », *Communications*, n° 35, *Sexualités occidentales*, sous la direction de Philippe Ariès et André Béjin, Seuil, 1982, p. 67-68.

IV

La lecture est une trahison

> Les livres étant écrits, il est recommandable de ne pas les publier, car toute publication engendre des humeurs nouvelles.
>
> Maurice Sachs

Que de livres écrits dans la honte, publiés dans la réticence. Livres de deuil ou d'aveu, livres de survivants, de rescapés, de dernier recours. Livres confidentiels, remis, cachés, retardés, livres pour lesquels faire de la littérature serait une obscénité. Livres enfin publiés, cependant, dans la douleur, après coup, dont la publication devient scandaleuse. Auraient-ils, ces livres, quelque chose à cacher autant que quelque chose à dire ? Oui, évidemment, comme tous les autres. Un peu plus cependant, car ils pourraient bien dévoiler, malgré leur auteur, ce qu'il y a en lui de plus secret encore.

Enfant déjà, vous vouliez être écrivain. Vous avez griffonné, recopié, pastiché, raturé, mis au propre, corrigé. Vous avez gardé plus ou moins longtemps vos textes dans des tiroirs. Un jour, l'un d'eux, avec maintes précautions, vous l'avez confié à un proche, attendant avec appréhension de recevoir son avis. Plus tard, vous avez osé adresser un de vos manuscrits, puis d'autres, maintes fois peut-être, à des éditeurs. Dans tous les cas, avant que votre nom paraisse enfin à l'étal des libraires, vous aurez su franchir bien des obstacles. Entre-temps, vous aurez été sous l'emprise de sentiments contradictoires – tantôt une impatience soudaine de vous exhiber, tantôt un désir de vous renfermer dans votre coquille, à l'abri des autres. Par la suite, il vous sera même arrivé, trop tard cette fois, de regretter ce que vous avez ardemment désiré publier.

Dans cette pulsion qui vous fait écrire puis imprimer, noir sur blanc, dans cette tâche infinie dont l'exécution s'est surveillée constamment et qui semble se clore par la publication (mais c'est une illusion), n'y a-t-il pas comme la trace continue d'un secret indéchiffrable ? le désir renouvelé de la rature ? la nostalgie de l'effacement désormais impossible ?

Par le scrupule que vous manifestez à l'égard de votre texte, par le rapport d'intimité que vous entretenez avec lui, par vos remords et vos tergiversations, vous révélez que des enjeux inavouables travaillent souterrainement votre entreprise : vous ne seriez pas plus attentif aux termes d'une lettre écrite pour faire un aveu ou une déclaration. Dans les deux cas se dessinent semblablement la demande d'amour, le désir et l'urgence de paraître devant autrui (qui est d'abord l'autre en soi), et en même temps se profilent le manque de destinataire, la conscience de devenir objet quand on voulait être sujet, la honte de faire face et d'y perdre la face. La *Lettre au père* de Kafka – à la fois véritablement adressée au père et lettre ouverte – est de ce point de vue exemplaire. Mais est-elle si différente, dans son intention, du récit intitulé *Le Médecin de campagne* ? Il fut fait pour être publié, soit, mais aussi, précisément, dédié au père. Impatient de connaître sa réaction, Franz le lui apporta. « Pose-le sur la table de nuit », lui fut-il répondu. Ce mot (qu'il citait souvent) resta à jamais gravé dans sa mémoire.

Autant que vous aurez accumulé, vous aurez renié, brûlé, détruit. Des coquilles vous auront fait rougir. Des écrits de jeunesse vous auront fait bondir. Des réticences vous auront fait reculer. Votre pudeur est relative, votre impudeur a des limites. Une réception inattendue vous aura inquiété. Vous auriez aimé – car vous n'en êtes pas à une contradiction près – que l'écrit, une fois édité, restât confidentiel, mais à une condition : que cette confidentialité ajoutât encore à votre gloire.

Vous aviez le sentiment d'avoir su brouiller les cartes, jeter des écrans de fumée, jouer à cache-cache avec votre lecteur. Si vous aviez pris le grand large, c'était afin que jamais plus on ne vous ramenât au port. Vous étiez le maître du jeu. Du moins vous l'avez cru.

C'est sans doute pourquoi vous tenez tant, à la fin, à ce que vos testaments ne soient pas trahis.

Mais déjà, de votre vivant, ils se trahissaient eux-mêmes ! Ils n'étaient jamais définitifs, vos testaments, ils se modifiaient avec l'âge, l'humeur, les temps qui couraient. Vous étiez inquiet pour votre avenir, pour les dénudations que vous n'aviez pas programmées. De telle sorte que vous ne cessiez d'ajouter des codicilles, des clauses nouvelles au contrat, taraudé comme vous l'étiez, jusqu'à la mort, par votre souci d'écrivain. Vous eussiez aimé l'impossible, sans doute – un lecteur aux ordres, un légataire à la botte –, tout en pressentant que peu à peu tout cela vous échappait et que, déjà, les autres vous construisaient à leur guise.

Vous aviez donc imaginé pouvoir dormir en paix, retiré au paradis des écrivains, sur le lit stable d'une œuvre enfin réconciliée. Et vous vous retrouvez de conserve dans un cercle de l'enfer, titillé et picoté en public par les fourches de diablotins qui vous persécutent de leurs questions indiscrètes, sous la houlette d'une postérité traîtresse.

Irez-vous prétendre que c'est un hasard, cher Proust (vous demande déjà votre lecteur posthume), rebelle comme vous l'étiez à la mise à nu du moi « que nous manifestons dans nos habitudes, dans la société, dans nos vices », si vous avez cependant inventé ce monsieur qui dit je et qui affirme aimer une certaine Albertine, avec autour de lui ces personnages très divers de Juifs et d'homosexuels distribués dans une fiction où votre propre personne à vous, Marcel, est comme l'image dans le tapis ? Et vous, chère Edith Wharton (que Marcel d'ailleurs admira), pourquoi, dites-moi, pourquoi vous fallut-il écrire une autobiographie afin, vous le disiez vous-même, de museler toute biographie à venir – où vous trouviez encore le moyen de masquer la seule aventure passionnée que vous ayez eue dans votre vie –, tandis que votre ami Henry James (jaloux de vos succès, inquiet pour sa postérité) était tellement soucieux lui-même de décourager les indiscrets ? Dites-moi, Robert Pinget, vous qui êtes un des écrivains les plus clandestins du siècle passé, pourquoi vous êtes-vous précisément fait le romancier de la rumeur, du on-dit, du potin ? N'a-t-on même pas le droit de s'interroger, chère Nathalie Sarraute, vous que l'on a cachée pendant la guerre, sur votre rapport à votre origine juive, que vous parvenez à masquer jusque dans l'unique livre, *Enfance*, que vous ayez jamais écrit sur votre vie – où d'ailleurs vous semblez celer plus de secrets que vous n'en livrez ? Et vous, Marguerite Yourcenar, pourquoi avez-vous tellement tenu, triant soigneusement tous vos documents privés, à arranger votre mémoire posthume ? Quant à vous, admirable Franz Kafka, vous si scrupuleux à l'égard de vos écrits inachevés et de leur publication à venir, si soucieux de leur disparition, pourquoi ne les avez-vous pas brûlés ?

Vous êtes quasiment unanimes. Les critiques ? Des parasites. Les biographes ? Des nécrophages. Cette unanimité est suspecte. On pourrait se demander, parfois, si les lecteurs ne sont pas pour vous des intrus. Votre œuvre vous appartenait, croyiez-vous, de façon inaliénable. Vous réclamiez pour l'éternité un droit de propriété. Mais alors fallait-il seulement commencer à rendre publics vos écrits ?

Vous n'avez pas su mesurer vraiment la situation qui d'emblée vous était faite. Il y avait d'abord, au-dessus du titre, inscrit sur la page de couverture, le nom de l'auteur : votre patronyme ou votre pseudonyme, peu importe. Elle était déjà obscène, cette présence. Nous donnant ainsi la preuve publique que c'était vous, ce livre, ce corps de mots plus ou moins masqué, vous étiez tout de même bien un peu en quête de renom. Et vous prétendiez pouvoir le renier un jour, éventuellement, comme un enfant prodigue ?

Vous auriez tellement aimé pouvoir fixer enfin, définitivement, une fois pour toutes, le regard de l'autre. Cependant que l'autre, le lecteur, étonnamment libre et fantasque, indiscret, bêtement curieux de tout, se faisait déjà une image de vous, la diffusait et la reproduisait, de sorte qu'elle commençait à vous échapper, pour vous revenir comme une marque déposée. Il manque de raffinement, le lecteur. Jusque dans votre tombeau, il vous interpelle. Il vous ramène à la vie, à la sienne, à la vôtre. De même que votre orgueil n'est rien sans votre honte possible, votre gloire d'auteur ne va pas sans une augmentation de sa curiosité.

Reconnaissez-le, cet imbroglio du dire et du ne pas dire, ce trouble généralisé de la parole littéraire, cette confidence brouillée et inachevée, tout cela a tout pour nous intriguer. Et qui nous délivrera du désir de le comprendre ?

« Tentative d'évasion hors de la sphère paternelle »

Pour l'écrivain débutant, le sentiment de la vanité menace de toutes parts. La cohorte intimidante des grands écrivains du passé l'invite fermement à se cantonner dans la lecture et l'admiration. La bibliothèque universelle l'écrase de tout son poids. De grands modèles l'enjoignent de se taire (l'homme d'action, soucieux de répondre à l'appel de l'Histoire ; le sage, qui ne fait pas de concession à l'écrit, de même que le saint, admirable pour son silence[1]). Et, comme si ces obstacles ne suffisaient pas, un ennemi intérieur cherche à le terrasser – son propre moi, ironique et sceptique. Georges-Arthur Goldschmidt évoque le « grotesque initial de toute écriture débutante » : elle est soumise au regard de « l'invisible témoin debout derrière vous et qui sourit »[2], prêt à juger ridicules toutes vos tentatives.

Mais voici encore bien d'autres affres pour le petit jeunot qui se pique de littérature. Encore tenu à la maison de son

1. Léon Bloy : « Il n'y a qu'une tristesse, c'est de ne pas être des saints. » Bernanos : « Seuls comptent les saints et les héros. »

2. Georges-Arthur Goldschmidt, *La Matière de l'écriture*, *op. cit.*, p. 66-67.

enfance, il se sent bridé. Le noyau familial, comme la société tout entière, exerce sur lui une pression sourde et quotidienne, le conjurant de se rendre utile et de satisfaire les ambitions du clan. Son présent est tributaire du regard des autres. La postérité est son avenir improbable. Le désir d'écrire est ainsi pris dans l'étau de deux filiations. Celle, inaccessible, écrasante, d'une parentèle imaginaire – les grands intercesseurs du passé –, et celle, inhibante, des parents réels, une force domestique qui assigne à un avenir économique. La résistance opposée par la famille et la société à l'écrivain de vocation est une vieille histoire. Face à une telle pression, l'exercice de la littérature exigea une ascèse, et prit une allure monastique. Comme le montre Marc Fumaroli, Boccace, Pétrarque, Racine, Voltaire, en particulier, durent résister à la réprobation des leurs [1]. Un père négociant ou notaire ne voyait pas d'un bon œil un fils embrasser la carrière des lettres. Mais si l'on distingue la vocation d'écrire et la publication multipliée des livres, en est-il autrement de nos jours ?

Vous voulez être écrivain ? Il se peut que vous ayez une mère comme celle de Romain Gary, Nina Kacew, qui vous a dit dès l'enfance : Il faut écrire, et qui, ayant continué à habiter votre voix, s'est en quelque sorte faite écrivain à travers vous. Ce serait alors plutôt la honte de ne pas accomplir le vœu maternel qui vous guetterait. Il en est de même pour la petite Natacha, future Nathalie Sarraute : c'est à l'instigation de sa mère (elle-même écrivain, et plutôt encourageante) qu'elle a montré à un « Monsieur » le cahier où elle a gauchement tracé des lettres à l'encre rouge, ses premiers essais littéraires. « Avant de se mettre

1. Cf. Marc Fumaroli, *Trois Institutions littéraires*, Gallimard, « Folio Histoire », 1994, p. III-X.

à écrire un roman il faut apprendre l'orthographe», s'entend-elle dire. Plus tard, elle expliquera par ce « traumatisme de l'enfance» sa venue tardive à l'écriture. D'une certaine façon, toute tentative de littérature, qu'elle soit contrariée ou encouragée, est d'abord une faute d'orthographe, un désaccord avec le monde ordonné du travail.

Les cas où l'entourage fait obstacle sont sans doute les plus fréquents. Duras, ou plutôt Marguerite Donnadieu, a quinze ans et demi. Elle dit à sa mère qu'elle veut écrire des livres, des romans. Non, lui dit la mère, n'y songe plus, il faut passer l'agrégation de mathématiques. « Elle est contre, ce n'est pas méritant, ce n'est pas du travail – elle me dira plus tard : une idée d'enfant[1]. »

Le plus souvent, autour de vous, le milieu, le clan, la tribu, la fratrie, la patrie, la matrie, les mânes de vos ancêtres, l'engeance des reproducteurs, la lignée coalisée des fils de fils, tous vous disent de façon assez nette, bien que tacitement : Tu n'écriras point. Après vous-même en vous, l'autre obstacle mental, le semblable auquel vous prétendez ne pas ressembler, le premier médiateur de la sourde censure exercée par les institutions sur la libre pensée de la littérature, c'est la famille conforme.

Le plus souvent, mis à part quelques vocations écloses en milieu artistique ou auprès d'une mère du type Nina Kacew, l'entourage regarde d'un œil assez hostile un désir qui contrarie ses ambitions sociales. Le plus souvent, il tend à vous détourner de l'art en général (car, au sein de la famille standard, tout artiste en herbe est fondamentalement, sauf exception, un raté en puissance, un parasite qui entrave l'avenir entreprenant), et de la littérature en particulier (car l'écrivain est, plus encore que tout autre artiste, susceptible de dévoiler des secrets). Azusa, le

1. Marguerite Duras, *L'Amant*, *op. cit.*, p. 29.

père de Mishima, prétendit faire promettre à son fils de ne plus écrire : « Mon fils, laisse de côté la littérature pour le moment et sers-toi de la bonne cervelle que tu as bien de la chance d'avoir pour des choses qui te serviront, la physique, la mécanique ou la chimie. » Mais le fils continuant à écrire la nuit, jusqu'à l'aube, Azusa, autant qu'il le put, entrait dans sa chambre et déchirait ses manuscrits[1].

Pour la famille conforme, l'écrivain est un scandale en puissance. C'est ainsi. Elle veille au grain. Elle se protège. Un écrivain en herbe est un cheval de Troie dans la paix des foyers. Ne va-t-il pas défier l'origine, exhiber ce que le clan depuis tout temps cherche à cacher ? Il faudra le réduire, l'étouffer dans l'œuf.

De son côté, l'enfant s'inquiète. Que va penser mon père, se demande-t-il, que vont penser ma mère, mes sœurs, mes frères, ma famille, de ce que j'écris ? N'est-ce pas précisément contre eux, contre leur emprise, que je trace des mots ? Vais-je leur faire lire ? Ne vont-ils pas de toute façon tomber dessus, pour leur plus grande honte et la mienne par-dessus le marché ? Et je serai alors, plus que jamais, renié, rejeté, alors qu'au contraire je voulais, et sans doute en premier lieu, être reconnu d'eux ? Il lui faudrait déjà conquérir, grâce à une sorte d'indifférence, son autonomie. Mais, au lieu de se détourner, en toute naïveté il va au-devant du péril : il aimerait se faire aimer pour sa trahison.

Quelle innocence de croire qu'on peut impunément montrer ses premiers essais aux proches ! Et comme il aura fallu du temps à Kafka pour prendre acte du barrage infranchissable

1. Cf. John Nathan, *La Vie de Mishima*, trad. Tanguy Kenec'hdu, Gallimard, 1980.

que ses écrits ont dressé entre son père et lui ! Or, ce barrage, il l'édifia précisément pour faire face à une présence étouffante : « J'étais écrasé par la simple existence de ton corps, écrit-il dans sa *Lettre au père*. La conscience de ma valeur dépendait beaucoup plus de toi que de n'importe quoi au monde, mettons d'une réussite extérieure. » Au grand étonnement de son ami Max Brod (qui imagine l'indépendance d'esprit et de création comme une chose acquise, et trouve que Kafka dresse de lui-même « un portrait de sa personne bien décourageant »), il voudrait donner à son œuvre ce titre général : « Tentative d'évasion hors de la sphère paternelle »[1].

Une telle tentative se heurte à des contradictions insolubles. S'évader de la sphère paternelle, pour Amos Oz, c'est d'abord, à l'inverse, échapper aux livres. Chez l'adolescent, une secrète vocation littéraire fut contredite à la fois par l'appel de l'Histoire (soit de l'action) et par une volonté singulière de rupture avec un père obsessionnellement épris de savoir et de culture. Parti au kibboutz vers l'âge de quinze ans, Amos Oz a voulu quitter définitivement la maison paternelle, fuir le « monde de l'érudition et des sempiternelles palabres » où il a grandi. Mais c'est plus fort que lui, à la tombée de la nuit, se retrouvant seul dans une petite pièce déserte, à côté d'une bibliothèque vitrée (où s'entassent des rangées poussiéreuses de revues, *Jeune Travailleur, Mensuel de la femme au travail* ou *Le Champ*), il dévore des livres jusqu'à minuit et recommence à écrire « loin des regards indiscrets, avec un sentiment de honte, d'indignité, de dégoût ». « Je n'étais quand même pas venu au kibboutz pour rédiger des poèmes et des histoires, mais pour renaître, tourner

1. Max Brod, *Franz Kafka*, Gallimard, « Idées », 1945, p. 44. Franz Kafka, *Lettre à son père*, in *Œuvres complètes*, t. IV, Gallimard, « Bibliothèque de la Pléiade », 1980, p. 833-881.

le dos aux montagnes de mots, bronzer jusqu'aux os et devenir agriculteur, un travailleur de la terre[1]. »

Vous voulez vraiment être écrivain ? Dites-vous bien que cela durera toute votre vie, cette contrariété : le regard de la parentèle, avec parfois du mépris et de l'ignorance, ou encore une façon bien intentionnée de vous donner des conseils raisonnables. Chacun de vos écrits sera épié ; une vétille pourra être lue comme une obscénité ; on flairera partout une trahison de la sphère privée, à des degrés divers, selon les règles tacites du milieu d'origine, et pas seulement en proportion de la teneur confessionnelle de vos écrits. Non contents de vous décourager, vos proches, comme on dit, se permettront de porter des jugements définitifs dans un domaine qui pourtant leur est étranger – un droit qu'ils ne s'octroient à l'égard d'aucune autre activité. « Mon père n'a jamais rien lu de moi, écrit Mishima à son ami Fumihiko Azuma. Mais il ne se gêne pas pour me critiquer : le fait d'écrire, me fait-il savoir, ne convient qu'aux habitants d'un pays dégénéré. » Pourquoi écris-tu ces horreurs ? s'entend dire Flannery O'Connor par sa mère, qui lui reproche de ne pas faire œuvre romanesque dans le genre *Autant en emporte le vent.* Flannery pourrait ne pas s'en soucier. Mais, en même temps, une telle réaction n'annonce-t-elle pas celle de ses lecteurs – ou de ses non-lecteurs ?

La honte de l'écrivain, qui a pour corollaire l'orgueil de ne tenir que de soi, rejoint la honte du bâtard : sentiment d'être de trop, de s'être découvert à la fois dépendant, lié à la syntaxe du monde, et seul, exclu de tout amour. Et d'abord, mis au ban de la famille, ou de la communauté. Ou bien comme Baudelaire,

1. Amos Oz, *Une histoire d'amour et de ténèbres* (2002), trad. Sylvie Cohen, Gallimard, 2004, p. 498.

tout à coup séparé de sa mère (remariée au général Aupick) et envoyé en pension : « il découvre dans la honte qu'il est un, écrit Sartre, que son existence lui est donnée pour rien [1] ». Dorénavant, il se sent placé sous le regard du général Aupick, sous la surveillance d'un conseil de famille. Et en même temps seul, irrémédiablement. C'est ce qu'on pourrait appeler le « syndrome du général Aupick ».

1. Jean-Paul Sartre, *Baudelaire, op. cit.*, p. 20.

Gombrowicz I,
ou la honte du débutant

Vous avez donc finalement confié votre premier manuscrit à X., avec lequel vous n'avez aucun rapport de cousinage : vous avez compris intuitivement à quel point il vous fallait fuir le cercle des proches pour prétendre accéder enfin à la sphère enchantée de la littérature. Mais vous savez bien que vous n'en avez pas fini avec les difficultés. Avant même que vous lui ayez solennellement annoncé l'importance de ce geste, X. a certainement lu la gêne sur votre visage. Déjà, voilà que vous lui dispensez des conseils de prudence. Vous vous entendez lui dire : Ne le montrez à personne d'autre ; je veux savoir ce que vous, vous en pensez. Toutes vos paroles reviennent à ceci que vous ne formulez pas : Ce manuscrit, c'est moi. Ne m'égarez pas, surtout, ne me laissez pas traîner, ne m'exposez pas à des regards indiscrets. Comme si votre texte était à fleur de peau.

Enjeu narcissique ? Orgueil mal placé ? Pas seulement. L'écriture adressée est une dénudation. Donner à lire un manuscrit à un premier lecteur, c'est un geste qui expose à la honte, à l'impudeur, au doute. Les éditeurs sont bien placés pour le savoir, eux qui, ayant à faire le tampon entre un échange encore relativement confidentiel et la publication à venir, sont en prise directe avec les affres de l'écrivain, ses caprices, ses paranoïas et ses phobies. La susceptibilité de l'auteur a sa source à la fois dans l'orgueil et dans l'autodévalorisation. L'autre me lisant, lisant en somme mes défauts, confirme une honte première : celle d'un moi pion de moi-même. Il en annonce une seconde : celle de tous les autres moi, à l'affût de mon échec et de mes défauts.

Essayons de décrire les nouveaux épisodes de ce combat du débutant aux prises avec la vocation de l'écrivain, honte et orgueil mêlés. Refaisons le chemin ordinaire du premier manuscrit lui-même, des premiers essais d'un jeune auteur qui se donne à lire pour la première fois. Dans cette optique, la honte continuée de Witold Gombrowicz à l'égard de l'exercice des Lettres se présente comme une fable exemplaire.

Gombrowicz partageait avec ses frères, dit-il, un « sens du ridicule » exacerbé, un trop-plein d'ironie et de sarcasme qui tue « tout élan plus spontané ». Eh bien justement, lorsqu'il montre ses premières tentatives d'écrivain à son grand frère Janusz, celui-ci ne mâche pas ses mots :

« – Quelle horreur, dit Janusz. Jette ces pages, car elles te couvrent de honte, ne dis à personne que tu t'es compromis à écrire une chose pareille et à l'avenir tâche de te trouver une autre occupation.

» – Tu aurais mieux fait de chasser davantage, ajouta ma belle-sœur Pifinka.

» Au fond de moi-même, je leur donnais raison. Je brûlai mon œuvre et me remis à la sociologie[1]. »

Dans un premier temps, donc, le jeune Witold renonça à écrire et se replongea dans ses études de sociologie : il s'était laissé abattre. Puis il se rebiffa, se mit à ébaucher un roman. C'était l'histoire d'un comptable sur laquelle, racontera-t-il

1. Witold Gombrowicz, *Souvenirs de Pologne*, *op. cit.*, p. 72-73.

dans ses *Souvenirs*, il travaillait « plus dur qu'un cocher ou qu'un cuisinier ». Toujours torturé, cependant, par une sorte de réticence : si l'écriture le faisait souffrir, ce n'était pas assez pour lui soulager la conscience ou lui inspirer le respect dû à une activité pénible. Il lui faudrait encore quelques années de maturation sourde, ou plutôt, selon son terme, d'« immaturité », pour qu'il s'engage vraiment dans la littérature.

Cette fois, c'est « un travail lucide et calculé en vue d'un résultat concret ». Ces œuvres courtes, des nouvelles, il est déterminé à les brûler au cas où elles seraient ratées, et à recommencer autre chose. Elles ne sont pas ratées, bien au contraire : elles constituent ses premières œuvres, déjà très originales. Et cependant, une fois terminées, Gombrowicz ne veut cette fois les montrer à personne : « J'avais honte. [...] Le travail littéraire me semblait un peu ridicule – être artiste, être poète, quel manque de tact ! Et les initiatives d'un jeune homme élaborant ses premières élucubrations étaient à mon avis condamnées à une affectation incurable[1]. »

Garder les premiers manuscrits dans un tiroir : Gombrowicz n'est pas le seul dans ce cas. Ce qui est plus marqué chez lui, c'est la façon dont le traumatisme du débutant et la peur de l'échec lui donnent le désir de prendre les devants. Aux alentours de sa vingtième année, il décide d'écrire délibérément un roman qui serait « mauvais », de l'écrire avec ce qu'il a en lui « de mauvais, de honteux, d'inavouable »[2]. Il en donne à lire une copie dactylographiée à une dame en qui il a confiance et qui croit en lui. La dame le lit, lui rend le texte sans un mot et refuse de le revoir jamais. Pris de panique, Gombrowicz

1. *Ibid.*, p. 140.
2. Witold Gombrowicz, *Testament. Entretiens avec Dominique de Roux*, *op. cit.*, p. 17.

jette son roman au feu. Il se demandera cependant, quarante ans plus tard, si ce ne fut pas là son projet le plus audacieux.

Lorsque enfin il dépose chez un éditeur le recueil de ses premières nouvelles (réunies sous le titre *Mémoires du temps de l'immaturité*), c'est encore, se souviendra-t-il, « avec honte ». Le titre lui-même est révélateur du rapport qu'il entretient avec ses propres écrits. « J'avais fort honte d'écrire à l'époque, je me cachais, je dissimulais mes papiers lorsque quelqu'un entrait dans ma chambre, et aujourd'hui encore l'effronterie des écrivains débutants, leur "je suis poète", me gêne autant que la parade du paon toute queue largement déployée, des poètes consacrés dans le genre Cocteau, ou Aragon avec Elsa[1]. »

Par ailleurs, il n'a pas encore définitivement renoncé à mendier auprès des membres de sa famille un brin de compréhension. Lorsque paraît son premier livre, il tient à le leur montrer. Nouvelle gifle : autour de lui, c'est l'embarras, le silence. Les proches sont décidément très lointains. « Je suppose que si j'étais entré dans un corps de ballet et que je me sois mis à gambader à demi nu devant le public, ma famille n'aurait pas été plus décontenancée. C'était ce qu'on appelle "une famille bien" qui se demandait quels péchés pouvaient bien lui valoir d'être exposée à pareille honte[2]. »

L'auteur des *Souvenirs de Pologne* explique rétrospectivement l'incident ; mais comment le jeune homme vivait-il cette contradiction insoluble entre sa rébellion et un désir de reconnaissance parentale ? Dès ses premiers écrits, c'était au conformisme polonais tout entier qu'il se heurtait. Ses « mémoires » ne contenaient pas des révélations sur ses proches, et si elles mettaient à nu leur auteur, c'était très allusivement. L'altérité

1. *Ibid.*, p. 29.
2. Witold Gombrowicz, *Souvenirs de Pologne*, *op. cit.*, p. 170.

du genre, l'insoumission devant ce que Gombrowicz appellera la « forme », le « style » (soit une esthétique imposée du dehors et reconnue par tous), voilà ce qui était en cause – pas le contenu des secrets révélés.

Alors pourquoi s'obstiner ainsi auprès de son entourage, de ceux qui sont le moins bien placés pour saisir quoi que ce soit d'une démarche qui leur tourne le dos ? La honte ne vient pas au jeune auteur de l'extérieur. Il l'a déjà intériorisée. Il comprend lui-même intimement le malaise qui l'entoure. Il l'anticipe : « J'étais plutôt gêné quand je remis un exemplaire tout chaud, à peine sorti du four, à mon honorable famille. » Nulle arrogance, nulle provocation. Witold est encore un assez bon garçon. Il quémande. Il ne veut pas faire l'artiste en cachette. « Pour ma part, je les comprenais parfaitement et j'éprouvais la même honte à la vue de ce livre maudit qui me jetait en proie au lecteur. Mais je savais qu'il fallait en passer par là... Je vivais depuis trop longtemps déjà dans un isolement artificiel, il fallait que je montre qui j'étais[1] ! »

L'avis de son honorable famille ne lui est pas indifférent. Il a écrit contre et malgré ses parents, son écriture est un acte de trahison et de lèse-famille, et cependant il ne veut pas être banni. Il n'a pas la force de dire, à la façon d'Oscar Wilde : Je vis dans la terreur d'être compris. Non, d'une certaine façon, il aimerait être compris. Dans mes livres, je suis différent de vous ? Oui, mais acceptez-moi tel que j'écris. S'attaquant frontalement à ce qui limite sa liberté – l'appartenance tribale et nationale – par les moyens les plus éhontés, comme la bouffonnerie, Gombrowicz demande encore, par-dessus le marché, qu'on accepte son geste de transfuge.

Avant les critiques, les proches, au fond, ont sans le savoir

1. *Ibid.*, p. 171.

touché juste. Dans le procès qu'on lui intente, est-il tout à fait innocent ? L'ostracisme dont il est victime n'est-il pas d'une certaine façon justifié ? Et s'il n'était qu'un imposteur ? Qu'il se refuse à assumer son avenir bourgeois et costumé, soit. Mais fallait-il pour autant qu'il se mette à « gambader à demi nu devant le public » ? « C'est alors que je connus pour la première fois la honte qui accompagne tout travail artistique, surtout quand il n'a pas obtenu la confirmation du public et qu'il se vend mal. Cette honte devait peser sur moi pendant de longues, très longues années – elle ne m'a quitté que très récemment[1]... »

1. *Ibid.*, p. 72.

Gombrowicz II,
ou la honte contre-attaque

> Mes sources jaillissent dans un jardin dont la porte est gardée par un ange à l'épée flamboyante. Je ne peux pas y entrer. [...] Je n'ai pas le droit, car... de ces sources jaillit la honte comme d'une fontaine ! mais une voix intérieure m'ordonne : approche-toi le plus possible des sources de ta honte !
>
> Witold Gombrowicz

À travers l'exemple de Gombrowicz, on est remonté aux tourments premiers de l'apprentissage littéraire. Envers et contre tout, une pulsion d'écriture a tenu au corps, irrépressiblement. Mais on n'en a pas fini avec la sensation de l'échec.

Au fil des années, Gombrowicz n'est nullement rassuré sur son compte. Après avoir été, dans un premier temps, sacrifié sur l'autel familial, il est maintenant la proie des critiques. Son œuvre aura particulièrement du mal à se faire reconnaître[1]. S'il est tellement sensible aux réactions alentour,

1. Cf. à ce sujet Lakis Proguidis, *Un écrivain malgré la critique*, Gallimard, « L'Infini », 1989.

c'est qu'à ses propres yeux il reste suspect. Un doute intérieur continue de susciter en lui une sorte d'effroi. En même temps, la honte d'abord dirigée contre soi va devenir un bélier dans le combat continu pour l'accession à une forme autonome.

La suite de l'histoire est celle d'un conflit entre le moi honteux et le moi éhonté, entre le moi évadé et le moi prisonnier. Comme pour confirmer l'embarras des proches, voici la cohorte des éreinteurs qui part à l'assaut du prétendant. Ce n'est plus l'entourage maintenant qui se dresse contre ces premières tentatives. Ce sont les critiques polonais eux-mêmes, les fielleux, qui commencent par se gausser du titre du premier livre de ce jeune scribouillard, Witold Gombrowicz : « Des nouvelles d'un jeune auteur, écrivaient-ils, qui manque encore de maturité, ce qu'il avoue d'ailleurs lui-même puisqu'il a intitulé son livre *Mémoires du temps de l'immaturité*. Espérons que l'auteur s'épanouira et que ses ouvrages suivants seront mieux rédigés et plus sûrs. » Un fossé d'incompréhensions et de malentendus s'est creusé. L'activité hors normes du « jeune auteur » est frappée de plein fouet : l'audace qui était au principe même de son geste, comme l'immaturité affichée, la critique n'en a compris ni la drôlerie ni le paradoxe.

Rapportant ces propos, le Gombrowicz avancé en âge se sent encore blessé par leurs flèches. Quelques articles étaient enthousiastes, d'autres « affreusement négatifs et, qui plus est, méprisants ». Ce sont les seconds, surtout, qu'il retient. La famille aura été en quelque sorte la première médiatrice de la honte écrivaine. La réception critique sera la seconde. La gifle de la critique s'est superposée à la gifle familiale. Comment ne pas voir là une sorte de solidarité hostile ? « Quelle torture, pour un jeune homme ambitieux, que de se faire étriller de la sorte ! Je me tordais de colère sous le feu de ces jugements irrévérencieux et il n'aurait pas été étonnant que je perdisse complètement confiance en moi[1]. »

Le jeune homme était-il véritablement conscient des conséquences de son acte? Savait-il à quel point le passage est étroit lorsqu'on prétend vouloir s'insoumettre à la fois à la tradition séculaire et à la modernité superficielle des contemporains? « Il s'avéra, écrit le Gombrowicz des *Souvenirs de Pologne*, que ces petites nouvelles innocentes dépassaient sensiblement la capacité intellectuelle et artistique d'une majorité écrasante de la critique polonaise de l'époque. » De fait, une rupture profonde était consommée. Continuer, c'était continuer à passer de l'autre côté, dans un domaine incompréhensible pour la famille comme pour la Pologne. « Il fallait en finir au plus vite, rompre avec l'enfance, prendre une décision de recommencer à zéro [...] m'établir solidement sur le terrain des adultes, oui, adopter enfin cette attitude ultra-aristocratique, mépriser, mépriser[2] ! »

L'histoire de l'œuvre de Gombrowicz est aussi une fable sur la publication. Publier, c'est s'exposer, et il ne faut pas reculer devant les conséquences perverses de cette exhibition : telle est la première leçon de cette fable. Continuer à publier, c'est réagir, telle en est la seconde leçon. Gombrowicz raconte comment un principe réactif a été à la source de ses écrits ultérieurs : « On m'a tellement harcelé avec cette immaturité qu'elle a été le point de départ de mon livre suivant, *Ferdydurke*, et c'est ainsi que je suis devenu peu à peu le spécialiste de cette problématique et son grand prêtre[3]. » D'un côté, il cherche à s'expliquer, ou du moins à répondre à une incompréhension dont il éprouve le sentiment aigu. Mais d'un autre côté il ne

1. Witold Gombrowicz, *Souvenirs de Pologne*, *op. cit.*, p. 172.
2. Witold Gombrowicz, *Ferdydurke*, *op. cit.*, p. 21-22.
3. Witold Gombrowicz, *Souvenirs de Pologne*, *op. cit.*, p. 169.

peut que s'enferrer, creuser son sillon. « Ce que vous avez écrit vous dicte la suite, l'œuvre ne naît pas de vous, vous vouliez écrire une chose et vous en avez écrit une autre tout à fait différente. »

Le malentendu s'approfondit encore avec son premier roman, *Ferdydurke*. Le jeune homme immature de trente ans s'y retrouve dans un personnage de « blanc-bec », un adolescent mal dans sa peau, d'âge indéterminé. *Ferdydurke*, « histoire grotesque d'un monsieur qui devient un enfant parce que les autres le traitent comme tel[1] », commence par une auscultation intime du trouble de Gombrowicz : « Peur d'une médiocrité, d'une petitesse honteuse, terreur de la dissolution et de la fragmentation, frayeur devant la violence que je sentais en moi et qui menaçait dehors, et le plus grave était que je sentais sur moi, collée à moi, sans cesse, comme la conscience d'une dérision, d'une raillerie, liée à toutes mes particules, d'une moquerie intime lancée par tous les fragments de mon corps et de mon esprit[2]. » Le narrateur voudrait pouvoir « se fuir soi-même, fuir le blanc-bec, revenir à l'homme adulte », échapper à son immaturité, mais elle repousse en lui. Il aimerait « se contenter soi-même et contenter autrui en gagnant sa vie grâce à des institutions culturelles millénaires », mais il se sent doublement limité et enfermé : d'abord par son propre passé, par son enfance qu'il ne peut oublier, ensuite par « la caricature qu'il est devenu dans la vision d'autrui[3] ». L'école de « pédagogie cuculique » qu'il imagine est une allégorie de l'enfance entravée, où se forment des « corps pédagogiques » : « Je compris

1. Witold Gombrowicz, *La Pornographie* (1960), préface et trad. Georges Lisowski, Gallimard, « Folio », p. 12.
2. Witold Gombrowicz, *Ferdydurke*, *op. cit.*, p. 7-8.
3. *Ibid.*, p. 20.

alors pourquoi nul ne pouvait s'enfuir de cette école : tous les visages et toutes les attitudes anéantissaient les possibilités de fuite, chacun restait captif de sa propre grimace, et bien qu'ils eussent tous dû s'enfuir, ils ne le faisaient pas parce qu'ils n'étaient plus ce qu'ils auraient dû être[1]. »

Selon Italo Calvino, l'écrivain doit d'abord créer « ce premier personnage qu'est l'auteur ». Une telle invention est pour Gombrowicz la continuation d'une comédie. La grimace, concession à la singerie généralisée, précède le geste artistique. « À l'aube de sa jeunesse, l'être humain s'imprègne de phrases et de grimaces. C'est dans une telle forge que se forge notre maturité[2]. » Une telle « maturité » (au sens très péjoratif dans le langage de Gombrowicz) se continue dans l'art et la littérature. Mieux, elle s'y caricature encore davantage. Toute posture esthétique (conservatrice ou moderne) est une imposture. « Messieurs, il existe en ce monde des milieux plus ou moins ridicules, plus ou moins honteux, humiliants, et dégradants, et la quantité de bêtise n'est pas partout la même. [...] Mais ce qui se passe dans le milieu artistique bat tous les records de sottise et d'indignité, au point qu'un homme à peu près convenable et équilibré ne peut pas ne pas rougir de honte, écrasé par ce festival puéril et prétentieux[3]. »

La honte de la forme est chez Gombrowicz une honte du vêtement imposé, uniforme national ou prêt-à-porter culturel, une honte du déjà donné et du préformé. C'est pourquoi elle s'étend à la littérature elle-même, à la forme littéraire – et, en particulier, à « une certaine poésie honteuse, une certaine beauté compromettante ». Comment dès lors ne pas s'insurger contre

1. *Ibid.*, p. 71.
2. *Ibid.*, p. 101.
3. *Ibid.*, p. 110.

la façon dont on se prosterne devant l'autel de l'art ? Comment ne pas appeler à un moment où « le poète inspiré aura honte de ses chants », où l'on en viendra à avoir « peur et honte » d'une « forme artificielle qui lui est douloureusement imposée du dehors[1] » ? À la forme définitive, venue trop tôt, Gombrowicz opposera l'« éternelle immaturité ». Oui, décidément, « ce que vous avez écrit vous dicte la suite ».

Dédoublé, l'homme honteux est sous le regard constant d'autrui, au point de se sentir sous tutelle – tutelle particulièrement représentée chez Gombrowicz par ce qu'il appelle « les mères et les tantes culturelles ». Le « tourment de voir constituer notre moi par autrui » : telle sera la préoccupation centrale de Gombrowicz, anticipant les analyses de Sartre sur le regard d'autrui dans *L'Être et le Néant*, comme il le remarque lui-même dans une préface à une republication de *La Pornographie*[2]. La honte procède ici aussi d'un excès de lucidité et de réflexivité. Entre moi et l'autre, le combat est terrible, et personne n'en sort indemne. Alors, ne nous étonnons pas si toutes les hontes sont inventoriées par Gombrowicz, déposées là devant nous, défilant dans la fiction, avec tous leurs rouges et dans toutes leurs nuances – la rougeur du jeune naïf, la rougeur à rebours de l'adulte expert devant le jeune naïf, la rougeur du vieux larbin, la rougeur du dominant face à ce dernier, la rougeur de celui qui voit comme de celui qui est vu : « Oh, Dieu, comme elle torturait mon physique ! Je ne connais rien de plus affreux qu'un être humain à qui un autre humain a fabriqué une gueule. Tout est bon au second pour enfoncer le premier

1. *Ibid.*, p. 125.
2. « *Ferdydurke* a été publié en 1937 avant que ne fût formulée la théorie du "regard d'autrui" de Sartre. Mais c'est grâce à la popularisation des conceptions sartriennes que cet aspect de mon livre a été mieux compris et assimilé » (*La Pornographie, op. cit.*, p. 12).

dans le ridicule, la mascarade, le grotesque, car la laideur accrue de l'un nourrit la beauté de l'autre[1].»

Le roman selon Gombrowicz prospectera donc toutes les tentatives pour se fuir soi-même, mais il privilégiera la posture grotesque et satirique, qui est une volte-face, une bouffonnerie dangereusement ambiguë (bouffon, est-ce un masque choisi, une nouvelle appellation lancée par l'autre en signe d'exclusion, ou encore une invite à percevoir, derrière le masque de la bouffonnerie, une autre image de l'auteur[2] ?).

Mais c'est surtout l'absence de liberté, l'impossibilité de se situer, d'accepter toute condition (humaine, sociale, etc.) dans sa contingence, que Gombrowicz pointe: «Être un homme, cela veut dire ne jamais être soi-même[3].» Comment faire face à la honte de n'être rien qu'une «paille de vent», ou plutôt rien d'autre que l'expression d'une tradition séculaire, d'un «quelque chose en [s]oi [qui] a parlé, agi, pensé[4]»? Sa réponse, c'est la régression infantile. Il sera l'esclave de son inaccomplissement; il cherchera la dissonance.

L'homme honteux de Gombrowicz est un homme éminemment orgueilleux et contradictoire. Son idéal du moi est très haut placé. Il ne supporte pas le sentiment de la servilité devant les images et les idéaux, de l'impuissance face à tout ce qui est imposé du dehors. Si bien que l'être écrivain est en lui-même un danger. La honte de la copie conforme englobe la honte d'être perçu comme un personnage littéraire. Lorsqu'en 1952 Gombrowicz refuse de signer une pétition en faveur de Czeslaw Milosz, que pourtant il respecte, il écrit dans un texte adressé à

1. Witold Gombrowicz, *Ferdydurke*, *op. cit.*, p. 198.
2. Cf. à ce sujet Christian Salmon, *Tombeau de la fiction*, Denoël, 1999, p. 152-162.
3. Préface à *La Pornographie*, *op. cit.*, p. 12.
4. Witold Gombrowicz, *Ferdydurke*, *op. cit.*, p. 95.

Kultura: « Je ne signerai pas la pétition dans l'affaire Milosz parce que, pathologiquement, je ne supporte pas d'en signer. Je vous demande de me comprendre, de respecter mes lubies, et ma pudeur. J'ai honte d'apparaître comme un "écrivain" et un "représentant de la culture". Hélas, tout le monde le sait : je ne suis que ce pauvre, ce fou, cet illisible et très confidentiel Gombrowicz[1]. »

C'est que, selon lui, une finalité éthique transcende tout projet esthétique. Il s'agit essentiellement de se transformer soi-même, de dépasser la honte de l'impuissance à rompre avec soi. Cette façon d'assigner une utilité à la pratique de la littérature pourrait sembler naïve, rapportée à nos consensus esthétisants. Mais c'est ce qui rend Gombrowicz attachant, lorsque par exemple il écrit dans son *Testament* littéraire, sous un chapeau final intitulé « Bilan » : « Combien ai-je écrit de pages au cours de ma vie ? À peu près trois mille. Pour quel résultat, s'il s'agit de moi personnellement ? J'ai abordé ces entretiens avec l'intention de lier ma littérature à ma vie. Eh bien, est-ce que cette littérature m'a aidé à résoudre mes problèmes, mes difficultés personnelles ? Quoi donc ? J'ai presque honte. Mes attentats contre la Forme, où m'ont-ils mené ? À la Forme, justement. Je l'ai tant et tant brisée qu'à force je suis devenu cet écrivain dont la Forme est le sujet. Voilà ma forme, et ma définition. Et aujourd'hui, moi individu vivant, me voilà serviteur de ce Gombrowicz officiel, que j'ai fabriqué de mes mains[2]. »

Sans doute est-il vrai qu'on ne peut élargir le théorème de Gombrowicz à toute l'algèbre de la littérature. Lui-même ne

1. Cf. Jerzy Giedroyc et Witold Gombrowicz, *Correspondance, 1950-1969*, traduit, annoté et préfacé par Jean-Claude Famulicki, Fayard, 2004.
2. Witold Gombrowicz, *Testament. Entretiens avec Dominique de Roux*, *op. cit.*, p. 2.

cesse d'insister sur le fait que les données de la honte sont historiques et géographiques, et, en l'occurrence, très polonaises. Elles perdurent cependant dans l'exil, lorsqu'il s'installe en Argentine. Un silence de douze ans sépare *Ferdydurke*, publié en 1937, de la première œuvre produite en Argentine, *Trans-Atlantique*. Si Gombrowicz ne peut écrire à jet continu, c'est que la honte originelle a sécrété une grande ambition littéraire : ne ressembler, en quoi que ce fût, à personne – non seulement à aucun écrivain polonais, mais encore à aucun écrivain en général.

Son expérience singulière est révélatrice d'abord de la façon dont le passage à l'acte d'écrire, dispositif diabolique dirigé contre la symbolique sociale, instrument offensif d'arrachement et de contestation, est inassimilable. Mais cette expérience est particulièrement frappante encore sur un autre plan. On a tendance à sous-estimer l'effet de la critique sur un auteur. Combien de livres écrits en réaction, par vengeance, par ressentiment à l'égard d'un propos offensant ! Combien de choix esthétiques opérés comme par réponse au malentendu ambiant ! (Ainsi, Kafka, mais pour des raisons inverses, car, par haine de soi, Kafka fut souvent complaisant dans ses réactions à l'égard de la critique.) La littérature selon Gombrowicz manifeste envers et contre l'Histoire, envers et contre l'éducation étouffante, une revanche de l'individualité. La honte était repli sur soi, par excès de « sens du ridicule ». Elle se retournera en affirmation. Ce que Gombrowicz nomme la bouffonnerie, ce « grotesque déchaîné, insensé, démentiel et insolite[1] », c'est un corps affirmatif opposé à la menace de l'Autre et au sens partagé du ridicule : « C'est seulement lorsqu'on commence à se battre pour justifier une affirmation qu'on peut se convaincre de sa justesse[2]. »

1. Witold Gombrowicz, *Souvenirs de Pologne*, *op. cit.*, p. 219.
2. *Ibid.*, p. 268.

Avec Gombrowicz, l'écrivain a d'abord accueilli l'enfant de la honte, ses lieux et ses obsessions, son immaturité. Ensuite, la honte a contre-attaqué. Elle s'est exorcisée dans la bouffonnerie. Tout cela peut paraître assez dostoïevskien. Mais ce n'est plus seulement un personnage qui est bouffon, un père ou un fils Karamazov. C'est l'écrivain lui-même qui brandit ce masque. Et, cette fois, Dieu est vraiment mort.

Tentation et compulsion du reniement

> Je déshonore à ce moment ma poésie, je
> méprise ma peinture,
> Je dégrade ma personne et je punis mon
> caractère,
> Et la plume est ma terreur, le crayon ma
> honte,
> J'enterre mes talents et ma gloire est morte.
>
> William Blake

Voici donc votre livre imprimé. Vous venez d'en recevoir un exemplaire, il est là, tout chaud, entre vos mains. Jubilation et appréhension mêlées, joie et déception. Ceci est et n'est pas mon corps, plutôt une excroissance de moi, une étrange sécrétion, une parcelle de moi qui n'est plus moi, qui va vivre sa vie désormais, sa vie imprimée, déchiffrée, commentée, glosée, ignorée, livrée en pâture au public, à ses appréciations, à ses silences, ses rumeurs et ses malentendus.

Il y a eu un moment, avant cet événement irréversible, où vous auriez encore pu reculer. Trop tard, maintenant. Déjà il est en pile, on le voit même parfois à la vitrine des libraires. Avec votre nom bien lisible. Il va bientôt apparaître dans les bibliothèques, se faufiler chez des lecteurs anonymes.

C'est le début d'une seconde vie, qui double l'existence jusque-là vécue dans une sorte d'élan et de transparence et qui, comme la nôtre, a ses âges – ses innocences premières, ses apprentissages, ses roueries, ses vanités, ses amertumes ou ses sages vieillissements –, où le rapport à cet étrange autre qu'est le lecteur, réel, virtuel ou anonyme, fait pendant à l'existence dans le monde. Une seconde vie moins justifiée encore que la première, qui pour cette raison quémande partout autour d'elle, souvent en vain, des signes de reconnaissance.

Une fois publié, l'écrivain est désormais, comme Baudelaire selon Sartre, un « homme sans immédiateté » : il est passé dans le domaine public. Qu'il ait été condamné à la condition singulière, séparée, de celui qui persévère dans l'injustifiabilité, ce n'est pas tout à fait une surprise. Les premières manifestations d'une vocation en milieu hostile le laissaient présager. Le fait nouveau en revanche, c'est que la publication dévoile une contradiction à l'intérieur de l'être écrivain : le retiré fait retour ; il a écrit contre, ou plutôt malgré, et voilà qu'il veut être fêté pour cela.

Dans un roman de Nathalie Sarraute, *Entre la vie et la mort*, un écrivain débutant annonce à son père la parution de son premier livre. Lui, l'« insoumis », le « déserteur », le « fils prodigue », il voyait secrètement cette annonce comme un geste de réconciliation. Il voulait signifier par là : « J'ai appris à travailler, moi aussi. Je suis digne de toi. Tu n'auras plus à rougir de moi. » Et il est tout étonné de s'entendre dire : « Combien t'a-t-on pris pour publier ça ? » Quant à la mère, qui prétend, elle, et sans doute à juste titre, n'avoir jamais douté du talent de son fils chéri, qui déclare maintenant avoir toujours su, pressenti la naissance d'une vocation à ses premiers signes, elle ne peut cependant s'empêcher de demander, parlant de l'éditeur en vue sur la place publique : « Dis-moi, est-ce que Frémiot lui-même l'a lu ? »[1]. Lorsque enfin l'auteur encore innocent ne résiste pas au désir embarrassé de faire savoir autour de lui (et, à ce moment, « on a un peu honte, c'est évident ») que son livre « marche bien », qu'il a eu « de bons articles », il sent comme une fin de non-recevoir dans l'expression que les autres, restés, eux, dans l'immédiateté de leur vie ordinaire, lui jettent, avec une intonation machinale : « C'est bi.i.i.en, ça. » Face à tous ceux qu'il a quittés et dont pourtant il aimerait être reconnu, il se sent renvoyé à une « honte ridicule d'écolier », à sa condition de « petit garçon ». Croyant encore qu'il lui faut se justifier, s'expliquer, il commence tout de même à comprendre que l'écrivain doit « en rabattre » : « Que personne n'est moins indépendant, plus soumis au jugement, cherchant sans cesse à s'apercevoir dans les reflets mouvants de tous les yeux, à se placer sous tous les regards, à solliciter, à espérer[2]... »

On peut bien imaginer, par le moyen de la publication, comme l'auteur imaginaire de Sarraute (et sans doute comme Gombrowicz lui-même), reconquérir l'estime et la dignité perdues. En attendant, on court le risque du ridicule. À vrai dire, celui qui a commencé sa carrière sous les auspices de la honte et de l'insatisfaction n'en aura jamais fini avec le sentiment de l'incompréhension. Jusqu'à l'instant fatal, le doute ne le lâchera pas. Car tout se sera joué essentiellement pour lui entre moi et moi. C'est ainsi que l'écrivain assiste passivement à un autre phénomène qu'il n'avait pas tout à fait prévu : tandis que son rapport aux autres a changé malgré lui, c'est maintenant peu à peu, dans cette seconde vie qu'est l'histoire de ses publications, son rapport à ses propres livres qui se modifie, cette fois com-

1. Nathalie Sarraute, *Entre la vie et la mort* (1968), Gallimard, « Folio », p. 113-114 et 121.
2. *Ibid.*, p. 137.

parable à celui que Proust analyse entre un moi présent et des moi passés, déjà morts, parfois ressuscités.

Il n'est pas rare qu'un auteur ressente comme une blessure cette sensation d'irréparable que peut lui donner l'existence désormais indépendante de ses livres. Elle a quelque chose de commun avec la trahison. Non content de s'éloigner peu à peu, le texte a nettement pris ses distances, au point de vous défier, de manifester par des réactions autonomes qu'il n'est pas vous, qu'il a sa propre vie. C'est lui, maintenant, l'insoumis, le fils prodigue. À propos d'*Un barbare en Asie*, Michaux écrit dans une nouvelle préface, trente-cinq ans après sa première parution : « Ce livre qui ne me convient plus, qui me gêne et me heurte, me fait honte, ne me permet de corriger que des bagatelles, le plus souvent. Il a sa résistance. Comme s'il était un personnage[1]. »

Bien sûr, il y a des écrivains qui semblent naturellement contents d'eux. Naïvement fiers. Satisfaits. On les envie. Vous allez chez eux, et vous trouvez, bien en évidence, alignés par ordre chronologique, leurs œuvres complètes. Ils tiennent boutique dans leur bureau, tels des épiciers, vont chez les libraires à la façon d'un commis voyageur vérifier si la pile est bien en place, inquiets de savoir si le petit dernier s'est bien vendu. Mais il y a aussi tous les autres, ceux qui rasent les murs, ceux qui tâchent de s'effacer, ceux qui guettent un compliment tout en manquant nettement de confiance en eux. À l'extrémité, il y a encore ce que j'appellerai l'attitude japonaise, en souvenir d'un érudit et distingué professeur originaire de cet honorable pays qui sembla terriblement gêné lorsque je lui dis avoir vu, en devanture, dans une librairie d'Oxford, son dernier livre – dont il ne m'avait aucunement parlé. J'avais cru lui faire un compli-

1. Henri Michaux, *Un barbare en Asie* (1933), Gallimard, 1967, p. 14.

ment. Tout collègue occidental, dans la même situation, n'aurait pu réprimer un sourire de contentement. Lui, au contraire, sembla fort contrarié. Avais-je à mon insu commis là une gaffe énorme ? Il s'inclina humblement à plusieurs reprises, s'excusant, m'invitant à ne surtout pas le lire, ce livre, non, il fallait l'oublier, c'était tellement mauvais, tellement mauvais, m'assurait-il en baissant la tête. Au point que j'aurais fini par le croire.

Honteux ou éhontés, tous les auteurs ont pu constater ce phénomène : une fois le livre paru, on éprouve le sentiment illusoire qu'on pourrait enfin déchiffrer son propre texte comme celui d'un autre. Comme si un miroir vous était tout à coup tendu. Mais votre texte reflété dans le livre, c'est comme votre visage entr'aperçu dans la glace d'un miroir : vous ne le verrez jamais vraiment.

Ce qui n'empêche nullement de distinguer désormais tous les défauts qui étaient invisibles jusqu'alors, et qui réactivent chez l'auteur une tendance paranoïaque. Les coquilles, d'abord, qu'on ne voyait pas sur épreuves, sautent aux yeux : ces minuscules boutons, ces verrues sur le visage de l'être désiré. La coquille n'est-elle pas le stigmate de la flétrissure du texte, de son impuissance à atteindre une beauté sans taches ? Elle détourne de l'éros du livre, attire le regard sur l'aléatoire du caractère imprimé dans sa matérialité. Vous croyiez vous être désincarné dans la littérature ? Vous êtes un corps, à nouveau. En somme, la coquille est iconoclaste. C'est comme une tarte à la crème lancée sur votre nez au moment d'une cérémonie où l'on vous fête, comme une pointe adressée à vous spécialement pour vous blesser, et à laquelle vous n'aurez jamais la possibilité de répliquer.

Et s'il n'y avait que les fautes d'imprimerie ! Sans doute sont-elles les indices d'un mal plus profond. À peine le livre est-il sorti de ses presses imparfaites que déjà vous méditez ce qu'on appelle très significativement des « repentirs ». Telle phrase ne sonne plus comme vous l'aviez rêvée. Telle idée n'est pas à sa place. Tel mot ne vous convient plus. Vous avez l'impression que l'imprimatur a été donné à l'ensemble de vos propres défaillances, tics d'écriture, erreurs de rythme, lourdeurs, baisses de tension, effets ratés, à toutes les approximations auxquelles vous avez consenti par lassitude ou précipitation, mais aussi à toutes vos insurmontables faiblesses – qui désormais, à coup sûr, seront pointées du doigt.

Vous devez les assumer cependant, tous ces défauts, comme une rougeur à la joue, comme un geste irrépressible dont vous avez honte parce qu'il est aussi sous le regard de l'autre – bien qu'il n'y ait que vous pour y réagir de façon aussi disproportionnée. Et c'est comme si tout à coup tous les yeux étrangers de vos lecteurs potentiels venaient eux-mêmes se fixer, se déposer sur le corps de votre texte, ne lisant plus que cette anomalie à laquelle tout le livre se résume – image de son erreur fatale, de son ratage, maintenant évident. La publication est votre petite mort.

Voilà qui n'est pas raisonnable, dira-t-on. C'est accorder là, par un narcissisme propre à l'auteur, bien trop de crédit à une menue faute éditoriale, à une négligence. Mais précisément : la négligence est coupable. Tout texte renvoie au grand Texte, au Livre sacré. Ce corps est défectueux et le restera, du moins jusqu'à la prochaine édition hypothétique, laquelle sera à son tour perfectible. À moins que vous n'ayez des rapports privilégiés avec une maison d'édition immaculée. J'en connais une. Elle se nomme : Les Presses du Bon Dieu.

Il est vrai qu'à l'égard de ce corps défectueux, plus tard, vous pourrez pratiquer la chirurgie esthétique : caviarder, retoucher, autocensurer ; vous reconstruire un corps-œuvre ; reformer vous-même votre anthologie exclusive, ainsi que Jouve ou

Michaux ; retourner à l'atelier comme Ponge dans « Honte et repentir des "Mûres"[1] » et feindre, à partir de votre humble relecture, de faire amende honorable ; ou encore sélectionner, trier, jeter, renier, republier vos « Œuvres complètes » à la façon de Joseph Delteil, après élimination des textes indésirables. Devenu auteur-éditeur de vos œuvres, écrivain androgyne, champion littéraire de la parthénogenèse, vous pourrez ainsi vous imaginer avoir atteint un idéal. Qui n'a pas rêvé de ne retenir de sa vie que les actes qui comptent ? Mais qui vous dit que ce sera là pour vous le geste définitif ? Ces « Œuvres complètes » vont à leur tour vieillir... vous allez les reconsidérer... D'ailleurs, ne dit-on pas que le texte sans coquilles n'existe pas ? Où s'arrête le repentir ? À quand le Livre parfait ?

Laissons là les auteurs archivistes, ceux qui accumulent, qui gardent tout, et qui, émus jusqu'aux larmes par leurs listes de courses, ont tellement foi en eux-mêmes qu'ils s'imaginent de leur devoir de ne priver la postérité d'aucune trace de leur géniale plume. Face à cette branche aristocratique, la lignée des écrivains autocenseurs, démocrates à l'égard de leur parlement intérieur, est impressionnante. On peut se raturer, se renier ou se corriger de multiples façons. On peut battre sa coulpe dans le texte publié, comme Bernanos, dans *Les Enfants humiliés*, son journal de la guerre, évoquant passagèrement les arbres de la forêt tropicale et leurs lianes géantes, puis ajoutant plus loin : « J'ai presque honte aujourd'hui d'écrire trois pages sur un tel sujet, c'est ma propre littérature qui me dégoûte[2]. » On peut

1. Cf. Francis Ponge, « Dans l'atelier du *Parti pris des choses* », in *Œuvres complètes*, t. I, *op. cit.*, p. 56.
2. Georges Bernanos, *Les Enfants humiliés*, in *Essais et Écrits de combat*, *op. cit.*, p. 155.

aussi, comme Ponge se relisant, écrire au dos d'un feuillet un commentaire qui commence ainsi : « À vrai dire, la perfection factice du poème ci-dessus me dégoûte[1]. »

À chacun sa technique, plus ou moins radicale, souvent ambiguë. Pour les uns, c'est la cheminée, le pilon personnel, le hachoir, l'autodafé, le silence, le tiroir, l'armoire aux secrets. Pour les autres, le reniement solennel, la confidence de journal, le désaveu de soi, l'auto-accusation, le plaidoyer dans le genre Je vaux mieux que ce que j'ai écrit. Un démon les hante, à perpétuité, qui leur dit : Arrête-toi, brûle, renie. Parmi eux, Jouve se désolidarisant de toutes ses œuvres antérieures pour accéder à une *vita nuova*. Char détruisant son premier recueil de poèmes, *Cloches sur le cœur*, en 1929. Michaux, spécialiste du broyeur, découpant en lamelles ou brûlant des exemplaires de ses œuvres passées (comme *Les Rêves et la Jambe*), disant avoir été « rouge de honte et de rage » à la lecture de ses deux derniers livres, *Un barbare en Asie* et *La nuit remue*, écrivant à Paulhan : « Tu me demandes mes textes. J'ai honte à cause de ces textes. Ce qui a été fait par la main gauche n'est pas reconnu par l'homme à la main droite[2]. » Joyce jetant au feu, en 1911, le manuscrit de *Portrait de l'artiste en jeune homme*, que sa sœur sauva *in extremis* des flammes. Queneau brûlant ses poèmes de jeunesse. Max Jacob regrettant « l'erreur d'avoir composé comme ça, pour se distraire », *Le Laboratoire central*, considérant *Le Cornet à dés* comme un livre stupide[3]. Duras, qui apprit, dit-elle, à mépriser son premier roman *Les Impudents* – ne le mentionnant jamais dans la liste des ouvrages

1. Francis Ponge, *Œuvres complètes*, t. I, *op. cit.*, p. 57.
2. Lettre d'Henri Michaux à Jean Paulhan, 1958, fonds IMEC.
3. Cf. Marcel Béalu, *Dernier Visage de Max Jacob*, Fanlac, 1946, p. 55-56.

« du même auteur » (jusqu'à sa reparution en 1992, à la demande d'Isabelle Gallimard). Louis-René des Forêts détruisant tout ou partie d'un volumineux manuscrit, se condamnant au silence entre 1965 (date de publication en revue d'un poème, « Les mégères de la mer ») et les soixante-quinze premières pages d'*Ostinato*[1]. Samuel Beckett, « toujours très sévère », selon Jérôme Lindon, à l'égard de ses travaux anciens, et à qui il arrivera de juger de prime abord impubliable un ouvrage en cours, pour finir, sur l'insistance de ses amis, par le traduire ou le livrer à l'imprimeur[2].

Il faut tout de même distinguer, parmi toutes les autodestructions, divers degrés de secrets et de remises en cause. Désavouer un livre déjà paru, détruire un brouillon, ou encore abandonner un texte en cours avant même qu'il paraisse : ces postures à l'égard de l'œuvre ne sont pas équivalentes. Lorsqu'on apprend que Céleste Albaret a brûlé un à un, à la demande de Proust, ses anciens cahiers, ceux qu'il nommait les « cahiers noirs » et qui selon elle formaient le noyau de la *Recherche* (trop sensible au feu pour se charger lui-même de la tâche, Proust s'inquiéta plusieurs fois de l'opération, qui dura près d'un an : « Céleste, mes cahiers, vous les brûlez bien ? »), lorsqu'on imagine le désastre de ces trente-deux cahiers noirs, tellement précieux et révélateurs, ainsi consumés dans le grand fourneau de la cuisine, on peut s'écrier comme André Maurois, apprenant la chose après la mort de Proust : « Quel dommage, quel dommage ! » (Ce geste est d'ailleurs extrêmement indélicat à l'égard des études génétiques à venir.) Rassurons-

1. Cf. Jean-Benoît Puech, *Du vivant de l'auteur*, Seyssel, Champ Vallon, 1990.

2. Jérôme Lindon, « Avertissement à *Eleuthéria* », *in* Samuel Beckett, *Eleuthéria*, Minuit, 1995, p. 7.

nous, cependant : malgré le grand feu de Céleste, il nous reste la *Recherche.*

Il n'en est pas de même pour *Les Âmes mortes.*

Neuf jours avant sa mort, en février 1852, Gogol réveilla son domestique au cours de la nuit. Il lui ordonna d'allumer un feu, y jeta ses derniers manuscrits. On raconte que, une fois les œuvres consumées, il demeura prostré, méditant. Enfin, il fit le signe de croix, se coucha et pleura. Ce n'était là que l'ultime exploit d'une vie d'écrivain travaillé par le repentir. Six ans auparavant, il avait brûlé la deuxième partie des *Âmes mortes*, à peu près achevée. « Le second volume des *Âmes mortes* a été brûlé, écrivit-il alors, parce qu'il devait l'être… J'ai reconnu que ce que j'avais pris pour de l'harmonie n'était encore que chaos. » Le témoin invisible des débuts ne l'avait pas quitté : un juge inexorable, écrivait-il dans une lettre, est enfermé en moi et me ramène en arrière. Déjà, en 1828, il avait détruit sa première œuvre (un poème intitulé « Hans Küchelgarten »), et depuis il abjurait régulièrement chacun de ses livres.

Le champion du livre brûlé, comme du reniement de soi jusqu'au moment ultime, c'est sans doute Nicolas Vassilievitch Gogol.

Mais un nom vient à l'esprit, semble-t-il, avant même celui de Gogol, lorsqu'on évoque la tentation du renoncement à l'égard des manuscrits : c'est celui de Kafka. Comment l'éviter en effet, à l'endroit de la conscience déchirée en littérature (mais aussi de l'héroïsme littéraire), comme à propos de la plupart des interrogations majeures de la littérature au XXe siècle, qui est décidément (pour reprendre l'expression de Bourdieu) le « siècle de Kafka » ?

Chez Kafka, la pulsion créatrice est inséparable d'une pulsion autodestructrice. Le *Journal*, en même temps qu'un inventaire de projets, est le compte-rendu d'une activité intense de rejets, destructions, ratures, remords et autres réticences. « J'ai lu *La Métamorphose* et je la trouve mauvaise », « Hier et aujourd'hui, écrit des pages dont la fatalité est difficile à dépasser »[1]. Entre le moi de l'auteur et le moi du lecteur, s'est insinué avec constance le regard encombrant d'un redoutable relecteur de soi comme un autre. Quand le texte devrait advenir comme un destin dominé, sa gestation n'en finit plus, elle se fait dans la souffrance. Pendant ce temps, il devient du passé pesant et subi, il s'amoncelle et encombre : « De toute façon, il y a dans le fait que j'ai éliminé et barré tant de choses, en réalité presque tout ce que j'ai écrit au cours de cette année, un gros obstacle à mon travail littéraire. Car c'est une montagne, c'est cinq fois plus que je n'ai écrit en général, et cette masse, ne serait-ce que par son poids, tire à elle tout ce que j'écris au fur et à mesure que cela sort de ma plume[2]. »

Chez Kafka, le désir d'autodafé (ce mot est en l'occurrence employé de façon impropre, il faudrait en inventer un autre) n'a d'égal que sa compulsion à continuer. De même, sa répulsion à l'égard de l'aveu direct ne se mesure qu'à l'aune d'une pulsion confessionnelle – puisque aussi bien c'est de secret qu'il s'agit continûment. L'inachèvement (qui n'est pas nécessairement constitutif, ainsi qu'on a voulu le croire), la reprise ou le correctif signifient qu'on n'en a jamais fini avec le figé : le texte est comme le corps, une limitation. On n'en a jamais fini avec le désir d'échapper au définitif. Alors on écrit, jusqu'au bout, quitte à abandonner le roman. C'est l'inhibition qui angoisse, tout autant que l'amoncellement. Kafka ne cesse de se relire, de tenter de redonner sens à des fragments. Dans une lettre du

1. Franz Kafka, *Journal*, *op. cit.*, p. 19, 292.
2. *Ibid.*, p. 386.

28 juillet 1916, il envisage de regrouper *Le Verdict, La Métamorphose* et *La Colonie pénitentiaire* sous le titre *Punitions*. Puis il prend la décision de tout supprimer. Il détruit, il continue, il hésite, il renie, il repart.

Le lecteur lui-même est une menace, en ce sens qu'on se montre à lui de façon toujours incomplète. À propos de sa judéité, Kafka écrit dans une lettre à sa sœur Ottla : « C'est un malheur qu'on ne puisse se présenter tout de suite complètement. » L'être écrivain, de ce point de vue, est semblable à l'être juif : à la fois non identifiable et constamment identifié (par le critique, l'exégète ou le non-Juif). La planche de salut de la littérature ne permet pas d'échapper au malheur d'exister encore aux yeux des autres, sous des traits fixés.

L'expression « les testaments trahis », qui donne son titre au bel essai de Kundera, prend tout particulièrement appui sur ce que l'on connaît du testament de Kafka. La thèse centrale du livre postule une différence d'essence entre les lettres et les textes, parallèle à une différence de nature entre le roman et l'autobiographie. « Je ne crois pas, écrit Kundera, qu'en demandant à Brod de détruire sa correspondance, Kafka craignait sa publication. Une telle idée ne pouvait guère lui venir à l'esprit. Les éditeurs ne s'intéressaient pas à ses romans, comment pouvaient-ils s'intéresser à ses lettres ? Ce qui l'a poussé à vouloir les détruire c'était la honte, la honte tout élémentaire, non pas celle d'un écrivain mais celle d'un simple individu, la honte de laisser traîner des choses intimes sous les yeux des autres, de la famille, des inconnus, la honte d'être tourné en objet, la honte capable de "lui survivre"[1]. »

Or « la honte d'être tourné en objet », très justement pointée par Kundera, ne concerne pas seulement les lettres. Elle vise la

1. Milan Kundera, *Les Testaments trahis*, *op. cit.*, p. 306.

plupart des écrits de Kafka. À telle enseigne qu'il ne demanda pas à Max Brod de brûler ses seules lettres. Si son ami avait respecté ses dernières volontés, nous ne pourrions lire ni *Le Procès*, ni *Le Château*, ni *L'Amérique*[1]. Son degré de sensibilité et de susceptibilité à l'égard de l'écrit ne se mesure pas au nombre de lecteurs – on a vu comment le père était d'abord dans la ligne de mire. La pudeur et la honte ne dépendent pas entièrement du statut, éditorial ou non, du texte (écrit intime ou public, destiné ou non à la publication). Il est légitime de se demander si Kafka, enfermé dans une telle posture émotive, ne mettait pas sur le même plan ses écrits en cours et ses lettres. Il peut y avoir plus de teneur confessionnelle, une mise à nu plus radicale, dans un écrit fictionnel que dans une lettre dite intime.

Il faut toutefois noter que Kafka, à l'inverse de Gogol, n'a pas brûlé ses textes ; qu'il a certes demandé à son ami de les brûler après sa mort, mais qu'il ne s'est pas personnellement inquiété, tel Marcel Proust auprès de Céleste Albaret, de la bonne exécution de la tâche. Cette différence n'est pas infime. Pour approfondir le sujet, il faudrait s'engager dans une étude comparative sur l'efficacité des allumettes dans la Prague de Kafka et la Moscou de Gogol. En l'absence d'une telle étude, le testament de Kafka m'apparaît comme un chef-d'œuvre d'ambiguïté, tandis que je tiens Gogol pour le champion du reniement effectif.

À l'opposé de Gogol ou de Kafka, Leiris, cependant habité par une obsession comparable, propose dans son journal une

1. Cf. Hans Mayer, « Kafka und kein Ende ? », in *Ansichten, zur literatur der Zeit*, Verlag, Hamburg, 1962 ; repris dans *Les Critiques de notre temps et Kafka*, présentation par Claudine Raboin, Garnier, 1973, p. 43-45.

tout autre solution : non pas brûler au fur et à mesure, ni même envisager de le faire, mais au contraire tout garder – car, selon lui, la rature ou la suppression des brouillons est une lâcheté, et la honte de l'écrivain, dans cet imaginaire de la notation spontanée, se confond avec la tentation de l'autocensure. « Assez de littérature », déclare-t-il, se reprochant de trop se surveiller. Écrivons tout au fil de la plume, sans fard et sans apprêt. En somme, il ne désespère pas tout à fait de trouver (comme Artaud) une concordance entre les mots et la minute de ses états : « La grande difficulté qu'il y a à tenir un journal, c'est qu'à chaque instant on se laisse aller à la littérature. Il faudrait ne même pas se soucier de construire une phrase. Ne pas faire comme quand on se regarde dans la glace. Il ne s'agit pas de peindre son portrait en pied, mais de mesurer ses forces et d'essayer d'en découvrir les moindres possibilités. [...] D'une manière générale, il faudrait que je m'astreigne à ne déchirer aucune page de ce cahier, ni à rien raturer, si humiliant qu'il soit pour moi de me relire. Tout se trouverait truqué si je m'abandonnais à un pareil trucage. Il faudrait que j'évite d'ajouter des phrases destinées uniquement à corriger la mauvaise impression que me fait à moi-même telle ou telle partie [1]. »

Toujours à l'opposé de Kafka et de Gogol, on peut ressusciter un écrit ancien, le donner à publier, et faire œuvre de littérature en affirmant qu'on s'est résolu au contraire de la littérature. Tel est le subterfuge inventé par Duras : arguant d'une honte ancienne, décidant de lever enfin le secret, elle affirme exhumer pour nous, tels quels, tout juste époussetés et sortis d'un grenier, des carnets anciens, écornés et jaunis (un journal écrit à chaud, pendant la guerre), qu'elle se serait enfin résolue à faire

1. Michel Leiris, *Journal, 1922-1989*, édition établie, présentée et annotée par Jean Jamin, Gallimard, 1992, p. 151-152.

paraître après coup. « *La Douleur* est une des choses les plus importantes de ma vie, écrit-elle dans une sorte de préface. Le mot "écrit" ne conviendrait pas. Je me suis trouvée devant des pages régulièrement pleines d'une petite écriture extraordinairement régulière et calme. Je me suis trouvée devant un désordre phénoménal de la pensée et du sentiment auquel je n'ai pas osé toucher et au regard de quoi la littérature m'a fait honte[1]. » Il est vrai que ces carnets existent bien, qu'ils ont même été retrouvés. Sauf que, à les confronter avec le texte publié de Duras, on s'aperçoit que l'auteur, contrairement à ce qu'elle prétend solennellement, a bien « osé [y] toucher » – au point de les recomposer mais, surtout, d'édulcorer la violence ou l'obscénité du journal primitif, de supprimer de nombreux passages, dont cette phrase qui donnait le ton : « Je n'ai pas de dignité ; ma dignité je l'emmerde. Plus aucune honte[2]... »

1. Marguerite Duras, *La Douleur, op. cit.*, p. 10.
2. Extrait du Cahier original de Duras (document IMEC), cité par Delphine Hautois, « Antelme et Duras, le témoignage ou la littérature en question », *in* Karsten Garscha, Bruno Gelas et Jean-Pierre Martin (dir.), *Écrire après Auschwitz. Mémoires croisées France-Allemagne*, PUL, 2006.

L'auteur *in extremis* (Broch, Appelfeld, Zorn)

> On ne peut pas brûler le goût d'écrire.
>
> Fritz Zorn

Le reniement par un artiste de ses propres œuvres n'est pas l'apanage de l'écrivain. On évoque Cézanne abandonnant ses toiles, les crevant à coups de pied furieux. Ou encore Soutine courant les marchands pour racheter des peintures de jeunesse qu'il trouvait mauvaises, les lacérant et les arrachant de la cimaise. On dit que Bacon détruisit presque toutes ses toiles antérieures à 1942. La honte du peintre est certainement plus spectaculaire que celle de l'écrivain. Il n'empêche : la compulsion du reniement semble, du moins au XXe siècle, particulièrement significative de la posture littéraire.

La honte fantasmée par l'écrivain, sa mauvaise conscience à l'égard de l'écriture, peut cacher une exceptionnelle mégalomanie. Si la perspective de sa mort, et *a fortiori* de son suicide, se confond dans son imaginaire avec la question de savoir ce qu'il laisse (juste un mot d'adieu, un dernier mot ? toute son œuvre sauvée des eaux ? ses calepins ? ses journaux intimes ? ses lettres ?), c'est qu'il continue à placer très haut sa mission et son ambition. William Styron raconte comment, au cours d'une dépression qui le conduisit à programmer son suicide, il fit un paquet avec son calepin avant de le jeter au fond d'une poubelle, après quoi son cœur battit follement la chamade, « comme celui d'un homme face au peloton d'exécution [1] » – car il pensait avoir pris ainsi une décision irréversible.

Mais lorsque l'écrivain de notre temps, du temps d'après Auschwitz, la Kolyma et Hiroshima, éprouve les affres d'une conscience déchirée dans son rapport à l'écrit, le défi n'est pas seulement esthétique ou personnel. Ce qui se joue là, c'est le sentiment d'une insuffisance foncière, d'une profonde insatisfaction que la littérature suscite dans son rapport au monde et à l'Histoire.

Voici trois cas où le rapport déchiré de l'écrivain à son œuvre est au centre du livre. Broch dans *La Mort de Virgile*, Appelfeld dans *Le Temps des prodiges*, Fritz Zorn dans *Mars* manifestent, chacun pour des raisons différentes et de façons dissemblables, la honte de l'écrivain face au réel. Chez Broch et chez Appelfeld, l'urgence de l'Histoire est opposée à la littérature comme finalité sans fin. Chez Zorn, c'est à travers la conscience d'une infériorité endémique de l'écrit sur la vie que se rejoue et se réfléchit le drame d'une existence, cependant torturée par le désir renaissant de l'écriture.

Le moment où « le poète inspiré aura honte de ses chants », selon la formule de Gombrowicz, ce moment est raconté par Broch dans *La Mort de Virgile*. « Je vais mourir, dit Virgile, peut-être aujourd'hui même... mais je vais d'abord brûler l'*Énéide*. » Virgile a entendu un appel intérieur, aussi pressant que celui de l'inspiration, un appel à l'autodafé : « Oh ! c'était le commande-

1. William Styron, *Face aux ténèbres. Chronique d'une folie*, trad. Maurice Rambaud, Gallimard, 1990, p. 97.

ment d'anéantir tout ce qu'il avait fait, de brûler tout ce qu'il avait jamais écrit et composé ; oh ! il fallait qu'il brûlât tous ses écrits et même l'*Énéide*[1]. » À Lucius indigné, qui s'exclame que ce serait un crime, et que la grandeur de Rome est désormais inséparable de son poème, le poète rétorque : « Rien d'irréel n'a le droit d'exister. »

Tout à coup, parvenu à la fin de sa carrière, l'artiste ne supporte plus de flotter dans un ciel éthéré, il ne peut plus croire à l'idée qui galvanise les amateurs et les adorateurs, celle de l'autonomie de l'œuvre d'art (l'œuvre d'art *self-contained*, selon l'expression de Virginia Woolf à propos de *Tristram Shandy* et de *Pride and Prejudice*[2]), celle de la transcendance ou de l'ascèse de l'artiste. À l'approche de la mort, il déclare de façon scandaleuse que le poète ne peut se passer de servir. Horace a combattu pour Rome comme soldat, dit-il, Eschyle comme hoplite à Marathon et Salamine. Mais lui, Publius Vergilius Maro ? Il a combattu pour rien. Et ses écrits ne servent à rien, comparés à des travaux sur l'histoire de Rome comme ceux de Salluste ou de Tite-Live, aux recherches érudites d'un Terentius Varro. Eux seuls ont servi Rome, conclut-il. Alors, à quoi bon achever l'*Énéide*[3] ?

Si finalement Virgile consent à se remettre à travailler à son œuvre, et à la dédier à l'empereur Auguste, ce n'est pas parce qu'il a abdiqué ses idées, c'est au contraire parce qu'il s'est dépassé lui-même en tant qu'artiste : d'une part en privilégiant son amitié pour l'empereur, d'autre part en obtenant de lui l'autorisation de libérer ses esclaves. Dans les deux cas,

1. Hermann Broch, *La Mort de Virgile* (1945), trad. Albert Kohn, Gallimard, « L'Imaginaire », p. 165.
2. Cf. Pierre Bourdieu, *La Distinction*, Minuit, p. 36-37 et 574-575.
3. Hermann Broch, *La Mort de Virgile*, *op. cit.*, p. 222-227.

il veut montrer qu'il place l'amour du prochain (nouvelle valeur chrétienne à laquelle il adhère) au-dessus de la valeur esthétique.

Broch, jusqu'alors Juif assimilé dans l'Autriche de l'entre-deux-guerres, entreprend la rédaction de *La Mort de Virgile* à un moment critique, décisif dans sa propre existence comme dans l'Histoire qui la traverse. En 1938, tandis que les troupes allemandes entrent en Autriche, la gendarmerie locale l'arrête à Bad Aussee (sans doute après une dénonciation du facteur), une petite ville des Alpes où il s'est retiré pour travailler. Il est libéré quelques jours plus tard, mais sort de cette expérience traumatisé, bouleversé par un sentiment d'impuissance, et par la peur de la mort. À son retour à Vienne, il se prépare activement à fuir le nazisme. Avec l'aide de ses traducteurs, il réussit à partir pour la Grande-Bretagne et de là émigre aux États-Unis[1]. Pendant les premières années de son exil, il se détourne de la littérature, abandonne ses projets en cours pour se consacrer à des travaux scientifiques ou théoriques, en rapport avec une perspective politique concrète.

La Mort de Virgile ne paraîtra qu'en 1945 (six ans avant la mort de son auteur). Son sujet central préfigure la phrase tellement glosée d'Adorno. Virgile ne croit plus à « la langue de la rêverie crépusculaire du littéraire et du philosophe, la langue des mots figés, inenfantés, et déjà morts ». On peut penser que c'est Broch qui s'exprime à travers lui, récusant ainsi la théorie kantienne de l'art comme finalité sans fin, et avec elle toute la théologie de l'art (que l'on peut retrouver aussi bien chez Klee que chez Malraux) comme règne de la liberté, qui prétendrait mimer l'acte divin de création, et se griser uniquement de

1. Cf. Sigrid Schmid, *Hermann Broch, éthique et esthétique*, PUF, « Perspectives germaniques », 2001, p. 11.

« formes vides, de mots vides [1] ». C'est pour lui-même que Broch pointe le danger qui « enveloppe » Virgile depuis toujours, celui de « cultiver l'art dérisoire et d'être homme de lettres ». C'est en lui-même qu'il traque cette « idolâtrie », qu'on retrouve chez la plupart des artistes, d'un « moi avide d'hommages », idolâtrie qui constitue « de plus en plus l'unique contenu de leur création, trahison envers la divinité et l'art, trahison, car de cette manière l'œuvre devient une négation de l'art, un manteau impudique qui cache la vanité de l'artiste ». Et c'est encore à lui-même qu'il songe lorsqu'il oppose la participation à la communauté humaine comme but de l'art authentique à l'« assimilation à la populace » et à la « communion parjure » auxquelles conduisent la solitude et l'aveuglement de l'artiste.

Et en effet, à partir de 1945, Broch abandonne le roman. « Il faut prendre au sérieux, écrit-il dans une lettre où il évoque sa propre attitude renonçante à l'égard de l'art, la prévalence de l'éthique sur l'esthétique et apprendre à se taire [2]. » Ce qu'il déplore dans ces années-là, c'est la « perte du réel », l'amour de la beauté pour elle-même. À travers Virgile, il désigne l'attitude de l'artiste qui, incapable d'aider efficacement, incapable d'amour, se détournant des vivants, ne fait que vivre avec des morts, observant, immobile, la douleur des hommes, « pour le profit d'une mémoire pétrifiée jusqu'à l'impudeur ». L'homme de lettres est devenu selon lui « un chercheur de beauté, jamais un amoureux ». S'il daigne contempler l'horreur des événements, c'est encore pour la « beauté impudique de la représentation » : « Rien n'était plus demeuré que la honte aveuglée de dérision d'une mémoire éteinte, devenue la luxure d'un simulacre de mémoire sans vie [3]. »

1. Hermann Broch, *La Mort de Virgile*, *op. cit.*, p. 133.
2. Hermann Broch, *Lettres*, Gallimard, 1961, p. 247.
3. Hermann Broch, *La Mort de Virgile*, *op. cit.*, p. 145.

D'une autre façon que Hermann Broch, mais dans un contexte qui n'est pas si différent, c'est une autre fable sur la honte de l'être écrivain – laquelle ici rejoint explicitement la honte de l'être juif – que raconte Appelfeld dans *Le Temps des prodiges*. En Autriche, une fois de plus en 1938, un écrivain juif (le père du narrateur), lié à Stefan Zweig et à Martin Buber, fasciné par Kafka, prétend avoir accédé au statut d'intellectuel autrichien qui le distinguerait de tous les autres Juifs. Il va jusqu'à éprouver une répulsion à l'égard des Juifs de l'Est et des Juifs commerçants avec lesquels il ne veut en rien se solidariser. Confronté comme les autres à des formalités d'inscription discriminatoire, il s'insurge : « Pourquoi avoir honte ? Est-ce que nous ne sommes pas comme tout le monde ? [...] Il n'y a rien à cacher, madame. Un homme n'est jamais qu'un homme[1]. » L'Autriche antisémite de 1938, quant à elle, ne fait pas de distinction : un Juif n'est jamais qu'un Juif.

Or voici que l'œuvre entière de ce Juif honteux se trouve bientôt dénigrée par un critique venimeux : remontant jusqu'à des poèmes de jeunesse parus dans un journal d'étudiants, cet inconnu écrit des articles impitoyables, diffamatoires, qui paraissent sur des pages entières. Le fils de l'écrivain, Bruno, le narrateur, est le témoin de cette progressive disgrâce de son père, ainsi « couvert de honte » : « Il faisait bonne contenance, mais son visage en témoignait, non sans peine. » Au fil des semaines, les articles se font plus longs, clamant d'un bout à l'autre de l'Autriche : « Il faut extirper cette graine de Juifs. » Sous le coup de ces affronts, l'écrivain en arrive peu à peu à se haïr lui-même, à prendre en grippe ses propres écrits : « Mon

1. Aharon Appelfeld, *Le Temps des prodiges* (1978), trad. Arlette Pierrot, Éditions de l'Olivier / Le Seuil, 2004, p. 19.

père relisait les épreuves de son nouveau roman. Il se plongeait dans cet ultime travail de correction avec une ardeur obstinée, en homme pressé, auquel l'instant ne sourit plus. Il supprimait de nombreuses pages de son livre. Son œuvre ne lui plaisait pas. [...] Chaque défaut lui sautait aux yeux et réclamait satisfaction. Nous le savions : il y avait des épines invisibles plantées dans sa chair[1]. »

Au cours de l'été (le fils a douze ans, le père, quarante-trois), l'écrivain en vient à ne plus écrire du tout, à grimacer avec amertume quand on lui rappelle ses publications passées, à boire, à déchirer ses manuscrits, à maudire les éditeurs et « sa propre manière d'écrire qui n'atteint aucune cible ». Il avait cru racheter son origine par le miracle de la littérature. Mais sa littérature lui a renvoyé son origine au visage. Les tares de son œuvre lui apparaissent désormais comme le reflet de cette ascendance.

Cette fiction est caractéristique de la manière d'Appelfeld, du moins jusqu'à son dernier ouvrage, *Histoire d'une vie*, où il en vient plus directement au cœur autobiographique, à la « genèse secrète » de son œuvre. Vers la fin de ce livre, Appelfeld fait le récit de sa rencontre avec le poète Ouri Svi Grinberg à l'occasion de la parution de son premier roman, *Fumée*. Grinberg lui expliqua que l'art pour l'art était refusé aux Juifs. « Un peuple tel que le nôtre, lui dit-il, ne peut se permettre les batifolages descriptifs et les nuances de sentiments. » Cette mise en garde, qui pouvait s'adresser à tous les intellectuels israéliens, Appelfeld la prit pour lui seul. Il se sentit dénudé : « Il n'est pas difficile de mettre à nu la honte d'un homme, d'insinuer en lui l'autocritique et la perplexité, c'est ce que fit ce soir-là Ouri Svi Grinberg[2]. »

1. *Ibid.*, p. 73-74.
2. Aharon Appelfeld, *Histoire d'une vie, op. cit.*, p. 190-194.

C'est dans *Mars*, l'unique livre de Fritz Zorn, dont j'ai déjà eu l'occasion d'évoquer la singularité, que ce rapport déchiré à l'écrit prend la forme la plus pathétique. Arrachée non au feu mais à la honte elle-même et à son secret, à la honte du corps, à la honte de la ressemblance familiale et à la honte d'écrire qui en résulte, cette histoire n'est pas fictionnelle comme chez Appelfeld dans *Le Temps des prodiges*, elle ne prend pas prétexte d'une œuvre, comme Hermann Broch avec l'*Énéide* dans *La Mort de Virgile*. Elle est à elle-même son propre sujet. L'auteur, âgé de trente-deux ans, est en train de mourir. Il entreprend d'écrire l'histoire de sa névrose et de sa maladie. Pendant ce temps, une petite tumeur se transforme en ce qu'il croit être un cancer généralisé, et qui se révèle être finalement un lymphome malin, se distinguant peu du cancer, sinon par le fait que c'est « un mal précis et différenciable ». Ainsi, au fur et à mesure qu'il s'écrit, sans pouvoir se guérir, mais en décrivant avec minutie la « maladie d'âme » dont il est atteint, la maladie du corps elle-même prend un nom. C'est par excellence une sorte de livre testamentaire sans que rien qui le précède soit de l'ordre d'une œuvre.

Pendant toute l'existence de l'auteur, l'expérience de l'écriture s'est quasi confondue à ses yeux avec la frustration (qui d'ailleurs, sur le plan sexuel, prit la forme de la virginité). Il voyait là le signe d'une déficience, l'envers de la vitalité. Même s'il pouvait accorder à ses écrits quelque valeur, ils étaient pour lui l'« aveu d'une défaite » : « Je préférais décider de ne jamais plus écrire et de cacher ma honte sous un silence éternel. Maintes fois, toujours et toujours à nouveau, je pris la résolution de ne plus rien écrire désormais et de refouler toutes mes envies d'écriture ; chaque fois je voulais faire de nouveau table rase et ma décision, le plus souvent, coïncidait avec la destruction de toutes mes œuvres, de préférence par le feu, afin que la flamme purificatrice me délivrât de la souillure de l'art. Mais mes décisions et mes autodafés renouvelés ne servaient jamais à rien car on ne peut pas brûler le goût d'écrire et, presque toujours, peu de temps après l'autodafé, l'inspiration revenait, j'avais envie d'écrire quelque chose de nouveau [1]. »

Fritz Zorn est une sorte de Gombrowicz qui aurait échoué à s'arracher à l'emprisonnement familial, comme à s'extraire de la honte de l'adolescence. Le cas de cet auteur *in extremis* se situe entre deux pôles inséparables : la tentation du renoncement absolu et la concession à l'écriture. Son destin manifeste à la fois l'impossibilité d'accéder à la dignité de l'être autonome et l'expérience de cette accession.

Le choix initial d'écrire, de continuer à écrire malgré tout, doit donc surmonter à la fois un obstacle extérieur (la résistance de l'entourage, le contexte historique) et un obstacle intérieur, le vague sentiment d'une imposture. À la honte originelle il faut opposer, dans un combat permanent, une conviction solitaire : « La littérature se développe à l'écart, dans la solitude, dans l'opposition, dans la timidité et la honte, dans la révolte et l'appréhension [2]. »

Le plus simple, au fond, ce serait de ne pas se commettre. Les arguments sont nombreux, qui invitent au silence éditorial. À vrai dire, aucun motif profond ne semble décisif pour le briser. Est-on jamais vraiment contraint à quelque livre que ce soit (comme Bataille le voudrait), à cet exercice somme toute social ? Dans la lettre adressée aux éditeurs qui accompagnait le manuscrit du *Tractatus*, Wittgenstein précisait qu'« en réalité nul n'a besoin d'écrire un livre, étant donné qu'il y a bien

1. Fritz Zorn, *Mars*, *op. cit.*, p. 133.
2. Witold Gombrowicz, *Souvenirs de Pologne*, *op. cit.*, p. 150.

d'autres choses à faire dans le monde[1] ». Mais, surtout, on pourrait retourner les « raisons d'écrire » avancées par Ponge, prétendument supérieures aux raisons de parler. On regrette souvent les paroles prononcées à l'emporte-pièce, soit. Mais n'arrive-t-il pas que l'on regrette aussi, malgré leur préméditation, une lettre envoyée, une phrase écrite, et jusqu'à un livre publié ? Ce qui peut faire renoncer à écrire, c'est cela même qui incite le timide, tellement craintif à l'égard de l'image qu'il va donner, à ne pas ouvrir la bouche. Car ce n'est pas seulement la stérilité qui menace l'écrivain en herbe. C'est, face à ce nouveau regard de l'autre, déjà présent derrière son épaule lorsqu'il se relit, et auquel, il le sait, il lui faudra se confronter, l'inhibition. La timidité peut être un mobile de l'écriture à condition qu'elle s'accompagne d'une sorte de croyance inébranlable en soi, en son génie singulier, en ce que Genet nomme une « monstrueuse exception ». Dans le cas contraire, elle invite à la rétention.

Tel serait le comble de la honte écrivaine : une pulsion autodestructrice préventive qui briserait la vocation d'un écrivain à jamais contrarié, d'un trop timide, soucieux de ne jamais paraître. De ce point de vue, le renoncement au devenir écrivain (qu'on peut louer comme une marque de retenue et de modestie, et qui compense, il est vrai, l'envahissement éditorial par tous ces polygraphes incontinents, ou bien par ces écrivains du dimanche qu'on a tendance à railler, ces auteurs-à-tout-prix qui, ne pouvant résister à la tentation, en quête éperdue d'une reconnaissance impossible, commettent des écrits éphémères, oubliés sitôt que publiés), ce renoncement est peut-être aussi une lâcheté. On s'est arrangé avec l'entourage, on n'a pas voulu

1. Cité par Roland Jaccard, *L'Enquête de Wittgenstein* (1998), Le Livre de Poche, « Biblio Essais », p. 72.

couper les ponts, on a manqué de cette persévérance qui précisément fait, envers et contre tout, l'écrivain.

Combien d'ailleurs auraient renoncé après avoir publié un premier livre presque totalement ignoré – tel *Tropismes* de Sarraute, ou *Contemplation* de Kafka ? Quel démon secret fit persévérer Beckett, qui courut quarante fois après des éditeurs ? Combien d'autres auraient définitivement douté, après avoir été aussi compulsivement repoussés ? *Notre-Dame-des-Fleurs* de Genet, ce fut d'abord, jusqu'en 1953, trois cent cinquante exemplaires presque introuvables. Dans de telles conditions, pour persister à s'atteler à l'œuvre, il faut plus que de l'obstination.

Dans le théâtre intérieur de ce qu'on appelle la création, un moi opiniâtre a dû constamment se heurter au moi sceptique – et cela peut donner des volumes de Pléiade posthumes comme un essai inabouti. Mais, à moins de sublimer le destin à la façon de Malraux, est-on jamais sûr de savoir par avance lequel des deux moi, dans ce combat, l'emportera sur l'autre ? Ne pourrait-on imaginer des Kafka radicaux, des Virgile jusqu'au-boutistes qui auraient accompli leur obsession, brûlant tout derrière eux, ne permettant qu'aucun de leurs testaments soit trahi ? Ou encore un « écrivain » sans œuvre, impuissant, définitivement inhibé, radicalement honteux, au point de se condamner au silence, nous privant peut-être des plus belles œuvres du monde ?

V

Fragments d'un discours honteux

> « Rouge » est la couleur de la vie substantielle.
> La rougeur de la pudeur dénonce l'aurore de l'interne impudicité.
> Qui rougit en sait un peu plus qu'il ne devrait en savoir.
>
> Paul Valéry

Depuis que j'ai commencé à écrire ce livre, j'ai contracté une manie que j'espère transitoire : celle de recueillir les hontes du monde à la façon dont on collecte des témoignages ethnographiques. À l'affût des pudeurs d'autrui, ayant acquis dans ce domaine une certaine compétence, je crois pouvoir repérer à dix mètres le honteux refoulé, le bouffon cache-misère, l'imposteur empêtré, l'être social perclus de secrets enfouis. Au cours de mes milliers de voyages au fond de la vie humiliante, j'ai tellement enregistré de rougeurs en tout genre que vous pourriez bien vous y retrouver, vous, l'impudent de façade ou la fausse insouciante, ainsi que tous ceux qui jusqu'à présent s'imaginaient avoir bien caché leur jeu.

Tels des souvenirs d'outre-tombe, telles d'anciennes photos jaunies sur lesquelles on tombe par inadvertance, les hontes se racontent volontiers dans l'après-coup. Elles se partagent. Elles défilent avec sérénité. Cela fait du bien à tout le monde : à celui qui parle, à celui qui écoute. À condition qu'on les envisage dans un certain anonymat, qu'on se les échange, qu'on s'en dépossède, qu'on y prête une attention affectueuse, qu'on les respecte comme d'anciennes amies, avec lesquelles presque tout désormais peut se dire : d'une certaine façon, on n'est plus concerné. C'est le monde lui-même qui est en question.

*

Ma mère était âgée, me raconte G., elle faisait vraiment vieille, j'avais des copines qui avaient de belles et jeunes mamans, alors je présentais ma mère comme ma grand-mère.

Lui 1 : J'avais honte que mon père me dépose devant l'école, avec sa 4L pourrie, je lui disais de m'arrêter au coin de la rue, bien avant l'entrée, et je m'enfuyais comme si j'étais en faute.

Lui 2 : J'avais honte de mon père qui portait toujours des costumes vieillots.

Elle 1 : J'avais tellement honte de l'immeuble délabré de mes parents qu'au retour de l'école je m'arrêtais systématiquement, pour quitter ma copine, en bas d'un bel immeuble bourgeois et cossu. J'attendais sous le porche, me tenais là, à l'intérieur, quelques minutes, le temps qu'elle s'éloigne, et repartais prudemment vers mon taudis.

Elle 2 : Moi, j'avais tellement honte de ma rue que je prétendais en habiter une autre, plus huppée.

À sept ans, S. a tué sauvagement un hérisson. Elle l'a cogné sadiquement, s'est acharnée sur lui, à coups de pierre, puis de tatane, jusqu'à ce que ça ne soit plus qu'une pâte sanguinolente. Ils étaient plusieurs gamins, me raconte-t-elle, mais dans son souvenir c'est elle qui dirige les opérations. Aujourd'hui encore, cette scène la hante. À chacun son hérisson.

*

J'étais dactylo, j'avais dix-sept ans, j'étais bien décidée à ne pas être dactylo toute ma vie, dac-ty-lo, taper toute ma vie à une machine, une vie de bureau, non, vraiment, moi ce que j'aurais voulu, c'est être une artiste sans les inconvénients de cette tâche qui consiste à dessiner ou peindre sans fin, cette tâche qui me paraissait d'ailleurs au-dessus de mes capacités, mais en même temps en dessous de mes élans et de mes enthousiasmes infinis, non, décidément, j'avais et j'ai toujours une autre conception de l'art, j'aimais le vêtement, le décor, l'allure, l'apparat de l'artiste, sa manière d'être occupé ailleurs, loin de tous les bureaux, et puis c'est plutôt dans le tableau que je me voyais, partie prenante mais pas exécutante, j'aimais qu'on me regarde, mais surtout pas comme une dactylo, et pas seulement non plus comme un modèle aux Beaux-Arts, ce que je faisais cependant bien volontiers, pour quelques sous, c'est alors que tout naturellement je suis devenue artiste, oui, artiste, à ma façon, j'ai acheté un carton à dessin pour échapper à la honte qui menaçait ma vie, celle d'une fille ordinaire, d'une fille de bureau, le carton à dessin devint mon emblème, je me suis promenée partout avec, dans la rue, dans le métro, et puis j'avais ce qu'on appelle du goût, je m'habillais aux puces, on se disait immédiatement, c'est une artiste, et j'y croyais presque, on se fait vite une réputation à ses propres yeux, et, très jeune, j'ai bourlingué, j'ai vécu avec un peintre flamand, en Flandre, au milieu des prés et des chevaux de labour trapus, et j'ai vite déchanté, croyez-moi, mon peintre buvait, mais j'ai continué, j'ai continué, par mille moyens, à m'efforcer de faire de ma vie une œuvre d'art (et il me semble aujourd'hui que c'est plus difficile encore que faire œuvre d'art), bien que j'aime beaucoup la peinture, à échapper à mon destin de dactylo (d'ailleurs très vite ce métier a périclité), mais d'autres épreuves m'attendaient au tournant, et quand fera-t-on vraiment attention à moi ?

*

Je ne vais jamais seule au café, me dit B. Comme je vis seule, je ne vais jamais au café, encore moins au restaurant... Elle me rappelle un aveu de Serge Doubrovsky : « Je ne pourrais jamais sortir le soir en mon unique compagnie. Je vois ça d'ici : un quinquagénaire en quarantaine. Souffreteux, égrotant, qui sirote son beaujolais dans un coin ; en tête à tête sentimental avec son cassoulet, pas même fichu de se trouver une donzelle ! Un mec paumé. Pas même capable de se dégoter un ami. Lorsque j'en aperçois un au restaurant, ça me fend le cœur. Un repas, une bouteille, comme l'amour : ce n'est bon qu'à deux, ça se partage. Je partagerai mon dîner avec moi-même. Chez soi, personne ne vous regarde, ne regarde personne. »

La honte du célibataire vieillissant, la honte de l'adolescent esseulé, la honte du solitaire visiblement dénué d'affection : l'amour est un capital qu'on exhibe, un bien symbolique dont on manque ou dont on excipe.

*

Face à elle, assis derrière son bureau, le notaire lui parle d'un collègue juif. Je les connais, ces gens-là, lui dit-il. Elle le regarde en silence, fixement. Mais, tandis qu'elle croit le voir rougir, la rougeur lui monte au visage.

*

Les petites hontes, me dit mon amie, me tiennent autant éveillée que les grandes. Ce en quoi elle est d'accord avec Rousseau : le honteux à ruminer, comme le honteux à dire, ne se confond pas avec la faute objective ou la culpabilité. « J'ai fait le premier pas dans le labyrinthe obscur et fangeux de mes confessions. Ce n'est pas ce qui est criminel qui coûte le plus à dire, c'est ce qui est ridicule et honteux. Dès à présent je suis sûr de moi ; après ce que je viens d'oser dire, rien ne peut plus m'arrêter. » Dès lors, la théorie des aveux déliera la chaîne des hontes. Dans un labyrinthe, il n'y a pas de hiérarchie. C'est un trajet sans fin, avec de multiples chausse-trapes, une impasse continue.

Petites hontes ? Il n'y a pas vraiment de petites hontes. La honte, comme la poésie, se fait de tout, et ce n'est pas son objet qui la grandit, mais son discours. Petites gaffes, scrupules inutiles, peccadilles : toute cette « micrologie » de la honte est un enlisement.

Écoutez comme Genet raconte magnifiquement, dans *Notre-Dame-des-Fleurs*, ce déplacement de la honte, cette suppléance de la honte centrale par des hontes annexes qui se logent dans des petits riens et s'ajoutent les unes aux autres dans une série substitutive : « Vers la trentaine, Divine fut prise d'un besoin de dignité. Elle était choquée par peu de choses ; elle qui, jeune, avait eu des audaces à faire frémir des barmen, elle rougissait et se sentait rougir pour le moindre rien, qui rappelait, par la subtilité même de ce symbole, des états où vraiment elle avait pu se sentir humiliée. Un léger choc – et terrible quand d'autant plus léger – la remettait à ses époques de misères. On s'étonnera de voir Divine croître en âge et en sensibilité, alors que le commun jugement décide qu'à travers la vie, la peau s'endurcit. Elle n'avait plus aucune honte, évidemment, d'être une tapette qui se loue. Au besoin, elle se fût glorifiée d'en être une qui laisse s'écouler du foutre par ses neuf trous. Que les femmes et les hommes l'insultent lui était encore égal. (Jusqu'à quand ?) Mais elle perdit le contrôle d'elle-même, devint cramoisie et faillit ne pas se remettre sans un scandale. Elle s'accrochait à la dignité. » Ainsi Divine se sent-elle blessée à l'occasion de la distribution des restes d'un paquet de Craven dont on l'écarte. Elle « pensa avec une honte de plus », commente Genet.

La honte est une sensibilité aiguë, elle est éminemment respectable. C'est un besoin de dignité. Non pas un repli régressif : plutôt une volonté de sortir de soi, une faculté de ne pas se contenter de sa réputation – un bovarysme, un élan.

*

La phrase de Levinas sur le désir (« le désir, c'est le fait de penser plus qu'on ne pense ») pourrait s'appliquer à la honte : la honte, c'est le fait de penser plus qu'on ne pense. C'est aussi le fait de se souvenir plus qu'on ne se souvient.

*

Vous faites des confidences à quelqu'un, des confidences que vous ne feriez à personne, juste parce que vous êtes sûr que ce quelqu'un, le possesseur de cette oreille, vous ne le rencontrerez jamais plus. Et voici que vous le croisez à nouveau, inopinément. Honte ! Vous ne savez plus où vous mettre ! C'est ce que raconte Gombrowicz dans ses *Souvenirs de Pologne.* Il voyage en France, et une jeune Écossaise, le temps d'un voyage en train, lui fait des confidences. Des confidences détaillées, précise

Gombrowicz, « qui étaient effectivement assez monstrueuses, car dans cette famille se passaient des choses fort indécentes auxquelles mon Écossaise prenait une part active ». Ce genre de confidences auquel on s'abandonne auprès de quelqu'un qu'on est sûr de ne jamais revoir (Gombrowicz part pour la montagne, l'Écossaise pour la mer).

Or, quelques jours plus tard, sur la plage de Banyuls, Gombrowicz rencontre à nouveau l'inconnue : « Ciel ! Mon Écossaise ! Celle du train ! Assise à vingt pas sur le sable ! À ma vue, le sang lui monta au visage – Et moi qui, hélas, rougis facilement, la voyant comme un coquelicot je devins rouge tomate. » Et pour leur malheur à tous deux, ils ne vont pas cesser de se retrouver nez à nez. « La situation était bien sûr beaucoup plus embarrassante pour elle que pour moi – la pauvre ! Quand je lui avais dit dans le train que j'allais à la montagne, elle était sûre de ne jamais me revoir puisqu'elle-même allait au bord de la mer – nous avions oublié qu'ici les montagnes et la plage sont voisines directes. Mais le pire, c'est que son visage se couvrait chaque fois d'une rougeur de sang, ce qui me faisait rougir, moi aussi – il suffisait du moindre petit mot qui semblait faire allusion à notre conversation du train, et nous piquions tous les deux un fard. »

Mettre dans la confidence, être mis dans la confidence : le verbe « mettre » est à prendre ici dans toute sa force. L'espace de la confidence est l'espace d'une honte désormais partagée, mise en commun, dont l'un et l'autre ont à rougir de conserve. À chacun son Écossaise, ou plutôt, chacun peut être le confident d'une Écossaise ; de même, partout dans le monde, sachez-le, se tapissent des dépositaires de vos secrets, tous ces inconnus que vous avez croisés et devant lesquels vous vous êtes débondé avec désinvolture.

*

Comment échapper à ce monde où les autres ne vous laissent jamais seul ? Faut-il tuer les autres, tous les autres, tous les témoins ? Dans *Les morts ont tous la même peau*, de Boris Vian, Dan, un Américain installé dans sa vie de Blanc, se voit remis en question par son demi-frère, noir de peau, qui vient lui rappeler son origine. Il va tâcher de faire disparaître ce témoin gênant, source de sa honte.

« Si seulement il n'y avait pas tant d'autres gens dans le monde », dit sur un ton lugubre dans le roman de D.H. Lawrence le garde-chasse, qui sait que la honte va s'abattre sur Lady Chatterley, son amante, et qui sait aussi qu'il n'y a plus de solitude pour personne, plus de retraite, que « le monde ne tolère plus d'ermites ».

*

Dans *Le Pavillon d'or* de Mishima comme dans *Érostrate*, le récit de Sartre, une scène sexuelle prélude à l'acte terroriste. Mais cette scène est d'abord, dans l'un et l'autre cas, une mise en danger de soi. Le personnage de Mishima, Mizoguchi, perd sa virginité chez une prostituée, et surtout son individualité, car la prostituée ne fait pas de différence entre ses clients. « C'était la première fois que je VOYAIS de la sorte fondre et disparaître le monde des autres. J'étais traité comme un simple atome de l'unité universelle, comme je n'avais jamais imaginé pouvoir l'être. En même temps que de mes vêtements, c'est de choses sans nombre que je m'étais dépouillé : de mon bégaiement, de ma laideur, de ma pauvreté. » Érostrate, lui aussi, va voir une prostituée, mais il ne veut ressembler à aucun autre client. Il la fait donc marcher sous la menace de son revolver.

*

Je me vois trop petit, trop grand, difforme, disgracieux. Je présente une tare, une anomalie dont je suis sûr qu'elle apparaît en permanence aux yeux des autres. De deux choses l'une : silence sur la question, et qu'on ne me parle pas de mon corps ; ou bien, au contraire, je devance, j'anticipe le regard de l'autre. Ces deux stratégies ont dû se méditer très tôt, dans l'enfance.

Dans le second cas, je ne cesse de maugréer sur ma propre personne, de prendre la place du tiers afin de me honnir moi-même, espérant ainsi épuiser le discours et peut-être même, qui sait ?, inviter à un autre regard, expulser mon corps, faire rire à mon sujet. Je suis moche ? Je le crie sur les toits, je le clame, je le revendique. Oui, je suis moche ! Et alors ? Je suis moche, mais tellement drôle ! Quel esprit ! dit-on de moi. Mon corps s'efface peu à peu. Ou bien je fais de l'imperfection et de la laideur une originalité (tous les comédiens savent cela).

Et puis, en fin de compte, la vieillesse nous emportera, tous, dans la décrépitude et la putréfaction… Ce sera ma revanche.

En attendant, se faire un autre corps glorieux, un corps de mots. Sartre : « Je raconterai plus tard quels acides ont rongé les transparences déformantes qui m'enveloppaient, quand et comment j'ai fait l'apprentissage de la violence, découvert ma laideur – qui fut longtemps mon principe négatif, ma chaux vive, où l'enfant merveilleux s'est dissous – par quelle raison je fus amené à penser systématiquement contre moi-même au point de mesurer l'évidence d'une idée au déplaisir qu'elle me causait. »

*

On met le plus souvent la honte en rapport avec le regard, un « ça me voit » où l'on est un objet pour tous les autres. Dans

La Haine de la musique, Quignard saisit, à l'instant de la honte, la concomitance entre le son et la vue.

« Audition et honte sont jumelles. Dans la Bible, lors du récit de la Genèse, arrivent en même temps la nudité anthropomorphe et l'audition du “bruit de Ses pas”.

» Après avoir mangé du fruit de l'arbre qui dénude, le premier homme et la première femme, en même temps, entendent le bruit de Yahvé-Élohim qui se promène dans le jardin à la brise du jour et voient qu'ils sont nus et se réfugient pour dissimuler leurs corps derrière les feuilles de l'arbre qui vêt.

» C'est ensemble qu'arrivent dans l'Éden la guette sonore et la honte sexuelle.

» La vision et la nudité, l'audition et la honte sont la même chose. »

*

Intériorisée, la honte du qu'en-dira-t-on peut avoir des conséquences extrêmes. Octobre 2004 : un vote est organisé pour la première fois, auquel les femmes afghanes ont légalement accès. Elles sont terrorisées à l'idée d'aller voter. Mais ce n'est pas tant voter qui leur pose problème que sortir de chez elles ; et c'est moins par crainte d'une mort dont les talibans les menacent que par peur de perdre leur honneur, et surtout celui de leur famille tout entière, en étant tuées en public, en exposant le cadavre de leur corps, dénudé, ne fût-ce que partiellement, dans la rue, aux yeux de tous.

« Ma plus grande crainte, dit l'une d'entre elles, Farida, c'est que si quelque chose arrive le jour de l'élection, toute la ville en parlera. »

*

J'ai eu honte hier soir, j'avais bu, j'ai dit n'importe quoi. Vous racontez cela après coup. L'autre vous rassure, il n'avait même pas remarqué. Mais la honte, comme la paranoïa, ne croit qu'à sa propre construction. Elle a son intelligence propre, sa logique. Personne ne s'est seulement rendu compte de vos gaffes, de votre insuffisance, des paroles qui vous ont échappé malgré vous ? Vous n'en souffrez pas moins : la honte est votre mémoire à vous. Elle est solitaire, incommunicable.

La honte rétrospective est, comme le remords, traversée par le sentiment de l'irréversible. Elle a la mémoire longue – une mémoire subjective, personnelle, maladive, tenace, qui vous appartient en propre. Cette fureur solitaire est une sorte d'hypermnésie. Le malheur d'une telle conscience, perpétuellement en différé, c'est de ne pouvoir oublier, tourner la page. Elle ne connaît pas les bienfaits de ce que Janet appelle la « conduite de terminaison », une conduite vitale qui permettrait de passer à autre chose, et de renaître, toute honte bue. Condamnée à la rumination, elle descend un escalier infernal. Sa mémoire rampante et tenace vous versera à vie, quotidiennement, son tribut : un souvenir durable, cuisant.

Bernanos : « Maintenant il lui faut reprendre sa place, son rang, tenir l'un et l'autre jusqu'au bout, dévorer sa honte aux yeux de tous, impassible, jour après jour, sans espoir d'épuiser jamais la hideuse provende, et il crèvera dedans, comme un bétail dans la litière. »

Dostoïevski : « Et là, dans un sale et puant souterrain, notre souriceau insulté, battu et raillé, lentement se plonge dans sa rage froide, empoisonnée et surtout inépuisable. Quarante ans durant il se rappellera l'insulte subie, dans tous ses détails les plus honteux, en s'excitant méchamment, en attisant son imagination. Lui-même en aura honte, mais il évoquera tous les détails, passera en revue une à une toutes les circonstances, en inventera même, sous le prétexte qu'elles auraient pu se produire, et ne pardonnera rien. »

Voyez aussi l'affaire du ruban volé, dans *Les Confessions*. Rousseau raconte comment sa dénonciation mensongère a fait renvoyer Marion. Ce « crime » lui a laissé, nous assure-t-il – et nous le croyons –, une « impression terrible », toujours aussi vivace cinquante ans après. Mais Marion, elle, de son côté, que garde-t-elle, dans son souvenir, de cet épisode ? Les confessions de Marion nous auraient peut-être appris qu'elle avait très vite pardonné, ou même oublié les circonstances, ou encore minimisé l'aventure, ou qu'elle en aurait donné une tout autre version. Et qui sait si ce renvoi n'a pas eu en fin de compte un effet bénéfique sur son avenir ?

*

Le corps honteux est historique. Regardez une photo de classe des années cinquante ou soixante. Ces vêtements qui hésitent entre le plouc et le petit-maître. Ces gueules pas à leur place. Ces corps mal fagotés. Ne portent-ils pas les stigmates d'une honte de génération ?

*

La honte qu'on avait quand on revenait de chez le coiffeur la boule à zéro... On lui disait toujours, au coiffeur : Un rafraîchissement, juste un petit rafraîchissement. Mais c'était comme s'il était de mèche avec la mère : il vous coupait les cheveux ras, bien dégagés derrière les oreilles. Pendant l'opération, vous aviez dû retirer vos grosses lunettes. C'était la première humiliation. Votre myopie vous avait un instant abstrait du monde, afin que vous soyez plus docile. Ensuite il fallait subir la torture de la tondeuse électrique, sentir les lames froides sur la nuque. Vous ressortiez de là le visage nu. Vous osiez à peine vous regarder dans la glace. Vous saviez qu'on vous avait fait une tête de lézard.

On aurait pu penser de façon légitime que les années soixante-dix avaient essentiellement été une révolte contre les coiffeurs autant que contre les familles. On croyait cette histoire limitée à notre pays, voire à notre coin de province française. Erreur. On s'étonne ainsi de lire qu'à l'autre bout du monde, à Worcester, en Afrique du Sud, c'était pareil : « Il n'aime pas aller chez le coiffeur, à tel point qu'il essaie même, avec un résultat dont il n'a pas lieu d'être fier, de se couper les cheveux lui-même. Les coiffeurs de Worcester semblent s'être tous donné le mot : ils ont décidé que les garçons auraient les cheveux courts. La séance commence aussi brutalement que possible avec la tondeuse électrique qui court comme une faux sur sa nuque et sur les côtés de la tête ; cela se poursuit dans l'impitoyable cliquetis des ciseaux jusqu'à ce qu'il ne lui reste plus sur le crâne qu'une brosse drue, et, avec de la chance, une mèche pour tout juste sauver la face. L'opération n'est pas même terminée qu'il est déjà mort de honte ; il paie son shilling et rentre tout droit à la maison, redoutant de retourner à l'école le lendemain, redoutant les moqueries rituelles qui ne manquent jamais d'accueillir celui qui vient de se faire couper les cheveux » (Coetzee, *Scènes de la vie d'un jeune garçon*).

C'est donc bien à un complot international des coiffeurs associés aux familles que nous avons affaire. Une sorte de rite expiatoire, de rite de la honte, qui grave à même la nuque les signes de cette impossibilité : se faire une gueule vraiment à soi. En vain croient résister les autocoiffés de tous poils, rastas, hippies, zazous, babas, punks, Iroquois, qui monnayent leur pseudo-distinction en appartenance à une tribu. La révolte contre les familles a toujours naïvement commencé à la racine des cheveux. Et elle reforme de la famille.

*

Pourquoi dans une classe aime-t-on à se mettre au dernier rang – et, autrefois, tout près du poêle ? Ce n'est pas seulement une affaire de cancre. Cette position de repli est un privilège. Un poêle, un mur, cela ne vous regarde pas. Lucien, dans *L'Enfance d'un chef* de Sartre, souhaiterait s'installer au fond de la salle pour échapper aux regards de ses camarades qui lui pèsent sur la nuque. La hantise du honteux : être épié, qu'on le regarde par-derrière. Lulu, dans *Intimité*, voudrait ne pas avoir de dos : « ils vous regardent de tous leurs yeux et vous ne les voyez pas ». Pierre : « Il y avait une armée d'yeux rouges qui luisaient dès que j'avais le dos tourné » (*La Chambre*). Dans les romans de Faulkner, les personnages sont soumis au règne du regard, traversés par la fascination du voyeurisme.

« Dans les yeux réside la honte » : d'après Aristote, ce serait un proverbe.

Mishima : « Le regard peut être, autant qu'une preuve éclatante du privilège des vivants, une manifestation de cruauté. »

Une exceptionnelle conquête du regard peut s'adosser à l'expérience ancienne de cette cruauté. Lisez le portrait du regard de la Française dans *Hiroshima mon amour*. Elle a dû évidemment en passer par la honte (celle d'avoir été tondue et déshonorée, comme de ne pas être morte d'amour), mais, surtout, elle l'a *dépassée* : « Ce regard est oublieux de lui-même. Cette femme regarde pour son compte. Son regard ne consacre pas son comportement, il le *déborde*. »

*

Dans l'effacement des traces du passé, il y a quelque chose qui est sans doute de l'ordre de la honte mais qui ne peut se nommer. Amos Oz rappelle le témoignage d'un Polonais dans le film de Claude Lanzmann, *Shoah*: ce Polonais raconte qu'après la fermeture de Treblinka, en 1943, les Allemands prirent la peine de planter des arbres, « des jeunes arbres de cinq ans » ; ainsi, dès 1944, tout signe de ce qui s'était passé avait disparu. « Lanzmann n'a trouvé personne à qui demander la raison de cette discrétion allemande : était-ce la peur du châtiment, au cas où l'Allemagne perdrait la guerre ? Et dans ce cas, le châtiment de qui ? Était-ce de la honte ? Mais devant qui ? »

*

Il a fallu deux ans à Oscar Wilde pour qu'il écrive le récit de son transfert de la prison de Wandsworth à la prison de Reading – et encore est-ce dans une lettre rendue publique. « Le 13 novembre 1895, je fus de Londres amené ici. De deux heures à deux heures et demie, il me fallut rester sur le quai central de la gare d'embranchement de Clapham en uniforme de prisonnier et les menottes aux poignets, en spectacle pour le monde. On m'avait sorti de l'infirmerie sans m'avertir un moment à l'avance. De tous les spectacles imaginables, j'étais le plus grotesque. En me voyant, les gens se mettaient à rire. Chaque train entrant en gare venait grossir le cercle des curieux. Rien ne pouvait surpasser leur amusement. Cela, naturellement, tant qu'ils ne surent pas qui j'étais. Aussitôt qu'ils en furent informés, ils rirent de plus belle. Pendant une demi-heure, je restai là, sous la pluie grise de novembre, entouré d'une foule qui me bafouait. Pendant un an après que l'on m'eut infligé cette épreuve, je pleurai tous les jours à la même heure, pendant le même laps de temps. »

Quatorze semaines se sont écoulées entre son triomphe (le succès de sa pièce *Il importe d'être constant*) et sa disgrâce. Accusé d'outrage public à la pudeur (*indecency*), il n'a plus que trois ans à vivre. Entre-temps, il aura changé de nom, se sera fait appeler Sébastien Melmoth. Ses écrits auront été republiés sans nom d'auteur. L'opprobre aura frappé celui qui fit l'éloge de l'amour sans nom. Est-il mort seulement dans la honte, ou mort sous l'effet de la honte jetée sur lui ?

*

De la vie sexuelle de T.E. Lawrence, on ne sait guère que ceci : il fut violé par un officier turc.

Dans le dictionnaire des noms propres, D.H. Lawrence côtoie T.E. Lawrence, et l'on se demande si cette proximité n'est due qu'au hasard.

D.H. Lawrence adolescent fut dénudé et malmené par des ouvrières d'une usine où il travaillait comme apprenti. On lui connaît une liaison, tumultueuse, avec la baronne Frieda von Richthofen, qu'il considère dans une lettre à Katherine Mansfield comme une « nouvelle mère dévorante ». Mais ce furent les amitiés masculines qui l'attirèrent.

Tous deux, T.E. et D.H., sans doute tentés par l'homosexualité, gardent leur secret.

*

Dans *Disgrâce* de Coetzee, le père se met au service des chiens morts dans un centre de la SPA. Il veut « sauver l'honneur des cadavres ». La question de la disgrâce se pose au-delà de la mort. Le sens de la dignité est posthume.

*

Connaître la honte au-delà de la mort, telle est la volonté du mystique qui veut être quitte de la justice suprême. Ainsi, Rabbi Alexandre Susskind, qui fait stipuler dans son testament qu'après sa mort « la hevra kadisha lui fera subir les quatre modes d'exécution stipulés par la loi rabbinique, la lapidation, le feu, le fer et la strangulation ». Et je lance l'anathème, ajoute-t-il, contre la hevra kadisha s'ils ne me font pas subir les sept morts, sans égard pour mon humiliation, car mon humiliation est mon orgueil.

*

« Il ne faut pas croire surtout à l'existence de son corps, tel qu'il paraît, mais tel qu'il est le voir ; non tel qu'il est dans le moment présent, mais dans la suite de ses métamorphoses, se recueillir déjà parmi les vers qui le rongent et dans la Gloire ou dans la Honte que Dieu lui réserve éternellement » (Jouhandeau, *De l'abjection*).

*

Au XVe siècle en France, la prostitution est, plus encore que tolérée, protégée. Dans les villes, plusieurs espaces sont officiellement réservés à la fornication. Au point que non seulement leur fréquentation ne fait l'objet d'aucun interdit et d'aucun déshonneur (les hommes de toutes conditions, d'origine autochtone, s'y rendent sans se cacher), mais que certaines villes ont fait édifier un *prostibulum*, ou l'ont financé, et que l'abbesse – soit la tenancière du bordel – est fermière des revenus municipaux. Dans l'ensemble, on ne voit pas encore là une menace pour l'ordre familial ou conjugal. Pour que l'on se mette peu à peu à dénoncer l'impudicité des mœurs, pour que l'attitude collective change (sous la pression des autorités municipales ou religieuses), il faudra attendre, à la fin du siècle, une dégradation des conditions économiques et sociales, l'arrivée en masse dans les villes d'immigrants pauvres et de mendiants.

Alors seulement, peu après 1500, pour la première fois, un compagnon avoue : « on ne se rendait point sans honte » dans le *prostibulum*.

*

La honte de la nudité, ce que nous appelons la pudeur, est cardinale en régime judéo-chrétien. Ce pourquoi, dans notre civilisation, la dénudation est en soi une peine : les châtiments publics étaient souvent des outrages qui s'exerçaient à l'encontre de cette pudeur-là. En Afrique, les femmes noires, elles, étaient honteuses d'avoir à porter le caleçon que leur imposaient les missionnaires. À Athènes, on se moquait de la nudité des femmes spartiates. Selon Hérodote, chez les Lydiens comme chez tous les barbares, la vue d'un homme nu était considérée comme indécente. Et François Jullien a récemment montré comment le nu, comme la pudeur, « ne va pas de soi », en opposant, à la longue tradition de modélisation du nu en Occident, la tradition culturelle et artistique chinoise, pour laquelle le nu est impossible.

*

Chahdortt Djavann, Iranienne, a été « emprisonnée sous le noir du voile » de treize à vingt-trois ans. Elle évoque « la honte d'habiter un corps honteux, un corps voilé, l'angoisse d'habiter un corps coupable, coupable d'exister ». Une femme voilée est, dit-elle, un objet sur lequel un écriteau invisible se laisse lire : Interdit de voir. Juste fantasmer. « Chez les musulmans, une fille, dès sa naissance, est une honte à dissimuler puisqu'elle n'est pas un enfant mâle. Elle est en soi l'insuffisance, l'impuissance, l'infériorité. » Raison pour laquelle la « décision » du port du voile ne peut jamais vraiment être considérée comme un acte individuel : elle est soumission ou révolte, dépendante d'une honte à assumer ou à exorciser. Qui a le droit de parler de cette culpabilité, de cette honte congénitales ? demande Chahdortt Djavann. « Celles, peut-être, qui ont vécu dès avant leur adolescence les effets traumatisants des dogmes islamiques. Mais celles-là, justement, qui sentent peser sur elles les regards des hommes et de leur famille, des autres hommes et de ceux qui, de l'extérieur, les considèrent comme d'étranges zombies, n'ont ni le droit ni la force de parler. Elles ont vécu l'humiliation de ne pas être des hommes, de porter le voile, cette prison ambulante, comme un stigmate, comme l'étoile jaune de la condition féminine. » Aucun discours rationnel ne peut se substituer à l'expérience vécue. Mais, en même temps, une telle expérience est tellement vécue dans le secret que la honte ainsi transmise est indicible.

On savait que le marquage des corps et les règles de la décence imposés par une société et une tradition religieuse étaient aussi des apprentissages sociaux de la servitude volontaire et de la honte mise en commun. Mais jusqu'où va l'intériorisation de la honte quand le visage lui-même est considéré, pour un des deux sexes, comme le lieu d'une dénudation ?

*

Avoir honte, garder sa pudeur jusque dans la mort : c'est le cas de sainte Perpétue. On est en l'an 203. Elle a été condamnée à périr nue en affrontant un taureau. L'habitude antique ne partage pas la honte de la nudité qu'éprouvent les jeunes chrétiennes. On lui a permis, cependant, exceptionnellement, ainsi qu'à Félicité, par égard pour leur pudeur, de se vêtir avant de pénétrer dans l'arène. Le taureau, lui, ne partage pas la délicatesse des Romains : commençant à embrocher Perpétue, il déchire sa tunique d'un coup de corne. Le geste ultime de Perpétue suffirait à la canoniser : « attentive à la pudeur plus qu'à la douleur », elle rajuste son vêtement pour ne pas exposer son corps.

*

Mourir de honte : telle est la terrible histoire de Théroigne de Méricourt, la « belle Liégeoise ». Elle commença par servir de porte-drapeau aux femmes du peuple, mais elle eut le malheur de soutenir le girondin Brissot. Et c'est ainsi que le 31 mai 1793, aux Tuileries, elle dut subir, administrée par les femmes de la Montagne, la « fessée patriotique ». Selon Michelet, elle a été « tuée par cette injure barbare dans sa dignité et son courage » : à la suite de cette humiliation, elle perdit l'esprit et fut internée à Charenton, où elle demeura jusqu'à sa mort. Elle y courait nue au cœur de l'hiver, s'aspergeant d'eau froide.

Gloire à la honte

> Mon orgueil s'est coloré avec la pourpre de ma honte.
>
> Jean Genet

T.E. Lawrence, dit Lawrence d'Arabie, fils illégitime d'un Irlandais, sir Thomas Robert Chapman, éduqué dans l'atmosphère du puritanisme victorien, prit dès l'enfance la manie de dénuder les ressorts secrets de toute entreprise. Emportant avec lui en Arabie le fardeau de l'homme blanc, il fut soucieux à l'extrême de l'image qui là-bas était projetée de lui en tant qu'étranger. Devenu célèbre, honteux cependant de n'avoir pu satisfaire ses engagements envers les chefs de la révolte arabe, T.E. Lawrence disparut. Il s'engagea en 1922 comme simple soldat dans la Royal Air Force sous le nom de John Hume Ross, quitta la RAF après avoir été retrouvé par un journaliste, reprit du service dans le Royal Tank Corps sous le nom de Thomas Edward Shaw (nom qu'il adopta officiellement en 1927), enfin rempila dans la RAF où il se retrouva mécano – saint en salopette.

Sa vie fut une longue phrase, complexe et embarrassée. Les destins de la honte et de la gloire s'y entrelacent comme dans l'article 66 des *Passions de l'âme*, de Descartes : « De plus, le bien qui est ou qui a été en nous, étant rapporté à l'opinion que les autres en peuvent avoir, excite en nous de la gloire ; et le mal de la honte[1]. »

T.E. Lawrence explique dans son autoportrait, écrit le jour de ses trente ans, ce qui est commun à la honte et à l'orgueil : une attention excessive à l'image de soi, une ardeur à surprendre ses propres paroles et à observer sa propre personne chez autrui. « Il y avait la soif de gloire, remarque-t-il, et l'horreur que ce penchant ne soit démasqué aux yeux de tous. »

Dans la honte, je croyais mourir. Je ne savais littéralement plus où me mettre. J'avais envie de disparaître, hors du regard de l'autre, de brûler le passé, de ne pas laisser de trace derrière moi, de donner forme clandestine à mon existence dans une vie lointaine, inaccessible, loin d'ici, loin de toute instance écrasante. Je ne voulais même plus adresser ce livre à quiconque. Je voulais me supprimer, ou annuler l'autre.

Dans la honte, quelle violence, mais aussi quel orgueil et quelle volonté de puissance ! Le honteux, comme le timide, est un orgueilleux rentré. C'est parce qu'il ne peut être Dieu, un sujet pur, qu'il ne se sent plus rien. C'est son aspiration à la royauté qui fait de lui un ver de terre. Nietzsche montre toute l'ambiguïté que recèle la modestie du vaniteux : « C'est de vous les hommes qu'il veut apprendre la foi en soi-même ; il se nourrit de vos regards, c'est dans votre main qu'il cueille l'éloge[2]. »

Au point que le honteux n'est pas sans rapport avec le hau-

1. René Descartes, *Les Passions de l'âme* (1646), GF-Flammarion, p. 140.

2. Friedrich Nietzsche, *Ainsi parlait Zarathoustra*, trad. Henri Albert, e France, 1946, p. 167.

tain. L'un comme l'autre sont constamment sous l'œil d'autrui. Dans les deux cas, le quant-à-soi est pris en otage par le qu'en-dira-t-on. Dans les deux postures, c'est une certaine hauteur qui est visée, bien que le point de vue, comme le point de départ, soit différent. Nous sommes ainsi malgré nous enfermés, tels les personnages de Dostoïevski, dans les cercles de l'orgueil et de l'humiliation.

Remarquons d'ailleurs qu'il y a des hontes plus fières que d'autres, des humilités ambivalentes, des orgueils qui s'affichent comme des hontes... Un sentiment d'infériorité peut se retourner comme un gant. Honte d'une origine humble ? Fils ou fille de prolétaire, l'origine modeste se porte très bien : ne montre-t-elle pas qu'on est arrivé à s'en sortir à la force du poignet ? Honte de l'origine reculée, enfant de Corrèze ou des Charentes ? Les blasons déchus se redorent avec l'ancienneté... Un défaut d'être peut aussi se présenter comme une qualité remarquable.

Cette passion est prométhéenne. Il y a en elle de l'excès, de l'*hubris*. On parle de la colère d'Ajax, mais on pourrait aussi bien évoquer sa honte, ou encore son orgueil et sa démesure. Il se croyait hors d'atteinte, au sommet d'une gloire sans partage ? Il a été puni par les dieux. Honteux de ne pas avoir été couronné, honteux de l'acte insensé par lequel il a massacré des bêtes innocentes au lieu de guerriers, il s'est suicidé. Ce narcissique moral éprouva une « blessure de l'être [1] ». Quant à Médée, c'est, selon Euripide, pour avoir connu la honte d'avoir été trompée (soit par orgueil) qu'elle a tué sa progéniture.

Il arrive que, emportée dans cette haute aspiration teintée de mauvaise foi, la honte ne soit pas loin du « délire de grandeurs », ou du moins de ce que Freud, analysant le contenu d'un rêve

1. Telle est l'expression d'André Green à propos d'Ajax : cf. *Narcissisme de vie, Narcissisme de mort*, Minuit, 1982, p. 183, n. 6.

où elle apparaît sous cette forme, appelle l'« arrogante fantaisie d'ambition[1] ».

Parti à la recherche des hontes, de toutes parts j'ai croisé l'orgueil insatiable, la gloire inassouvie. C'est que l'humilité d'un auteur (son aspiration à la sainteté) et son orgueil (son aspiration à la gloire) tendent à se confondre : la première se proclame, le second va de soi. La célèbre phrase de Julien Benda à propos de l'écrivain (« L'abdication de son moi, la modestie, est foncièrement contraire à son essence[2] ») pourrait être inversée, à la façon d'une maxime de La Rochefoucauld. Faisant en public le récit de ses humiliations, John Cowper Powys a transformé sa honte en gloire. Écrivant *La Déchéance d'un homme*, qui commence par cette phrase : « J'ai vécu une vie pleine de honte[3] », Dazaï Osamu a fait de sa vie une œuvre. Franchissant le seuil de la honte, Genet est entré en littérature. Le complexe de Lord Jim est un complexe d'humilité et de mégalomanie.

Mais ce n'est pas seulement son inverse que la honte sécrète. On peut aussi y puiser une sagesse paradoxale. Le honteux à vie perçoit ce que d'autres ne voient pas. Ayant d'un regard risqué son être, il saisit, réfractées sur son visage, les faiblesses du monde. Terrible privilège, qui est aussi, dans *Hiroshima mon amour*, celui de la Française se souvenant de l'instant où elle a été tondue pendant l'épuration : « J'ai l'honneur d'avoir été désho-

1. Cf. Sigmund Freud, *L'Interprétation du rêve*, in *Œuvres complètes*, vol. IV, *Psychanalyse*, PUF, 2003, p. 526 ; et Lya Tourn, in *Sigila*, revue transdisciplinaire franco-portugaise, n° 14, *La Honte*, Gris-France, automne-hiver 2004, p. 57-68.

2. Julien Benda, *La France byzantine* (1945), 10/18, p. 174.

3. Dazaï Osamu, *La Déchéance d'un homme*, trad. Georges Renondeau, Gallimard, « Connaissance de l'Orient », 1962.

norée. Le rasoir sur la tête, on a, de la bêtise, une intelligence extraordinaire[1]. »

Peut-être est-ce cela, un écrivain : quelqu'un qui regarde autrement, après avoir connu la morsure du rasoir sur la tête. Décidément, la honte qui s'écrit rejoint le fantasme de l'auteur, au point de se confondre avec lui. Elle se délivre, ouvre le livre, et ne le referme jamais. Son intelligence est littéraire, son outrage, artistique, son trouble, réparateur. Elle est comme la littérature elle-même : elle rend plus lucide.

1. Marguerite Duras, *Hiroshima mon amour* (1960), Gallimard, « Folio », p. 105.

Toute honte bue, ou dix moyens romanesques de traiter les rougeurs

Où l'on verra que l'auteur, pris de remords, conscient d'avoir accablé le lecteur d'un poids considérable, cherche in extremis *des moyens de l'en décharger, prodiguant de façon inattendue quelques conseils d'allègement*

L'harmonie des flux, l'équilibre des matières : voilà ce que préconisait Hippocrate, et ce que l'on persiste, de mille façons, à rechercher. Entrave à la maîtrise de soi, blessure narcissique immédiatement visible par l'autre, la honte se respire, comme un air malsain, pollué, qui vous contamine. Comment ne serait-on pas désireux de réduire cette tension insupportable ?

S'engouffrant dans le labyrinthe des hontes, la littérature ne manque pas, cependant, de nous proposer des issues. Elle invente (pour l'écrivain comme pour ses personnages) de multiples solutions. Peu importe si elles ne sont que des impasses. Ce qui compte, c'est cette recherche, cette imagination, qui, nous entraînant dans les profondeurs souterraines, nous délivre d'une part de nous-mêmes. À la honte paralysante, inhibante (elle empêcherait l'écriture comme elle entraverait toute action), l'écrivain aura substitué ce que Michaux appelle un « sentiment porteur ». Il aura sublimé ses faiblesses dans leur narration, il se sera réapproprié l'Autre sous la forme d'une instance supérieure et abstraite, arrachée aux blessures du temps.

On savait que la littérature pouvait être consolation, hygiène sociale. Elle est aussi technique d'éhontement, traitement des rougeurs, pharmacopée. À la devise terroriste du honteux absolu («Les autres, il faut les détruire tous», Mishima), à la promesse éthique et rédemptrice du saint ou du héros, l'écrivain styliste substitue l'issue finalement esthétique d'une honte relative et négociable: Les autres, il faut se les concilier, ou, du moins, s'adresser à eux. Lecteur, passant à mon tour par les cercles enflammés de l'opprobre et de la turpitude, je découvrirai des charmes à la mise en récit, je m'en ferai, parmi des milliers d'autres témoins, le complice.

1. La solution libertine et cynique.

Y a-t-il des corps éhontés? Certainement. Le corps libertin, par exemple. «Dans le style de mes narrations, écrit Casanova dans ses *Mémoires*, vous ne trouverez ni l'air d'un pénitent, ni la contrainte de quelqu'un qui rougit rendant compte de ses fredaines.»

Le corps dévergondé est en principe, conformément à son étymologie, sans vergogne. Le cynique ou le libertin, militant de l'impudeur et de l'impudence, a su chasser la honte par le mépris – c'est du moins ce qu'il affiche, ne visant rien de moins, par son excentricité, que l'ascèse orgueilleuse de l'homme-nature. Sculptant son existence tel un chef-d'œuvre, il aspire non seulement à la maîtrise de soi, mais aussi à la souveraineté du sujet, lequel doit en somme devenir un dieu. Donc, pas question pour lui de se soumettre au jugement d'autrui ou de se faire bourreau de soi-même. Quant à l'hédoniste, expert dans l'art de jouir, il a d'une autre façon évacué toute culpabilité – c'est du moins ce qu'il prétend –, faisant du corps, des sens, sources de plaisir. « *Do it* », disait le yippie Jerry Rubin. Faites-le, sans honte, suivez votre désir, hors du regard de l'autre, sans distance entre vous et vous.

La honte (comme la jalousie ou d'autres passions dépendantes d'autrui) est donc une des cibles de l'hédoniste et du cynique. Elle est un obstacle au désir et à la sagesse. Le mieux serait de l'ignorer, d'extraire de notre esprit cet épouvantail hideux, ce sournois diablotin. Selon les chantres de la jouissance sans entraves, il faudrait même tout simplement lui dire tout à trac : Dehors, rabat-joie ! Je suis libre. Et qu'on n'en parle plus.

Le corps libertin se doit d'être affranchi. L'autre ne peut être pour lui qu'un compagnon ou un comparse avec qui tout est possible sans gêne réciproque. L'autre est même un autre pour lui – à l'inverse du honteux, qui est un corps pour les autres. Est-ce à dire que c'est gagné d'avance ? Est-ce à dire que la honte, d'un seul coup, a quitté définitivement le corps ? Pas sûr. L'éhontement est plutôt un apprentissage. Voire, une discipline. Sade : « Et comme cette belle fille se troublait, comme elle rougissait, et qu'elle cherchait à s'éloigner, Severino, la sai sissant, brusquement au travers du corps... » Et plus loin : « Octavie, honteuse, ne sait où fuir pour dérober ses charmes, partout elle ne trouve que des yeux qui la dévorent, des mains brutales qui la fouillent ; le cercle se forme autour d'elle, et elle le parcourt en tous sens [1]. »

Comme le remarque Denis Hollier, l'érotisme selon Bataille est impensable sans la honte – de même que, par sa dimension blasphématoire, l'anonymat de l'orgie. Dans « Le paradoxe de l'érotisme », Bataille écrit : « Sans la honte dissimulée dans son

1. D.A.F. Sade, *Justine ou les Malheurs de la vertu* (1791), Gallimard, « L'Imaginaire », p. 255.

objet, le désir n'atteindrait pas la frénésie[1]. » Et à propos de *Roberte ce soir*, de Klossowski : « la honte est conviée ».

Jusque dans *La Vie sexuelle de Catherine M.*, de Catherine Millet, livre apparemment dénué de honte, je débusque cette phrase : « J'ai honte des miettes logées à mes commissures des lèvres. »

Et l'on peut se demander, comme Mlle Vinteuil dans la *Recherche*, si on en a jamais fini avec, au fond de soi, la vierge timide et suppliante qui implore et fait reculer à tout moment un soudard fruste et vainqueur.

2. La solution théâtrale bouffonne.

On pourrait la considérer comme une variante de la solution cynique. Elle consiste à fanfaronner à la façon du père Karamazov, à donner le change, à se vautrer orgueilleusement dans la déchéance. Un bouffon est-il éhonté ? En tout cas, il théâtralise sa souffrance et l'exorcise dans ce que Dostoïevski appelle, au sujet de Stavroguine, la « vie ironique » : « Nicolas Vsevolodvitch Stavroguine menait dans ce temps, à Pétersbourg, une "vie ironique", si l'on peut ainsi parler, je ne trouve pas d'autres termes pour la définir ; il ne faisait rien et se moquait de tous. » « Mon fils est un homme fier, dit la mère de Stavroguine, dont l'orgueil a été prématurément blessé, et qui en est venu à mener cette vie, si justement qualifiée par vous d'ironique. » On voit que la conduite bouffonne a son versant esthétique et sublimé (faire de sa vie un chef-d'œuvre d'ironie).

Donald Nathanson, dans *Shame and Pride*, recommande une vaccination contre la honte à travers le « comique d'accep-

1. Georges Bataille, « Le paradoxe de l'érotisme », *La Nouvelle NRF*, mai 1955 ; repris in *Œuvres complètes*, t. XII, Gallimard, p. 321.

tation », un comique de thérapie, tel celui de Buddy Hackett. Il propose de faire soigner la honte par l'effronterie (*shamelessness*). Leon Wurmser évoque de son côté le « renversement perpétuel » du cynique éhonté comme moyen de défense.

Inverse et complémentaire de la solution bouffonne : la solution abjecte. Il s'agit de renoncer à toute image respectable de soi, de s'engager dans la « poursuite volontaire de l'abjection[1] », et de la revendiquer (comme Michel, dans *L'Immoraliste* de Gide, comme Jouhandeau...). Genet : « J'étais, me disais-je, une exception monstrueuse[2]. » Un apparent abandon à l'infamie peut bien sûr préluder à cette solution de rattrapage qu'est la beauté du verbe, la somptuosité de la littérature.

3. La solution transformiste, soit : se faire voir autrement, se travestir ou se métamorphoser.

Elle se subdivise en une solution costumière (s'inventer une morale de la distinction : le dandysme), une solution musclée (se refaire un corps : le culturisme), une solution pseudonymique ou naturalisatrice (arranger son origine, se faire naturaliser, se choisir un autre nom) et une solution métamorphosante (devenir radicalement autre).

Le vêtement est un vecteur essentiel du rapport à soi. Échapper à la honte de l'enfance, ce serait avoir enfin trouvé son vêtement. « Se vêtir, c'est dissimuler son objectivité, c'est réclamer le droit de voir sans être vu, c'est-à-dire d'être pur sujet[3]. » Comment éhonter le costume pour éhonter le corps ? On peut le distinguer (dandysme), l'effacer (conformisme), le faire

1. Leo Bersani, *Homos. Repenser l'identité*, Odile Jacob, 1998, p. 137-152.
2. Jean Genet, *Journal du voleur*, *op. cit.*, p. 258.
3. Jean-Paul Sartre, *L'Être et le Néant*, Gallimard, 1943, p. 349.

varier, l'adapter au kaléidoscope de la mode, le transformer en pur signe extérieur : « L'impudence avec sa sœur la honte nous remuent d'étrange façon, mais lit-on jamais rien de pareil sur le visage d'une femme qui suit la mode ? la mode est son refuge ; elle s'y cache, elle s'y abrite[1]. » Sartre à propos de Baudelaire : « Son dandysme est la défense de sa timidité. »

Mishima va plus loin que le dandy. L'adolescent a honte de sa poitrine maigre, de ses bras pâles et osseux. Il admire Omi, un jeune homme musclé. Il veut devenir Omi. Pour cela, il adoptera une ligne de conduite spartiate en matière d'auto-discipline et pratiquera le culturisme.

Que faire pour oublier un instant la honte de l'être-là des corps, de ces « enclos de tripes tièdes et mal pourries » ? On peut, comme Céline, rêver à la surface, prôner la légèreté du muscle contre la lourdeur des hommes, fantasmer l'aérien et le délié de la danseuse, sa vigueur élastique et miraculeuse.

Comment soi-même faire bonne contenance, paraître assuré, passer de la gaucherie à la prestance ? Il faudrait pouvoir se dédoubler, comme Peter Sellers dans *Docteur Folamour*. Il faudrait pouvoir s'oublier, oublier l'origine, la famille, papa, maman, le foyer d'où l'on vient. Oublier son corps. Oublier jusqu'à son nom.

Se cacher derrière un pseudonyme, c'est pour l'écrivain un rêve de clandestinité : substituer au corps incarné un corps livresque. L'enjeu est plus fort qu'il n'y paraît de prime abord. C'est une question fondamentale qui se joue là : celle de la généalogie, de l'origine, de la légitimité de l'auteur ; en un mot, celle de la liberté. La pseudonymie est une tentative de fugue. « Prendre un pseudonyme, écrit Starobinski à propos du choix de multiples pseudonymes chez Henri Beyle devenu Stendhal, c'est d'abord par honte ou par ressentiment répudier le nom

1. Alain, *La Mode. Sentiments, passions et signes*, Gallimard, 1935.

transmis par le père[1]. » Frédéric Sauser, le Suisse, se fit appeler Blaise Cendrars pour brûler le nom d'origine, qu'il devienne braise, puis cendre ; sous le nom de Zorn (« colère »), un écrivain redonna sens à l'arbitraire de son patronyme ; pour accéder à une seconde naissance, Gary devint Ajar à l'insu de tous ; pour sortir d'un patronyme trop parlant, Kostrowitzky devint Apollinaire, Korzeniowski, Conrad, et Bobovnikov, Bove ; pour se défaire de la filiation, Donnadieu se déguisa en Duras ; comme pour anticiper son suicide, par impuissance à survivre à l'horreur des camps, Jean Améry, Juif de langue allemande, prit ce nom français.

Mais il faudrait aller jusqu'au bout : la pseudonymie comme solution radicale, ce serait le secret absolu sur l'identité civile de l'auteur, un Ajar qui ne se serait jamais déclaré. Sans quoi, patronyme ou pseudonyme, le nom offert en pâture, moi et pas moi, moi aliéné comme le livre devenu étranger, signe d'un moi déjà ancien, est une imposture : espoir de renom, miroir d'encre, il est toujours impropre. Pourquoi le nom dit « propre » suscite-t-il la honte ? Parce que, comme le corps, il est une limitation : à la fois signe distinctif et signe de ressemblance et de trivialité. Ce pourquoi on peut, après quelques hésitations, envisager toute pseudonymie comme une impasse. Michaux, bien que détestant son nom, très wallon, le garda. Sartre, se choisissant à dix-huit ans le pseudonyme de Jean Guillemin, finalement consentit à s'appeler Sartre[2]. Quant à Proust, on serait en droit de se demander (si l'on ne connaissait sa piété filiale) pourquoi il garda, dans sa vie seconde, son patronyme, lui qui priait ses amis de ne pas l'appeler par son nom propre, se souvenant encore du sobriquet infamant dont on usait avec lui à l'école : Proutt.

1. Jean Starobinski, *L'Œil vivant*, Gallimard, 1961, p. 192.
2. Cf. Jean-Paul Sartre, *Écrits de jeunesse*, Gallimard, 1990, p. 22.

Plus radicale que le transformisme ou la pseudonymie, la solution Grégoire Samsa consiste à changer d'espèce. Qu'on veuille bien considérer cette solution domestique extrémiste – la métamorphose par Kafka (lui-même employé dans l'entreprise de son père), au cœur de l'appartement familial, dans la chambre de l'enfance, d'un employé de commerce en vermine – comme le comble du dandysme en tant que morale de la distinction, et mode inimitable. Manifestement, ce garçon ne pouvait plus faire face. Surtout, il ne savait plus comment se faire remarquer. Une coiffure extravagante, une boucle d'oreille dans le nez ? Vétilles ! Moi, je ferai la bête, le monstre, je prendrai « une forme triste et répugnante ». Ce qui n'est pas sans inconvénients, il faut le savoir.

La métamorphose telle que Kafka en a inventé le principe prend sa source dans la honte mise en commun. Voici enfin un objet de dégoût qu'on peut désigner. Grégoire Samsa sera le grand purgateur de la honte familiale. Après sa destruction, sa famille ne connaît-elle pas une « amélioration sensible de sa situation » ? Et sa sœur ne devient-elle pas enfin « une belle jeune fille » ?

4. La solution fugueuse, soit : se faire voir ailleurs.

Le regard de l'autre est insoutenable ? Eh bien, pourquoi ne pas s'y soustraire ? Le père d'Ilioucha, dans *Les Frères Karamazov*, a été déshonoré. « Allons nous établir dans une autre ville, lui dit Ilioucha, où l'on ne nous connaît pas. » Arrière, tout le passé ! dit un autre personnage de Dostoïevski. Arrière, arrière, dit Mizoguchi, le personnage de Mishima dans *Le Pavillon d'or*, qui voudrait bien s'en aller pour toujours. En 1924, Michel Leiris note dans son journal : « Brûler tout derrière soi. S'alléger. Vivre le présent dans toute sa pureté[1]. » Rousseau : « La crainte et la honte me subjuguent à tel point que je vou-

1. Michel Leiris, *Journal*, *op. cit.*, p. 45.

drais m'éclipser aux yeux des mortels. » Phèdre : « Ah ! que ne suis-je assise à l'ombre des forêts ! »

Le plus simple serait donc de ne plus se faire voir du tout. En attendant, afin de rompre le ban d'infamie, quittons le lieu originel du déshonneur pour un autre espace, neuf, neutre, vierge, où le regard de l'autre sur soi puisse être renouvelé. Il y a pour cela mille façons.

On peut courir sa chance au Patusan : tel est le destin rimbaldien de Lord Jim, le personnage de Conrad, évadé dans un bout du monde. On peut, comme Bernanos, se retirer dans une fazenda du sertão, à Pirapora, à plus d'un millier de kilomètres de Rio, à dix-huit kilomètres de la dernière gare du chemin de fer : « Je ne voulais que cuver ma honte en quelque coin perdu de ces terres sans bornes, car on ne m'a pas vu dans les villes dorées de la côte, je n'ai pas mené ici la vie d'un cabotin littéraire en conférences, je n'ai pas monnayé mon exil, je n'ai pas donné ma tristesse en spectacle[1]. »

On peut, à force de ne pouvoir soutenir le regard de l'autre, perdre son ombre. « Je ne désirais désormais aucune société, raconte le narrateur dans le récit de Chamisso ; je me tenais tout le jour dans l'épaisseur des bois, et, lorsque j'avais à traverser quelque lieu découvert, j'attendais qu'aucun regard ne pût m'y surprendre[2]. »

Illusion sans doute que ce fantasme de disparition. Leiris reviendra de l'Afrique fantôme avec l'idée qu'on ne part pas. Geoffrey Firmin, le personnage de Malcolm Lowry dans *Au-dessous du volcan*, a songé à devenir mexicain, à vivre parmi les Indiens. Songé seulement. À quoi sert de nous évader de nous-mêmes ? se demande-t-il.

1. Georges Bernanos, *Lettre aux Anglais*, *op. cit.*, p. 22.
2. Adelbert von Chamisso, *L'homme qui a perdu son ombre*, chap. X.

La solution érémitique-solipsiste est un paroxysme héroïque de la solution fugueuse. Puisque le départ est une illusion, se dit Leiris, restons, mais à l'écart, dans un monde intériorisé : « Je voudrais réaliser en moi une espèce de solitude, écrit-il dans son journal. [...] Il ne s'agit pas de supprimer le monde mais de se l'incorporer, de devenir réellement microcosme[1]. » Il cite Artaud : « j'ai pour me guérir du jugement des autres toute la distance qui me sépare de moi-même ».

Dans l'*Armance* de Stendhal, Octave de Malivert, confronté à la forte demande familiale et sociale de sa lignée (briller dans le monde, faire un beau mariage, réussir), se sent intérieurement écrasé par sa caste et par le sentiment obsédant de l'honneur. Son secret, ce « secret affreux que jamais [il n'a] confié à personne », est lié à une impuissance sexuelle (impuissance qui n'est d'ailleurs jamais nommée dans le roman, et que l'on déduit d'une lettre de Stendhal, adressée à Mérimée, où il emploie le terme de *babilan*) – blessure intime qui, renvoyant à d'autres impuissances, sociale, politique, historique, générationnelle, lui fait dire : je suis un monstre. C'est justement ce secret honteux qui le pousse, pour ne plus avoir *à se montrer*, à imaginer de se construire un palais des glaces : « J'aurai un salon magnifique comme l'hôtel de Bonnivet, et moi seul j'y entrerai. Tous les mois, à peine, oui, le premier du mois, un domestique pour épousseter, mais sous mes yeux ; qu'il n'aille pas chercher à deviner mes pensées par le choix de mes livres, et surprendre ce que j'écris pour guider mon âme dans ses moments de folie ; j'en porterai toujours la clef à ma chaîne de montre, une petite clef d'acier imperceptible, plus petite que celle d'un portefeuille. Je ferai placer dans mon salon selon mon goût trois glaces de sept pieds de haut chacune. J'ai toujours aimé cet

1. Michel Leiris, *Journal*, *op. cit.*, p. 150-151.

ornement sombre et magnifique[1]. » Telle est une des possibles rêveries de l'homme de la honte qui se vit comme un monstre : se retirer dans un lieu solitaire, ne plus être sous le regard de l'autre, échapper à tous les miroirs de la transparence sociale, n'être plus sous le regard que de soi, garder son secret.

Quand l'accommodement avec le siècle s'avère impossible, tant est puissante la honte de l'ici-bas, du corps et de l'immonde, la solution érémitique-solipsiste rejoint la solution mystique-ascétique. Alors, on se soustrait au corps, on n'entre plus en conversation qu'avec les anges, à la façon de Thérèse d'Ávila. À noter que ce côté ange a sa part mondaine, pour ne pas dire un côté Guermantes exacerbé. Nul n'est invité, dans ce salon angélique, à moins d'être une bienheureuse élue – Thérèse, Angèle, Catherine de Sienne, Lidwyne de Schiedam – ou un garçon au-dessus de tout soupçon – Jean de la Croix. Cherchant à définir la sainteté, Genet écrit tranquillement : « Je crois qu'on l'appelle l'orgueil et encore l'humilité[2]. »

Pour ne pas conclure sur ce chapitre épineux, il faut préciser que ne pas se faire voir du tout, c'est très difficile. On peut rentrer dans une pomme, s'unir à un fleuve, converser avec les anges, se faire plume, n'être plus rien aux yeux des autres, recourir aux forêts : très bien, tout cela. Mais si personne ne le sait, à la fin, on se lasse. À quoi sert de diminuer si ce n'est pour grandir ? « Je voudrais tellement être rien et ne même pas pouvoir m'en vanter », dit un personnage de Queneau qui aspire à la sainteté.

5. La solution exhibitionniste : puisqu'il est si difficile de ne pas se faire voir du tout, pourquoi (à l'inverse des tentatives

1. Stendhal, *Armance*, Gallimard, « Folio Classique », p. 66-67.
2. Cité par Jean-Paul Sartre in *Saint Genet comédien et martyr*, *op. cit.*, p. 277.

fugueuse ou érémitique) ne pas choisir de se faire voir au maximum ?

Lucien, le personnage de Sartre dans *L'Enfance d'un chef*, rêve qu'on le regarde par le trou de la serrure pendant qu'il prend son bain. Quand Mlle Vinteuil, dans la *Recherche*, s'inquiète qu'on puisse les voir, elle et son amie, blasphémant la mémoire de son père, l'amie suggère de laisser la maison ouverte : « quand même on nous verrait, ce n'en est que meilleur », lui répond-elle.

Mieux, on peut aussi multiplier et devancer les regards de l'autre : faire de son corps une installation, le travestir en un pur artifice, afin de sortir de la honte comme sentiment de la limitation corporelle. Le travestissement permanent, le transformisme, l'exhibition, autant que la dissimulation, sont des issues possibles. Genet, à propos de Divine : « Son détachement du monde va jusqu'à lui faire dire : "Que m'importe ce que pense X... de la Divine que j'étais. Qu'importe à moi le souvenir qu'il garde de moi. Je suis une autre. Je serai chaque fois une autre." Ainsi elle combattait la vanité. Ainsi, elle se trouvait toujours prête pour quelque nouvelle infamie, sans ressentir la crainte de l'opprobre[1]. »

« Quand j'aurai inspiré le dégoût et l'horreur universels, écrit Baudelaire, j'aurai conquis la solitude. » La Volupté pour lui, c'est de pécher en public. Il lui faut multiplier les regards, se donner des vices et des ridicules, « introduire en soi l'œil des autres pour se saisir comme un autre » (Sartre). La débauche a ceci de commun avec l'ascèse qu'elle ne se passe guère de la monstration. Elle est même parfois, d'abord, débauche de fantasmes, d'images projetées, voire simulation.

Poussée à l'extrême, la littérature de l'aveu rejoue sur le plan du livre cette exhibition sur le plan du corps : en répondant à

1. Jean Genet, *Notre-Dame-des-Fleurs* (1948), Gallimard, « Folio », p. 357.

la honte, en la dépassant et en la sublimant dans l'« essai-martyre », par l'exhibitionnisme d'un acte livresque qui instaure « une sorte de promiscuité charnelle » entre l'auteur et le lecteur[1].

Quant à l'exhibition perverse, elle peut ne pas être tout à fait étrangère, dans le rapport tendu qui la noue à la honte, au désir de sainteté. Siméon Slos, un champion de l'ascèse, aimait à s'exposer en public dans les tavernes et les lupanars d'Antioche. D'après Évagre le Scolastique, il restait en prière, dans la chambre d'une prostituée, toute la nuit. Afin de mieux augmenter les soupçons, il sortait du lupanar en courant et en regardant de tous côtés, mimant ainsi la confusion et la honte[2].

6. La solution voyeuriste : puisqu'il est difficile de ne pas se faire voir du tout, puisque se faire voir exagérément présente certains inconvénients, je peux décider de me faire tout entier regard. Le voyeur prend sa revanche sur la honte d'être vu. Il reconquiert l'espace de la vision. Son but, ce n'est pas seulement voir, mais regarder sans être vu, et, jouissant ainsi, aux dépens de l'autre, d'un plaisir solitaire, se rendre invulnérable.

Sartre décrit pendant des pages, dans *L'Être et le Néant*, la situation qui consiste à regarder par le trou d'une serrure. Dans *Le Mur*, Ève déclare : « Je voudrais être invisible et rester là : le voir sans qu'il me voie. » Voir « sans être aperçu », voir « sans être vu », c'est une expression que répète à plusieurs reprises un récit des *Confessions* de Rousseau[3] (Rousseau qui décidément cumule toutes les solutions, voyeuriste, exhibitionniste, masochiste…, tant il a de hontes à évacuer).

1. Cf. Jean-Paul Sartre, *Situations* I, Gallimard, 1947, p. 135.
2. Cf. Jacques Lacarrière, *Les Hommes ivres de Dieu* (1975), Seuil, « Points Sagesses », p. 256.
3. Jean-Jacques Rousseau, *Les Confessions*, *op. cit.*, I, Livre second, p. 112-115.

Mishima, dans *Confession d'un masque*, raconte l'histoire d'un adolescent qui peu à peu est obsédé par une seule devise : Sois fort. « Pour y parvenir, je découvris un exercice qui consistait à regarder fixement, d'un air menaçant, tel ou tel voyageur dans les tramways que je prenais pour aller à l'école et en revenir. »

7. La solution mensongère ou l'imposture. « Vous avez fait la guerre ? » demande-t-on à Michaux en Ecuador. « Non, que je réponds en pince-sans-rire, de la prison seulement. » C'est une façon de convertir la honte en effronterie.

« Souvent j'ai menti par honte, écrit Rousseau dans les *Rêveries*, pour me tirer d'embarras en choses différentes ou qui n'intéressaient tout au plus que moi seul. » Il évoque cette « première et irrésistible impulsion du tempérament » par laquelle, « dans des moments imprévus et rapides », la honte et la timidité lui « arrachent souvent des mensonges auxquels [sa] volonté n'a point de part ». Ainsi, à propos du ruban volé : « la honte seule fit mon impudence ». Ou lorsqu'on lui demande brusquement et « en le fixant » s'il a eu des enfants : « Je répondis en rougissant jusqu'aux yeux que je n'avais pas eu ce bonheur[1]. » Non sans regretter de ne pas avoir trouvé dans l'instant la bonne répartie : « Deux minutes après, la réponse que j'aurais dû faire me vint d'elle-même. *Voilà une question peu discrète de la part d'une jeune femme à un homme qui a vieilli garçon.* En parlant ainsi, sans mentir, sans avoir à rougir d'aucun aveu, je mettais les rieurs de mon côté, je lui faisais une petite leçon qui naturellement devait la rendre un peu moins impertinente à me questionner. »

1. Jean-Jacques Rousseau, *Les Rêveries du promeneur solitaire*, quatrième promenade, *Œuvres complètes*, t. I, Gallimard, « Bibliothèque de la Pléiade », p. 1034.

Apparente désinvolture, le premier mensonge peut être le point de départ d'une condamnation à perpétuité à l'imposture. Dans le roman de Philip Roth, *La Tache*, Coleman Silk, âgé de dix-huit ans, au moment de remplir les formulaires d'enrôlement dans la marine, se fait passer pour blanc alors qu'il est noir. Dès lors, sa vie tracera un chemin clandestin. Elle le conduira de la révolte contre le milieu familial au mensonge sur l'origine, du mensonge sur l'origine à la situation de paria, quarante ans plus tard, dans une ville universitaire. De même, c'est un relativement petit mensonge, en apparence du moins, qui fait dérailler la vie de Jean-Claude Romand (personnage à la fois réel et fictif du livre d'Emmanuel Carrère, *L'Adversaire*) : il commence par dire autour de lui, à ses proches, qu'il a réussi un examen, alors qu'il ne s'y est même pas présenté.

La solution mensongère, à terme, ne peut être conseillée. À moins que l'on ne se veuille paria ou parricide.

8. La solution offensive, violente ou meurtrière : passer à l'attaque, faire preuve d'une audace intempestive, provoquer l'autre en duel (Gombrowicz, ou Cripure dans *Le Sang noir* de Guilloux) ; guetter un offenseur précis auquel jusque-là on a cédé le pas, se délivrer en le frappant pour se venger de ses humiliations (dans *Les Carnets du sous-sol* de Dostoïevski, le narrateur, humble clerc de chancellerie, finit par cogner un officier – situation qui serait plus simple si cette violence ne se doublait d'une demande d'amour adressée à l'offenseur) ; déployer la force agressive et sadique de l'éros honteux en démolissant la beauté de l'autre (comme le personnage de Gombrowicz dans *Ferdydurke*), en morcelant son corps, en imaginant d'isoler une partie (l'oreille, l'orteil, les trous du nez, le mollet), pour ne pas être subjugué ; ou encore, afin de porter plus profondément atteinte à l'ordre du monde, méditer et exé-

cuter un acte terroriste (tel le personnage de Mishima dans *Le Pavillon d'or*).

Dans *L'Honneur perdu de Katharina Blum*, Heinrich Böll montre comment la seule issue, face à l'outrage, est le meurtre. Eugène-Marie Favart, dans *Un jeune homme seul*, se souvient tellement de la gifle essuyée par son père qu'elle lui « fait voir rouge » : par deux fois il frappera pour faire face à la honte, et deviendra un héros de la Résistance.

On peut aussi répondre à la honte par l'insulte. Genet : « L'humilité de sa peine me fit honte. Afin de le quitter sans remords je l'insultai. Je pouvais le faire puisqu'il m'aimait jusqu'à la dévotion. À son regard désolé mais chargé d'une haine de pauvre débile je répondis par le mot : "Tapette"[1]. »

Il arrive que la solution meurtrière prolonge la solution mensongère : lorsque Jean-Claude Romand a commencé à supprimer les témoins possibles de son imposture, il est entré dans un au-delà de la honte. Son imposture tragique procède cependant d'un secret honteux. L'imposteur s'est en quelque sorte fabriqué une infirmité. Être de pur langage, mensonge incarné, il s'est construit à partir de rien. Il ne lui restait plus qu'à se supprimer ou à faire disparaître le monde autour de lui.

Les autres, il faut les détruire tous : telle pourrait être la devise des tueurs adolescents, comme celle de Mizoguchi, d'Érostrate, ou de Jean-Claude Romand, de l'être qui se sent mis à nu dans sa faiblesse, son imposture, son incapacité à satisfaire le désir de l'autre. La honte n'est évidemment pas le principe explicatif du passage à l'acte. Mais elle en est le ferment.

9. Enfin, la solution suicidaire. N'est-ce pas de honte que meurt Octave de Malivert, dans l'*Armance* de Stendhal, de

1. Jean Genet, *Journal du voleur*, *op. cit.*, p. 43.

son secret honteux, insupportable sauf à l'emporter
dans la mort ?

Un certain type de suicide – celui des rescapés de l'horreur (comme Primo Levi ou Jean Améry), celui de Stefan Zweig (qui, exilé d'Europe, après avoir tenté la solution fugueuse, après avoir écrit *Le Brésil terre d'avenir*, finit par se donner la mort), ou encore le meurtre-suicide de Lord Jim – est profondément lié au sentiment de l'impuissance, mais aussi à la honte de survivre.

Le suicide de gloire tel que le définit Conrad (par opposition au suicide de vanité) est aussi un suicide de honte et d'autorédemption. La honte n'est pas une faute, elle ne peut s'effacer, se réparer. Aucun rachat n'est possible. Seule échappatoire : la mort noble, l'héroïsme par défaut. Lacan : « La mort, cela se mérite, or la honte est le seul affect qui mérite la mort. »

10. Non, je ne finirai pas sur la solution suicidaire. D'ailleurs, il est rare qu'après s'être suicidé on ne le regrette pas. Et la meilleure solution à la honte, il faut bien le dire, c'est tout de même le rire : la dérision (assez facile), l'autodérision (plus périlleuse). C'est pourquoi l'homme de la honte (lorsque sa blessure n'est pas insurmontable) sécrète souvent l'homme de l'humour, par réflexe de survie. Voyez le rire de Dickens, le rire de Queneau, le rire de Michaux, le rire de Gombrowicz, le rire de Kafka... le rire de Sarraute à l'adresse de la moutonnerie ambiante... ou encore le rire inattendu de Duras : « Le tort des gens, écrit-elle dans *Le Marin de Gibraltar*, c'est en général de ne pas assez se marrer. »

Timides ou effrontés, impudents ou introvertis, il ne nous reste plus qu'à rire, du moins tant que c'est encore possible, à rire du monde comme de nous-mêmes, pris dedans, jusque dans nos retirements et nos désinvoltures : en fin de compte, le Grand Livre des hontes que nous donne à lire la littérature mondiale pourrait bien être roboratif.

Index

CRÉDITS

Table

RÉALISATION : PAO ÉDITIONS DU SEUIL
IMPRESSION : S.N. FIRMIN-DIDOT AU MESNIL-SUR-L'ESTRÉE
DÉPÔT LÉGAL : SEPTEMBRE 2006. N° 85980 (80679)
IMPRIMÉ EN FRANCE